난세를 쉽게 사는 生存哲學

노자도덕경
(老子道德經)

盧 在 昱 해역

『노자도덕경(老子道德經)』이란 어떤 책인가?

 노자(老子)는 지금부터 2,500년 전 주(周)나라 말기의 사람으로 도덕경(道德經)의 저자이며 위대한 철인(哲人)의 한 사람으로 전하고 있다.
 그러므로 노자라는 인물에 대한 기록은 『장자(莊子)』 『순자(荀子)』 『여씨춘추(呂氏春秋)』 『한비자(韓非子)』 『전국책(戰國策)』 등 전국시대부터 한(漢)나라에 이르기까지 여러 문헌에서 찾아볼 수 있으나 서로 일치하는 점이 아주 적다.
 노자는 초(楚)나라의 고현(苦縣) 여향(呂鄉) 곡인리(曲仁里) 사람이다. 성(姓)은 이(李)씨, 이름은 이(耳), 시호(諡號)는 담(聃), 자(字)는 백양(伯陽)이라 하고 주(周)나라 수장실(守藏室 : 왕성 도서관)의 사(史 : 지금의 도서관 사서직)라는 말단 관리에 봉직하였다고 사마천(司馬遷)의 『사기(史記)』에 기록되어 있다.
 또 『논어(論語)』에는 공자(孔子)가 노자를 방문하여 예절을 물었다는 기록도 있다.
 이것은 노자가 공자보다 연장자라고 볼 수 있는 근거이다.
 아무튼 노자라는 인물은 신비한 존재로서 그 당시 주나라 왕실의 쇠퇴함을 예견하여 관직을 사임하고 떠나던 중 관소(關所)를 지나게 되었다.

이때 관소의 영(令 : 수문장)이었던 윤희(尹喜)의 도(道)를 구하는 간청으로 도덕(道德 : 상·하편)의 5천언(五千言)을 설파하여 전해진 것이 오늘날의 『노자도덕경』으로 남아 있을 뿐이요, 그 후의 노자의 행적에 대해서는 알려진 바가 없다.

일설에 의하면 공자와 같은 시대의 초(楚)나라 은자(隱者)인 노래자(老萊子)나, 주나라 태사(太史)로서 공자의 사후 129년이란 시점에서 진(秦)나라와 주(周)나라의 관계를 예언한 담(聃)이라는 사람이 곧 노자라는 설도 있고, 이를 부정하는 것도 있어 확실치 않다.

사마천(司馬遷)의 『사기(史記)』 노자전(老子傳)에는 "노자는 숨은 군자였다. 노자의 아들 이름은 종(宗)이라 하였고, 종은 위(魏)나라 장수로 단간(段干)에 봉해졌다. 종의 아들은 주(注)이며, 그의 현손(玄孫)은 이름을 가(假)라고 하였다. 가는 한(漢)나라 효문제(孝文帝) 밑에서 벼슬을 지냈고, 가의 아들 해(解)는 교서왕(膠西王) 묘(卯)의 태부(太傅 : 보좌역)를 지냈다."고 기록되어 있다.

노자의 향년(享年 : 나이)에 대해서는 160세, 또는 200세, 또는 800세 등 여러 설이 있어 어떤 것이 정확한지는 알 길이 없으나 무위자연(無爲自然)의 진리를 터득한 도인(道人)으로 보통 사람의 수명과는 다르다고 인정할 수 있겠다.

이것으로 볼 때 후세의 노자 연구가들은 『노자』라는 저서가 현재까지 전해지는 이상 그 저자가 실존했다는 사실은 부정할 수 없다. 다만 『노자도덕경』 자체에 공자 이후, 전국시대가 아니면 쓰여지지 않던 어구를 여러 곳에서 엿볼 수 있으므로 이것을 가지고 많은 의심을 제기하고 있을 뿐이다.

이것이 노자가 전설로서의 실재(實在)를 의심받게 됨과 동시에 『도덕경』의 저자를 공자 이후의 사람으로 보는 설이 대두되게 되는 이유인 것이다.

또 계보(系譜)에 따른 세대수(世代數)의 계산이나 노자를 태사 담(太史儋)과 동일 인물로 보는 존재설 등으로 살펴보면 그 저자는 맹자(孟子) 전후(기원전 4세기) 시대의 인물로 보는 견해가 비교적 많은 것 같다.

현존하는 『도덕경』의 문장은 81문장(八十一文章)으로 구성되어 있으며 예리한 경구(警句)의 단문집(短文集)이란 성격을 띠고 있다.

이 81장의 타당성 여부도 문제가 없지 않으나 여하간 이러한 짧은 문장의 구성 요소 가운데는 비교적 긴 기간을 거쳐 세간에 널리 통용되어 왔음직한 속담(俗談), 격언(格言), 명구(名句) 등이 많이 포함되어 있다.

이러한 요소는 원래 특정의 저자가 없는 것으로, 여러 인물에 의해 인용 편집된 단문의 집대성(集大成)이라고 보여진다.

『도덕경』의 어구는 역설적 표현으로 충만하다. 그렇기 때문에 당연히 그 작품은 역설의 대상이 되어 온 제사상(諸思想)보다는 뒤에 생겨났다는 뜻이 된다.

여기서 역설의 대상이 된 여러 사상을 살펴보면 묵가(墨家)의 상현(尙賢), 맹자(孟子)의 인의(仁義), 순자(荀子)의 예(禮), 병가(兵家)의 기책(奇策), 법가(法家)의 법술(法術), 음양가(陰陽家)의 술수(術數) 등이 대비되어 있어 널리 전국시대 제학파(諸學派)의 모든 시대에 걸쳐 다루어지고 있다.

따라서 만일 전후(前後) 200년에 걸쳐 전개된 전국시대의 제자백가 중 하나만의 입장에 서서 역설적 표현으로써 다른 학파를 비판하면서 널리 사람들에게 전해져 온 속담, 격언, 명구 등을 교묘히 이용하여 자기 입장을 주장한 것이었다면, 그리하여 이 입장에 섰던 여러 사람 사이에서 창출된 경구(警句)에 충만한 단문이 시대의 진보와 함께 점점 집적(集積)과 정리를 반복하여 애호가들 사이에 전송(傳誦)되어 왔다면, 『도덕경』과 같은 소재(素

材)와 형태와 성격을 가진 특이한 저서의 출현은 극히 자연스럽게 이해될 수 있으리라 생각된다.

이렇게 여러 사람 사이에서 만들어진 언어 문자의 집합이 노자라는 이름의 한 초인적인 사람의 저서라는 형태로 모아지는 이유는 무엇일까?

생각건대 그것은 진한(秦漢)시대에 도가(道家)라는 일대 학파가 생성되어 사회에 영향을 미치려 할 즈음, 그 학파는 안팎으로 그 개조(開祖)와 경전(經典)을 갖추어야 할 필요성을 인식하게 되었다. 그때 그 시대적 요청을 반영하여 형성된 개조의 전설적 시도가 바로 『사기(史記)』의 노자전(老子傳)이며, 그 경전이 『노자도덕경』으로 나타난 것이 아닌가 보고 있다.

기원전 2세기의 문헌인 『한비자(韓非子)』의 유로(喩老)·해로(解老) 2편과, 『회남자(淮南子)』의 도응훈(道應訓) 등에는 이미 노자의 서책에서 따온 많은 인용문을 엿볼 수 있어 당시 노자의 서책은 이미 성립되어 있었음을 의심할 수 없다.

그러나 현존하여 통용되는 『도덕경』과 비교해 보면 같은 점과 다른 점이 퍽 많을 뿐 아니라 『한비자』 인용의 노자와 『회남자』 인용의 노자 사이에도 대동소이(大同小異)한 것이 적지 않으므로 원전에도 역시 이본(異本)이 많았다는 것을 암시하고 있다.

이러한 뜻에서 노자는 이미 성립되어 있으면서도 대체로 그때그때의 현본(現本)에 비하여 이동(異同)이 다양한 이본(異本)이 병행하였던 것이 기원전 2세기부터 1세기에 걸친 노자의 상태로 보여진다. 이는 기원전 1세기 말에 유향(劉向)·유흠(劉歆) 부자가 칙명을 받아 서적들을 교열, 수정하면서 노자도 또한 이본(異本)을 통일한 표준 원전이 만들어질 때까지 계속되었다.

유학의 경서도 전한시대에는 후에 금문(今文)과 고문(古文)으로 주목을 받은 이본(異本)의 출현이 있었고, 다시 같은 금문본(今文本) 원전이라도 가학(家學)의 상이함에 따라 약간의 상이점이 없지 않았다.

또한 『사기(史記)』가 기술하고 있는 고서적(古書籍)의 형태가 유향 부자(父子)의 정리를 겪은 형태와는 현저히 다른 바 있었다.

또 유향(劉向)의 『별록(別錄)』 일문(逸文)의 단편을 보면 여러 이본(異本)이 있었다는 사실을 인지할 수 있다. 이 이본을 서로 보완하여 통일적인 표준 원전을 만들어낸 것으로 생각된다.

이것만 보더라도 당시 노자의 원전 또한 당연히 상호 교정, 보완된 많은 이본이 병존하였다는 것은 당시의 다른 서적의 모습과 그 맥락을 같이 하고 있음을 엿볼 수 있다.

이 유향 부자의 교정을 경유한 원전이 현재 우리들이 볼 수 있는 금본(今本)에 옮겨져 있는 것인데 아래에 간단히 그간의 일을 살펴보기로 한다.

위진시대(魏晉時代)부터 당(唐)나라에 걸쳐 노자의 주석(註釋)은 수많이 나왔다. 이러한 사실은 노자가 그만큼 숭상(崇尙)되었다는 것으로 당연히 귀결된다.

당나라 초기의 육덕명(陸德明)이 저술한 『경전석문서록(經典釋文敍錄)』에 기재되어 있는 주석만도 31가(三十一家)에 이르고 있다. 그와 함께 다소의 자구(字句)가 다른 이본도 적지 않았다.

또 후세까지 전해져 후대 사람들에 의해 별로 개정이나 보정이 없었던 것으로 믿을 수 있는 주석본(注釋本)으로 왕필주본(王弼注本)과 하상공주본(河上公注本)이 있다.

이것은 우리들이 현재 눈으로 볼 수 있는 가장 일반적인 원전(原典)임에 틀림없다.

하상공본은 한문제(漢文帝 : 기원전 180년부터 150년까지 재위) 때의 인물인 하상공에 의해 주석된 서책이다.

현재의 하상공본은 진(晉)나라 갈현(葛玄)이란 사람의 서(序)

에서 보면, 하상공은 오로지 『신선전(神仙傳)』 중의 한 인물이라고 했으므로 실제 인물은 아니라고 생각된다.

현재 이 책은 갈현의 계통을 이어받은 『포박자(抱朴子)』의 저자로 유명한 갈홍(葛洪 : 서기 283년부터 364년) 또는 그 주변 인물이 하상공의 이름을 가탁(假託)하여 전한 것이 아닌가 한다.

이것은 노자 전체를 상권으로 『도경(道經)』 37장, 하권으로 『덕경(德經)』 44장, 이렇게 하여 모두 2편(二編) 81장으로 나누고 있으며 이 분장(分章)만은 후세에 공통적으로 전해진 것이다.

이 하상공본도 후세에 전승되어 오는 동안 본문과 주석의 문자(文字)가 다소 상위(相違)한 여러 책이 나타나고 있으나 현재 우리들이 가장 쉽게 볼 수 있는 것으로는 송간본(宋刊本)에 근거하는 사부총간본(四部叢刊本)이다.

다음으로 왕필주본은 위(魏)나라 왕필(王弼 : 서기 226년부터 249년)의 주석에 의한 것이다. 24세에 요절한 이 천재는 역(易)과 노자(老子)의 주석을 남겼다.

왕필의 가문은 대대로 장서가(藏書家)로 알려졌다. 그 장서는 후한(後漢)의 대학자 채옹(蔡邕)으로부터 전해진 것이라 한다. 그 채옹의 선조가 전한말(前漢末)에 노자를 즐겨하였다는 것으로 명성을 떨친 적이 있었다고 한다. 왕필이 주석한 노자는 그러한 전승을 거쳐 온 것이기에 그 원전은 가장 믿을 수 있는 것으로 간주되어도 좋을 것이다.

이 책은 상·하 2편으로 나누어져 있으나 분장(分章)만은 원래 81장이 아니었던 것으로 보인다. 그러나 현행본은 하상공본에 따른 분장 방식에 의하고 있다.

이것에도 몇가지 판본(版本)이 있어서 그 동안에 문자의 이동도 많겠으나 현재 찾아보기 쉬운 것으로는 광서(光緖) 원년(서기 1875년) 절강서국(浙江書局)에서 간행된 22자본(二十二字本)이다. 이 책에서는 이것을 저본(底本)이라 이름하였다.

다음으로 이 서적의 호칭을 왕필본, 하상공본이 다같이 『노자도덕경』이라 불렀으므로, 이 이름은 그 이전에 이미 성립되어 있었음에 틀림없겠다.

『사기(史記)』에는 유림전(儒林傳)에서 '노자서(老子書)'만으로 부르고 있다. 이것이 한초(漢初)의 일반적인 호칭인 듯하다.

뒤에『노자도덕경』이라 부르게 되기까지는, 일설에 전한(前漢)의 경제(景帝 : 기원전 157년부터 141년까지 재위)가 노자를 숭상하여 유학의 경전에서와 같이 '경(經)'이라 했다고 한다. 또한 '도덕(道德)'이라 한 것은 상편이 '도(道)'에 대해 논한 장으로 시작하였고, 하편이 '덕(德)'을 논하는 어구(語句)로 시작하였기 때문이다.

실제에 있어 '경(經)'이라 하는 것은 주석인 '전(傳)'에 대하여 본문(本文)이란 뜻이다. 또한 '도덕'이라 하는 것은『사기』에 '도덕의 뜻을 말함'이라고 한 것처럼 이 말은 노자의 사상을 대표한 것이며, '노자도덕경'이라는 말에서 더 이상의 의미를 찾으려 할 필요는 없다.

끝으로 언급할 사실의 하나는 먼저에도 잠시 언급한 바 있는 '백서노자(帛書老子)'에 대해서이다.

이것은 1973년 12월, 중국 장사의 마왕퇴(馬王堆)에 있는 한대(漢代)의 고분(古墳)에서 다른 수많은 서적과 함께 발굴 출토된 것이다. 비단폭[絹布]에 쓰여져 있었기 때문에 '백서(帛書)'라 불리워졌으며, 편의상 갑(甲)·을(乙)이라 불리워진 두 책이 발견되었다.

먼저 것은 진(秦)나라 이사(李斯)가 처음 만들었다는 소전(小篆)에 유사한 문자로 쓰여져 있었고, 뒤의 것은 한대(漢代) 통용의 문자인 예서(隷書)로 기술되어 있었다. 2가지 다 분장(分章)되지 않은 채 쓰여져 있었고, 현행본에 비하면 전체적으로 상·하편의 순서가 뒤바뀌어 있으며, 부분적으로 현행본인 장(章)의 순서와 다소 다른 점이 있다.
　갑본쪽이 파손의 도가 심한 편이며, 두 책을 면밀히 연구한 결과 갑본은 전한(前漢) 고조(高祖)의 이름인 '방(邦)' 자를 사용하고 있어서 그 시대까지 쓰여진 것이고, 을본은 '방'을 '국(國)'으로 바꾸어 고조의 이름을 회피하고는 있으나 혜제(惠帝 : 기원전 194년부터 188년까지 재위)의 이름인 '영(盈)' 자를 그대로 사용하고 있음에 비추어 고조의 부인(夫人) 여후(呂后)의 통치기(統治期 : 기원전 194년부터 180년까지)에 작성된 것으로 추정할 수 있겠다. 물론 이것은 우리들이 볼 수 있는 노자의 최고(最古) 원전이다.
　이것의 발견은 학계에 커다란 충격을 주었고 이에 대한 연구가 차례대로 발표되고 있다. 이후 이것을 길잡이로 노자의 원형(原型)에 대한 연구가 한층 더 발전할 것으로 짐작된다.
　끝으로 한학에 관심있는 분들을 위하여 해설 뒤에 직역과 원문을 게재하여 독자들의 편의를 도모하고자 노력했으나 미비한 점이 있다면 해량(海諒)하시기 바란다.

차 례

『노자도덕경(老子道德經)』이란 어떤 책인가? / 3

상편(上篇) 도경(道經)

제1장 관묘(觀妙) · 체도(體道) … / 17
제2장 관요(觀窈) · 양신(養身) … / 27
제3장 안민(安民) · 불상현(不尙賢) … / 33
제4장 불영(不盈) · 도충(道沖) … / 37
제5장 수중(守中) · 허용(虛用) … / 40
제6장 곡신(谷神) · 성상(成象) … / 46
제7장 무사(無私) · 도광(韜光) … / 49
제8장 약수(若水) · 이성(易性) … / 52
제9장 지영(持盈) · 운이(運夷) … / 56
제10장 현덕(玄德) · 능위(能爲) … / 58
제11장 허중(虛中) · 무용(無用) … / 64
제12장 위복(爲腹) · 검욕(檢欲) … / 66

제13장 총욕(寵辱)·염치(廉恥)… / 68
제14장 도기(道紀)·찬현(贊玄)… / 70
제15장 불영(不盈)·현덕(顯德)… / 75
제16장 복명(復命)·귀근(歸根)… / 79
제17장 지유(知有)·순풍(淳風)… / 83
제18장 속박(俗搏)·사유(四有)… / 86
제19장 소박(素樸)·환순(還淳)… / 89
제20장 식모(食母)·이속(異俗)… / 92
제21장 허심(虛心)·종도(從道)… / 97
제22장 익겸(益謙)·포일(抱一)… / 99
제23장 허무(虛無)·동도(同道)… / 103
제24장 고은(苦恩)·불처(不處)… / 106
제25장 혼성(混成)·상원(象元)… / 108
제26장 중위(重爲)·경근(輕根)… / 111
제27장 습명(襲明)·교용(巧用)… / 113
제28장 상덕(常德)·반박(反樸)… / 116
제29장 무위(無爲)·자연(自然)… / 119
제30장 검무(儉武)·부도(不道)… / 121
제31장 귀좌(貴左)·언무(偃武)… / 124
제32장 지지(知止)·성덕(聖德)… / 126
제33장 진기(盡己)·변덕(辯德)… / 129
제34장 대도(大道)·임성(任成)… / 133
제35장 인덕(仁德)·대상(大象)… / 135
제36장 미명(微明)·은오(隱奧)… / 137
제37장 위정(爲政)·무위(無爲)… / 140

하편(下篇) 덕경(德經)

제38장 논덕(論德)・처후(處厚)… / 147
제39장 득일(得一)・법본(法本)… / 151
제40장 거용(去用)・반복(反覆)… / 156
제41장 문도(聞道)・동이(同異)… / 158
제42장 충화(沖和)・생성(生成)… / 161
제43장 편용(偏用)・지유(至柔)… / 166
제44장 입계(立戒)・지지(知止)… / 168
제45장 청정(淸靜)・홍덕(洪德)… / 172
제46장 지족(知足)・검욕(儉欲)… / 175
제47장 천도(天道)・감원(鑑遠)… / 176
제48장 일손(日損)・망지(忘知)… / 178
제49장 덕선(德善)・무심(無心)… / 180
제50장 생사(生死)・귀생(貴生)… / 184
제51장 양덕(養德)・존귀(尊貴)… / 187
제52장 귀원(歸元)・수모(守母)… / 188
제53장 대도(大道)・익증(益證)… / 192
제54장 수관(修觀)・선건(善建)… / 196
제55장 함덕(含德)・현부(玄符)… / 198
제56장 현덕(玄德)・도귀(道貴)… / 201
제57장 순풍(淳風)・치국(治國)… / 204
제58장 찰정(察政)・순화(順化)… / 206
제59장 수도(守道)・장생(長生)… / 208
제60장 거위(居位)・치국(治國)… / 212

제61장 위하(爲下)・겸덕(謙德)… / 214
제62장 도오(道奧)・위도(爲道)… / 216
제63장 은시(恩始)・무난(無難)… / 218
제64장 수미(守微)・보물(輔物)… / 221
제65장 선도(善道)・현덕(玄德)… / 224
제66장 강해(江海)・후기(後己)… / 226
제67장 삼보(三寶)・지지(持之)… / 228
제68장 배천(配天)・부쟁(不爭)… / 231
제69장 용병(用兵)・무행(無行)… / 233
제70장 지난(知難)・회옥(懷玉)… / 235
제71장 불병(不病)・지병(知病)… / 237
제72장 외위(畏威)・애기(愛己)… / 239
제73장 천망(天網)・임위(任爲)… / 241
제74장 제혹(制惑)・사살(司殺)… / 243
제75장 탐손(貪損)・귀생(貴生)… / 245
제76장 계강(戒强)・유약(柔弱)… / 247
제77장 천도(天道)・보손(補損)… / 249
제78장 수덕(水德)・임신(任信)… / 253
제79장 사계(司契)・화원(和怨)… / 255
제80장 독립(獨立)・불사(不徙)… / 257
제81장 현질(顯質)・부적(不積)… / 262

※ 원문자구색인(原文字句索引)/ 267

상편(上篇) 도경(道經)

도경(道經)
: 이(理)가 하늘에 머물러 있으면
천도(天道)가 되고
땅에 머물러 있으면
지덕(地德)이라고 한다.
첫장부터 도(道)의 설명을 하므로
도경(道經)이라 한다.
(제1장에서 제37장까지)

제1장 관묘(觀妙)·체도(體道)

세상을 보는 관점은 2가지가 있다.
그 하나는 성인(聖人)이 지켜 본 세계의 진상(眞相)으로
노자가 말하는 '도(道)'가 그것이요,
또 하나는 세속의 보통 사람들이 보는 상식적인 것으로
그것은 천지간에 발생하는
만물(萬物)·만사(萬事)의 현상형태(現象形態)이다.

도는 본래 무명(無名)이다. 무엇이라고 이름을 붙일 수가 없다. 세상 사람들이 도라고 규정할 수 있는 도는 항상 불변의 참다운 도는 아니다. 또 언어로써 이름을 부를 수 있는 항상 불변하는 참다운 진리의 개념도 아니다.

천지 개벽 이전이나 원시에서도 실재한 진상(眞相)인 도는 원시 상태로 '무명'이었다. 이 무명이었던 도가 현상 상태인 만물이 생겨나면서 제각기 말이 붙어 이름이 되었다.

때문에 이름이 없던 '도'의 모습은 천지 시원의 모습이며 거기에서 발생하는 현상을 여러 가지로 구분하여 이름 붙여진 것이 만물을 성립시키는 어미〔母體〕가 된 것이다.

인간은 항상 무욕일 때만 이름이 붙여지지 않는 도의 희미하고 막연한 진상을 볼 수 있다. 항상 모든 일에 의욕을 가지면 인식과 차별과 대립이라는 개념에서 사물의 구별상을 보게 되는 것이다.

이 2가지의 인식에서처럼 차별과 대립에서의 가상(假相)과 진

상(眞相)은 같은 대상에서 나온다. 또 도와 만물이라는 다른 이름이 각각 붙여져 2개의 세계를 이루기도 한다. 이것은 다 같이 불가사의한 것으로 호칭이 된다.
　이 2가지의 불가사의한 상관 관계에서 발생하는 것은 어디까지나 불가사의한 현상이며, 모든 신비가 출현하는 문이다.

　▨ 노자의 권두에 쓰여진 이 관묘(觀妙)장은 노자 철학의 근본이 되는 '도'라는 것을 설명하고 있다. 노자 전체 가운데 도를 언급한 장(章)은 이 장 외에도 36개 장이나 된다. 그 중에서도 도라는 원리적인 설명을 한 것은 제4장을 비롯하여 제14, 21, 25, 37장 등이다.
　이들 장에서는 도를 제각기 '만물의 종(宗)' '일체 존재의 근원' '제(帝)의 선(先 : 하늘〈天帝〉에 앞선 존재)' '황홀(恍惚 : 인간의 감각이나 지각으로는 실재를 확인할 수 없는 것)' '적요(寂窈 : 정적의 극치)' '대(大 : 광대무변한 조화력을 가진 것)' '무위자연(無爲自然 : 인위적인 논란이 작용되지 않는 그대로의 존재)' 등으로 특징지어진 데 대하여 이 장에서는 먼저 도를 현(玄)으로 하고, 현묘·유현·불가사의한 실재로 정의하였다.
　또 노자는 태초에 도가 있어 그 도는 이름도 없이, 모든 질서와 명석(明晳)을 거부하고, 어둡고 음유하고 조용히 반본(反本)하는 비합리적인 혼돈이라고 했다.
　이 점에서 『성경』의 창세기 "…태초에 하느님이 천지를 창조하시니라. 땅이 혼돈하고 공허하며 흑암이 깊음 위에 있고 하느님의 신은 수면에 운행하시니라."에서 살피면 이 현상 세계가 열리기 전의 세계관은 노자의 세계관과 같이 볼 수 있다.
　그러나 노자는 도가 이 음유하고 질서없는 혼돈의 세계에서 생겨나 머지않아 혼돈으로 다시 복귀하며, 그 어떠한 영광·문명·영화·번영 등 인간에 의해 만들어진〔作爲〕그 모든 것에 한하여 언젠가는 붕괴되며 멸실하여 도의 혼돈 속으로 되돌아 간다

상편(上篇) 도경(道經) 19

고 했다.
　노자는 단지 그 붕괴되어 가는 세상을 보면서 영원 불멸하는 이상향 건설을 사색하고 있다. 노자의 도는 빛〔光〕을 어둠〔闇〕으로 파악하는 것이 아니라 어둠을 빛의 근원으로 파악했다. 이름 없는 세계를 이름 있는 세계의 바탕으로 생각하였고, 도는 말〔言語〕을 초월한 곳에 실재하는 혼돈이며, 도는 말마저 없으며, 말과 함께 있는 것도 아니었다.
　서구적인 사고(思考)는 어둠보다는 빛을, 형체 없는 것보다는 형체 있는 것을, 무(無)보다는 유(有)를 존중하는 것에 대하여, 이것은 빛보다 어둠을, 형체 있는 것보다는 형체 없는 것을, 유보다는 무를 근원적인 것으로서 응시했다.
　밝고 화려한 세계보다는 어둡고 침울한 세계를, 첨예한 것보다는 둔중한 것을, 격렬하게 변동하는 것보다는 안정되고 정리된 것을 중요하게 여기고, 요란한 것보다 적막(寂寞)을, 문명보다 소박을, 전진보다 복귀를 강조했다.
　그러나 이 노자 철학에는 항상 함축성이 내포되어 있음을 이해하여야 한다. 이 노자 철학은 말하자면 중국 역사의 영욕(榮辱) 속에 자리한 철학이다.
　그것은 짓밟힌 것의 강인함과, 대지에 밀착하는 것의 끈질김, 중심(重心)을 아래로 내리는 생활 철학이며, 그 이상으로 허물어지지 않는 것, 일체의 인간적인 작위가 붕괴되어 무로 복귀하는 것에서 살아가는 지혜를 생각하며, 대담하게 난세를 살아가는 철학이다.
　노자가 '도가도 비상도 명가명 비상명(道可道 非常道 名可名 非常名)'이라 했을 때, 거기에는 기성의 '도'와 '명'에 대한 엄숙한 부정이 있었고 그것을 설명하는 사람들에 대하여 격렬한 반발이 있었다.
　노자는 중국에서 처음으로 부정의 정신과 이론을 확립시킨 주목되는 철학자였으며, 인간의 바람직한 자세에 관하여 처음으로 부정적인 경고를 한 문명 비판자였다. 노자가 부정한 것은 주로 공자학파(孔子學派)가 설파한 유가(儒家)의 도와 명이며, 그 가치체계였다.

공자학파가 설파한 '도'는 군자(君子)의 도이며 그 '명(名)'은 군자의 명이다. 군자라는 것은 위정자(爲政者)로서 지배계급을 기축(基軸)으로 하여 구상된 인간의 이념형(理念型)이며, 지배계급을 중심으로 하는 가치체계의 담당자들이었다.

그들은 위정자가 거주하는 도시를 생활의 근거지로 하고, 도시 문화의 유력한 추진자였으며, 그의 선택된 향수자(享受者)이기도 하였다. 그들은 자기들이 중심을 이루고 있는 현실 사회의 질서를 구상하고, 그 질서를 실현시켜 유지하기 위하여 도덕을 규범화시켰다.

군(君)·신(臣)·민(民)의 계급질서가 바로 그것이며 인륜(人倫)의 도, 예악(禮樂)의 가르침이 그것이다. 그러한 가르침이 경전(經典)으로 편집되고 이러한 경전을 배우는 것이 필수의 교양으로 요청되었다. 그 교양을 충분히 체득한 지식인이 곧 현자(賢者)이며, 이 현지(賢知)가 인간에게 있어서 제일의 가치로 설정되었다.

사람들은 이 현지의 가치를 목표로 하였으며 그를 얻기 위하여 불철주야·분골쇄신하였고, 지자(知者)·현자를 찾아 고향을 떠나서 각지로 유학하였다.

관리로서의 영달이 그들을 가난과 억눌림으로부터 해방시킨다는 사실이 용기를 얻게 하였고, 호의호식(好衣好食)에 감싸이는 부귀한 생활과 호화 찬란한 도회의 사치는 그들의 인고(忍苦)를 격려하였다.

경쟁심과 투기심이 그들의 야심을 북돋았고, 위선(僞善)과 허식, 교활과 간계가 그들의 초조한 심성을 악질화하였다.

노자는 이러한 것이 과연 인간의 참다운 행복에 대한 바람직한 자세인가를 반문했다. 또 그들이 말하는 선이나 미(美)라는 것이 과연 인간에게 있어서 참다운 가치인가를 비판했다.

그들은 현지(賢知)라는 가치를 척도로 하여 인간의 여러 가지 자세를 재단하면서, 그 척도에 맞지 않으면 가차없이 끊어 없앴다. 자기들의 현지(알음알이)에 따라 인위적인 '도'를 설정하고, 그 도에 의하여 인류의 '명'을 정했다. 부모와 자식 사이, 군신의 관계 등 모든 인륜이 그에 의하여 질서 정연하게 되고 인의예악(仁義禮樂)의 가르침이 여기에서 규범되었다.

그들의 가치체계에 규격이 맞으면 현자가 되고, 맞지 않으면 어리석은 우자(愚者)가 되었다. 혹은 그들의 생활규범을 몸에 익히면 '문(文)'으로서 세련된 교양인으로 추대되었고, 그렇지 못하면 '야인(野人)'이라 하여 촌뜨기, 곧 민중계층으로 떨어지게 되는 것이다.

그러나 이러한 가치체계야말로, 비유해 보면 넓은 대지에 금을 그어 구분하고 그 안쪽만이 대지라고 절규하는 꼴이 아닌가? 또는 그 구분이야말로 항구 불변한 자물쇠라고 의기양양한 것처럼 된 것이 아닌가 생각된다.

곧 자승자박의 꼴이 되는 것이다. 그러나 그 구분지어진 안의 대지도 대지가 아닌 바는 아니다. 그들의 가치체계도 하나의 가치체계임에는 틀림없다.

그것은 요컨대 하나의 가치체계에 불과하여 도저히 항상 불변의 절대적인 것은 될 수 없다. 그 한계성과 인위성을 잊어버리는 곳에는 그들의 우쭐함이 있으며, 그 근원에 도사리고 있는 것을 무시하는 곳에는 그들의 편견과 오류(誤謬)가 있다고 노자는 비판하였다.

노자는 또 다시 비판을 거듭했다.

인위적인 것은 요컨대 언젠가는 붕괴되어 사라진다. 아무리 완벽하게 정비된 정치 질서도, 아무리 호화스러운 문명도, 그것이 인간에 의해 만들어진 이상에는, 언젠간 혼란하여 와해되는 운명을 면치 못한다고 단정했다.

그 가능성은 흔히 역사 속에서 현실적으로 나타났다. 인간의 계량이나 예측으로는 도저히 알 수 없는 것이 운명이라는 것의 본질이기 때문이다.

질서 있는 사회에 출생한 인간은 그 질서는 인간 사회에서 당연히 있어야 할 것으로 알고 있으며, 문명의 사치 속에서 생육한 인간은 그 사치를 인간의 생활에 당연히 있어야 할 모습으로 생각할 것이다.

전란의 시대에 출생한 인간은 전란만을 사회의 본래 모습으로 알 것이며, 폐허와 굶주림으로 시달리는 사회에서 자란 인간은 그것을 인간 생활의 바탕이라고 볼 것이다.

노자의 입장은 후자에 가깝다. 인간 사회에서 멸망과 붕괴를 필연적인 것으로 체관하여, 만일 인간이 그 속에서 붕괴되지 않는 삶을 누리려면 일체의 인간적인 작위가 사라지고 없는 곳, 혹은 사라지려는 위험과 두려움이 있는 곳에서 인간의 존재나 바람직한 삶의 모습을 생각할 수밖에 없다는 것이 노자의 입장이었다.

그래서 일체의 인간적인 작위가 허물어져 사라진 곳에, 여전히 허물어질 것이라고는 남아 있지 않은 상태로 남은 것이 자연(自然)이며, 이 자연에 자리잡고 보람있는 삶의 모습을 취하는 것이 인간에게 있어 궁극적인 편안을 보증하는 것이라고 노자는 생각했다.

노자가 '도가도(道可道)'와 '명가명(名可名)'을 '비상도(非常道)'와 '비상명(非常名)'이라 하여 부정할 때 거기에는 유가(儒家)의 가치체계와 문명주의에 대한 반발과 비판, 일체의 인위적인 것의 근원으로서의 '자연'에 대한 예리한 응시와 깊은 성찰이 있었던 것이다.

노자의 비판은 주로 유가의 가치체계와 문명주의를 상대로 의식하였지만 그것은 또한 자연을 무시한 일체의 체제와 학문 문화에 대하여 겁없는 도전이었다고 이해할 수 있다.

인간이 자연 속에서 나서 거기에서 생활하고 또 그 속에서 죽어간다는 것을 부정할 수 없는 것은 사실이다. 그것은 오직 인간 뿐 아니라 일체 만물에 공통된 보편의 진리인 것이다. 인간의 역사가 시작된 이래 그 어떠한 철학이나 종교도 이 진리를 뒤집어 놓지는 못했다.

그 증거로서, 아무리 위대한 깨달음을 터득한 종교인·대성인(大聖人)도 결국에는 다 죽지 않으면 안 되었던 것이다. 예수도, 석가도, 공자도 자연으로부터 와서 자연으로 돌아간 것이지 자연에서 벗어나지는 못했다.

부처로부터 성불(成佛)의 예고를 받은 부로나도, 예수로부터 말씀에 의해 소생한 나자로도 결국은 죽지 않으면 안 되었다.

이와 같이 인간의 생사가 만물의 그것과 같이 자연의 굴레를 벗어나지 못한다고 한다면, 인간의 일체의 경영 또한 이 자연의 도라고 했을 때 처음이며 참으로 보람 있는 삶의 모습이라고 할 것이다.

인간이 인위의 영리함을 버리고 자연의 도에 그대로 순종할 때 거기에 최상의 구원이 있고, 그 구원 앞에는 현명한 사람도 우매한 사람도 없을 뿐만 아니라 착한 사람도 악한 사람도 없다는 것이 노자의 생각이다.

인간은 이 깨달음과 구원에서 눈을 떴을 때 비로소 '도가도(道可道)'답게 모든 인위적인 규범의 한계성과 상대성에 다시 스스로 눈뜨게 될 것이다. 그것이 종교의 도이건, 철학의 도이건, 그리고 또 과학의 도나 예술의 도를 막론하고, 자연을 잊고 '도가도(道可道)'라 하여 세워진 도는 모두 상도(常道)가 아니라고 노자는 부정하고 있다.

유가의 가치체계와 문명주의를 부정적으로 비판하는 노자의 철학이, 찬란한 문명을 가진 도시의 생활보다도 단순 소박한 자연 속으로 매몰하는 농어촌 생활을 중시하여, 그 자연을 동경하는 철학이었다는 것은 말할 나위도 없다.

중국은 지금도 도시와 도시간의 거대한 대자연이 있고 그 대자연으로 감싸인 촌락이 점점히 산재하고 있다. 도시의 호화스럽고 소란하며 잡다한 환경에 비하여, 촌락은 오직 조용하고 한적하여 소박한 무감동마저 주고 있다.

그러므로 노자는 단순한 문명의 비판자, 문화의 부정자는 아니다. 그는 오히려 농촌의 자연과 소박함 가운데서 붕괴되지 않게 사는 방식의 전형(典型)으로 도의 구현을 본 것이다.

노자가 말하는 자연이라는 것은 도의 모습 그 자체요, 그밖의 아무것도 아니다.

덧붙여 여기에서 우리들은 노자가 말하는 '현(玄)'에 대하여 간단한 설명을 하고자 한다.

'현(玄)'이란 원래 어둡고, 정함이 없으며, 유원(幽遠)하여 잡히지 않는 것을 의미하며, 색깔로 말하면 새카만 검은색이 아니라 몇번이고 물들여서 새카만 색이 되기 직전의 색깔, 조금 붉은 색을 띤 그러한 검붉은 색을 말한다.

그것은 만물을 생육하는 도의 불가사의한 작용을 나타내는 언어로 사용되고 있을 뿐이다. 몇 차례고 물들여진 검은색을 의미한다는 점에서는 해를 거듭하여 쌓아온 경험을 다시 쌓아올리고 있는, 미숙한 것에서 탈피하여 성숙해지고 있다는 의미도 내포하고 있다.

즉 '현인(玄人)'이라는 경우의 '현'이 그것이며, 또한 '노자(老子)'의 '노'와 '노형(老兄)' '노사(老師)' 등의 '노'와 같이 공통의 의미를 가진 개념이다. 노자의 철학은 '현지우현(玄之又玄)'의 도를 말하는 철학으로서 흔히 '현(玄)'의 철학이라고도 불리고 있다. 이 현은 또한 경륜을 쌓은, 인생의 온갖 풍상에 견뎌온 성숙한 노련성의 의미를 포함하는 점에서도 노자의 철학을 특징지우는 적절한 말이 될 것이다.

현(玄)이 흑색이라면, 우리들은 쉽게 중국의 대표적 예술인 묵화의 검은색을 연상할 수 있다. 중국의 산수화에 있어서 묵(墨)은 곧 흑색으로 단일색임이 특징이다.

이 한 가지 흑색은 온갖 변화 무쌍한 내용을 함축하고 있기 때문에 여러 가지 잡다한 색채를 사용하여서는 결코 형용할 수 없는 미의 세계를 자유롭게 표현하고 있다.

먹〔墨〕이 가지는 흑색은 필요 이상의 것, 장식적인 것, 요란하게 아름다운 것의 모두를 제거하여 본질적인 것, 근원적인 것, 본래적인 것만을 나타내는 단순함이 있고, 외향적으로 분산하지 않고 내향적으로 통일되어 가는 그러한 소박함이 있다.

그것은 인간의 마음을 소요하게 만드는 것이 아니고, 인간의 마음을 무한히 깊은 곳으로 근원적인 정적으로 쏟게 할 뿐만 아니라 그 근원적인 정적은 단순한 평정이 아니고, 모든 움직임을 안으로 들여품는 동중(動中)의 정(靜)이다. 그것은 일종의 어둠〔暗〕을 느끼게 하지만 그 어둠은 단순한 어둠이 아니라 인간의 마음을 침착하게 침잠(沈潛)시켜 조용히 낙착시키는 어둠, 즉 인간의 마음을 깊게 내면적으로 통일시키는 어둠이다.

우리들은 수묵화(水墨畵)에서 보듯이 먹〔墨〕의 빛깔이 심원한 성격을 띤 것과 같이 노자의 이른바 현(玄)의 본질적인 의미를 단적으로 이해할 수 있을 것이다. 노자의 현(玄) 또한 온갖 변화와 다양함을 내포한 근원적인 하나이며, 그 하나에서 이 세계의 만물이 모조리 생산되어 현상화한다.

그것은 인간의 언어로 만들어낸 질서를 거부하고, 인간의 지각과 감각에 의하지 않는 비합리적인 혼돈이기는 하지만 완전히 사멸한 혼돈이 아니라 희미하고 불그스름한 것을 생(生)의 태동으로 하여 엿볼 수 있는 검〔黑〕고 거대한 에트바스(Etwas)였다.

그것은 어둡고 어렴풋한 정적 속에서 온갖 운동을 간직한 동중정(動中靜)이며, 그 자체는 아무런 형상도 가지지 않으면서도 일체의 형상 있는 것을 무한히 발생시키는 중묘(衆妙)의 문이었다. 거기에는 물질 세계의 온갖 번뇌, 즉 문명의 허식도, 관능의 탐미도, 정욕의 탐닉도 모조리 커다란 적막 속에서 해체 소멸되어 가면서, 색깔 없는 색으로, 소리 없는 소리로 자연스럽게 바라

보이며 저절로 들리는 것이다.
 노자의 이른바 '현(玄)'이라는 것은 중국의 망망한 대자연 속의 캄캄한 밤중, 골짜기에 홀로 잠시 머무는 사람들이 적막을 의식한 말임에 틀림 없었다. 이 골짜기에 머물면 삼라만상이나 암암(闇闇)한 밤의 혼돈은 고요하게 가라앉는다.
 또 이 혼돈은 죽음의 정적이 아니라 어딘가에서 조용히 숨쉬고 있는 것이다. 한낮 만상의 모든 명석(明晳)함과 모든 소요함이 지금 이 한밤의 어둠 속으로 빠져들어 혼돈화되고 말았다. 그러나 조용히 눈을 부릅뜨고 귀를 밝게 하면 색 없는 색을 보게 되고, 소리 없는 소리를 듣게 된다.
 말 없는 말로써 대자연이 나에게 말을 걸어오고, 나 또한 말 없는 말로써 대자연과 대화를 하게 된다. 대자연이 나의 존재의 근원으로서 거기에 존재하고, 내가 그 근원을 바라보면서 일체의 인간적인 허망에서 탈피한다.
 그때 인간은 처음으로 '관기교(觀其皦)' 하여 나의 눈동자를 안으로 돌려서 '관기묘(觀其妙)'인 현(玄)의 경지를 몸으로 터득할 수가 있는 것이다. 노자의 현의 철학이란, 말하자면 한밤의 골짜기에 홀로 잠시 머무는 사람의 철학이다.

 ≪도(道)를 가히 도라 할 수 있는 것은 떳떳한 도가 아니요, 이름을 가히 이름이라 할 수 있는 것은 떳떳한 이름이 아니다. 이름이 없는 것은 천지의 처음이요, 이름이 있는 것은 만물의 어머니다. 그러므로 항상 욕심이 없는 것으로 그 묘(妙)를 보고 항상 욕심이 있는 것으로 그 교(皦)를 본다. 이 둘은 한 가지로 나와 이름을 달리하며, 한 가지로 이르되 현(玄)이라 한다. 현하고 또 현한 것은 중묘(衆妙)의 문이다.≫

 道可道[1] 非常道[2] 名可名 非常名 無名[3] 天地之始 有名[4] 萬物之母 故常無欲[5] 以觀其妙 常有欲[6] 以觀其皦[7] 此兩者 同出而異名 同謂之玄[8] 玄之又玄 衆妙之門

1) 道可道(도가도) : 사람들이 걸어다니는 길의 도가 아니요, 또 유가(儒家)에서 말하는 도하고는 상이한 점이 있다.
2) 常道(상도) : 영원 불변하는 인간의 진실한 도.
3) 無名(무명) : 32장에서 도상무명(道常無名)이라 하여 참다운 도는 무명의 성질을 가졌다고 했는데 이 무명은 천지가 개벽하기 이전의 혼돈 세계를 말한다.
4) 有名(유명) : 천지가 창조된 이후의 세계를 말한다.
5) 常無欲(상무욕) : 항상 욕심이 없는 상태. 곧 도를 가리키는 것으로 흔히 이것을 주석할 때 상무(常無)라고 한다. 이 2가지 다 근거가 있다.
6) 常有欲(상유욕) : 항상 욕심이 있는 상태. 상유(常有)로 해석하는 곳이 있다.
7) 觀其徼(관기교) : 물질의 세계를 보게 된다는 뜻. 교는 교(徼)로도 되어 있고, 규(竅)로 되어 있는 곳도 있다. 당사본(唐寫本)에는 교(曒)로 되어 있다.
8) 玄(현) : 현묘하다는 뜻. 또 유원(幽遠)하다 하였고, '검으면서 붉은색이 있는 것을 현이라 한다'라고 하여 하늘의 색을 말하기도 한다. 이것은 심원하여 그 정체를 파악할 수 없는 것을 가리키는 것이다.

제2장 관요(觀窈) · 양신(養身)

현상형태(現象形態)만을 보는 세속의 인식은
모두가 상대적인 것이다.
참 진실을 보는 성인(聖人)은
어떻게 살아가며, 어떻게 통치하는가?

세상 사람들이 모두 아름다운 것을 아름다운 것인 줄 알게 되면 동시에 거기에는 반드시 추한 것도 있다. 다 착한 것을 착한 것으로 알면 동시에 거기에는 좋지 않은 악한 것도 반드시 존재하는 것이다.
 유와 무는 서로 만물을 생성하고, 어려움과 쉬움은 사업의 성패를 좌우하고, 길고 짧은 것은 모든 형태를 만들고, 높고 낮음은 서로 각도에 따라 기울고, 악기의 음(音)과 사람의 소리는 음악을 조화케 하고, 앞과 뒤는 위치의 관계에서 서로 따르기 마련이다.
 이와 같이 모든 것은 절대 불변의 것이 존재하지 않는다.
 이런 까닭으로 사물의 진상을 알고 불변의 진리에 따라 천하 세상을 다스리는 성인(聖人)은 도리를 좇아서 무리하지 않고 자연스럽게 무위로 일을 처리하여 말 없는 교화를 실행한다.
 이러한 성인의 통치 아래에 있어서는 만물이 일어나더라도 순리의 그대로 두며, 어떠한 일이 발생하더라도 각별히 마음을 두는 바가 없다. 또한 성인이 스스로 위정자가 되어 정치를 하더라도 작위에 의탁하지 않고, 성취하여도 짐짓 뽐내지 않으며 몸과 마음을 극히 자연스러운 상태로 안주할 수 있게 만든다.
 또 힘들여 성공자의 지위에 머물려고 하지 않는다. 다만 자연히 그렇게 되므로 언제까지나 그 지위에 있어 떠나지 않는다.

 ▨ 이 장에서는 형이하학적인 세계에 있어 일체의 존재와 가치의 상대성을 말했으며, 형이상학적인 근원으로서의 진리, 즉 '상도(常道)'를 터득한 성인이 무위불언(無爲不言)으로 일체의 인간적인 질서나 가치 따위를 부정적으로 초월하는 도의 절대적 경지에 서는 것도 말했다. 또한 그 경지에 섬에 따라서 인간적인 것과 아닌 것의 한계성을 극복하는 반복이나 붕괴가 없는 '도'의 모습을 실현시키는 것을 명백히 하고 있다.
 세상 사람은 다 아름다운 것을 참으로 아름다운 것으로 알고 그것에 집착하지만, 그들이 아름답다고 하는 것은 실은 추한 것의 상대에 불과한 것이다.
 또한 선한 것을 선한 것으로 알고 그것을 고집하지만, 그 선하다는 것 또한 실은 선하지 않은 것을 바탕으로 한 것이다. 왜냐하면 인간이 생각하는 미와 추(醜), 선과 불선(不善)은 상대적 가치이며, 평가의 입장을 바꾸어 보면 미도 추가 되고, 추도 미가 되는 것이다.

이와 같이 선도 절대적인 선일 수는 없고, 불선 또한 절대적인 불선일 수는 없다. 가치의 기준을 바꿔놓고 보면 선도 불선이 되고, 불선 또한 선이 되는 것이기도 하다.

여기에서 상식적으로 생각된 미와 추, 또는 선과 불선, 시(是)와 비(非) 등이 상대적인 가치에 불과하다는 것은 『장자(莊子)』의 잡편 서무귀편(徐無鬼篇)에서도 언급하고 있다.

도를 체득한 성인이 미와 추, 선과 불선, 시(是)와 비(非)의 상대성을 분명히 하고, 그 근원에 있는 본래적인 일체성을 응시한 데 반하여, 세상 사람들은 상대적인 가치의 한쪽만을 고집하여 배타적·독선적·일면적인 가치관에 집착하였던 것이다.

모름지기 인간이 만든 온갖 만사의 가치 개념은 모두 상대적인 것이다. 이 상대성은 사물 일반의 존재 방식이며, 사물이 있다고 말하면 그 '있다〔有〕'는 '없다〔無〕'를 전제로 예상하였다. '없다'를 한편으로 예상하지 않으면 '있다'고 말할 수는 도저히 없는 것이다.

결국 '있다' '없다'는 상호 의존하고 상호 기대하는 데서 생기는 상대적인 개념인 것이다. 동시에 '어렵다〔難〕'는 것과 '쉽다〔易〕'는 것도 상대적으로 성립하는 일체적인 개념이며, '길다〔長〕'는 것과 '짧다〔短〕'는 것도 상대적으로 성립되는 불가분의 개념이다.('형〔形〕'은 '형(形)'으로서 성립한다는 뜻)

또한 '높다〔高〕'와 '낮다〔低〕'도 상대적인 개념이며, '음'과 '성', 즉 악기의 음과 육성 또한 상호 조화하면서 상대적이고, '앞'과 '뒤' 역시 상호 부수하는 상대적 개념이다.(마왕퇴본〈갑·을〉에는 '상수(相隨)' 밑에 '항야(恒也)'의 두 자를 추가했다. 항(恒)은 상(常)과 같은 뜻으로 위에 기술한 바와 같이 항상 불변의 진리라는 뜻)

이와 같이 노자는, 인간이 정립한 온갖 가치개념이나 존재규정은 요컨대 상대적인 것이며 절대적인 것은 아님에도 불구하고 그것을 절대적인 것으로 착각하여, 만물을 함부로 차별하고 질서를 정하여, 있는 그대로의 자연 세계를 왜곡하며 자승자박하고 남에게 못질하는 인간의 우매함과 위태함에 대하여 경고하고 있는 것이다.

노자가 말하는 있는 그대로의 자연이란, 일체의 인위적인 것은 모두 말살하고 인간이 버릴 수 있는 찌꺼기(잉여물)는 모조리 다 버린 후, 최후로 버릴 수 있는 것으로서 남는 궁극적인 그 무엇을 말하는 것이다.

근세 서구에서 로고스철학을 확립한 데카르트는 일체 존재는 의문의 의문을 거듭하면서 정립하는 자아(自我) — 곧 우리가 사고함으로써 존재한다는 '나〔我〕'의 존재 자체를 말했으며, 카오스의 철학자 노자는 '피아상대(彼我相對)'의 '나〔我〕'라 하여 자연이란 오직 하나로 갈 수밖에 없는 추상된 자아라고 보았다.

노자에서 일체의 인간적인 면으로 생각된 것은, 요컨대 상대적인 것이며, 상대적인 것은 거의가 한계를 가지고 있는 것이었다. 견고한 성곽을 바라보는 도시의 위정 지배계급들은 민중에게 기생하는 자기의 존재를 귀중하게 여기면서 광야에서 농사를 짓는 농촌의 민중은 천시했다.

또 호화찬란한 의복을 걸친 도시의 지배계층 부류들은, 자기들의 사치한 생활을 선하고 아름답다라고 생각하면서, 악의조식(惡衣粗食)을 감수하는 농사계층의 민중은 불선불미(不善不美)하다고 멸시 천대했다.

또는 자기들이 탐닉하는 인위적인 음악의 선율로 문명의 우아함을 과시하면서, 산들바람과 졸졸 흐르는 시냇물 소리 등 자연의 소리에 귀를 기울이는 전원(田園) 민중은 멸시했다.

그러나 그들의 가치관은 요컨대 상대적인 것이며 근거 없는, 곧 뿌리 없는 허영에 지나지 않았다. 그들이 미(美)라고 하는 미는 절대적인 미일 수는 없다.
 그들의 선은 절대적인 선이 아니기 때문에 입장을 바꾸어 가치의 기준을 옮겨 보아 전원적인 산촌에서 들을 수 있는 자연의 소리를 참다운 음악으로 들을 수 있다고 보고 소박한 전원 촌락의 생활을 영위하는 민중을 참된 인간의 바람직한 모습으로 본다면, 도시의 선미(善美)는 그야말로 불선불미(不善不美)한 것이다. 그러므로 그들의 생활은 결국 추악 기형의 극치를 이룬 최악일 것이다. 여기에서 노자의 상대관은 기존의 가치체계나 세속적인 권위에 대한 도전의 무기였다.
 모든 절대적인 가치와 권위는 이 상대관 앞에서는 일면화되며, 붕괴되며, 부정되고 만다. 그것은 기존의 가치나 권위 위에 군림하는 우월자의 논리가 아닌, 요컨대 약한 민중의 저항과 자기 보전의 논리였다.
 끝으로 우리는 이 장에서 처음으로 보이는 '무위(無爲)'라는 어구에 대하여 약간의 설명을 살펴 볼 필요가 있다.
 무위라는 것은 말할 나위도 없이 '위(爲)'를 거부하는 뜻을 가지고 있지만 그것은 흔히 오해되고 있듯이, 아무 일도 하지 않고 두 손 놓고 있는 것, 혹은 가만히 누워서 태만하게 있는 그러한 것이 아니다.
 노자가 말하는 무위는, 인간이 제멋대로 처리하는 독선은 일체 배제되는 것으로 자기의 생각을 깡그리 털어버리고 천지 자연의 이법(理法)에 그대로 순종해 가는 것을 말한다.
 천지 자연의 세계에서는 만물이 여러 가지 형태를 가지고 탄생하여 온갖 모습으로 성장 변화하며 제각기 충실한 생명의 전개를 보이고 있다. 호반의 버들은 녹색의 싹을 틔우고, 산중의 동백은 붉은 꽃을 피우며, 새는 하늘 높이 날고, 물고기는 깊은 물 속에서 헤엄친다. 거기에 무슨 작위적인 의지나 가치 의식이 있겠으며 장황한 설명이나 이론이 있겠는가?
 천지 자연의 세계는 있는 그대로이며, 인간처럼 작위로 농간하거나 부당한 힘을 가하거나 하지 않는다. 자기의 존재를 고집하거나 남에게 대하여 오만하거나 뽐내지 않으며, 억지 이론으로 자기 주장을 펴지도 않을 뿐 아니라 시끄럽게 입을 놀리지도 않는다.

요컨대 인간이 하는 일은 아무것도 없고, 그러나 인간의 힘으로는 도저히 미치지 못할 만큼의 위대한 일을 해치우는 것이 천지 자연의 세계인 것이다.

노자는 이러한 천지 자연의 세계 존재를 '무위'로 파악했다. 그리하여 이 무위를 꽉 밟고 인간의 본래 모습, 곧 참다운 유위(有爲)를 생각하였으며, 인간의 본래적이 아닌 것, 곧 거짓인 인위의 위(爲)를 부정하였다.

≪천하가 다 아름답다 하니 아름다운 줄 알지만 이것은 추악한 것이다. 다 선하다 하니 선한 줄 알지만 이것은 선하지 않은 것이다. 고로 있고 없는 것이 서로 낳고, 어렵고 쉬운 것이 서로 이루고, 길고 짧은 것이 서로 모방하고〔較-形〕, 높고 낮은 것이 서로 기울어지고, 음과 소리가 서로 조화하고, 앞과 뒤가 서로 따른다. 이로써 성인은 무위의 일에 처하여 무언의 가르침을 행한다. 만물이 작(作)하여도 말하지 않고, 생겨도 두지 않으며, 행하고도 자랑하지 않고, 공을 이루어도 거하지 않는다. 오직 거하지 않는지라 이로써 가지 않는다.≫

天下[1] 皆知美之爲美 斯惡已[2] 皆知善之爲善 斯不善已 故有無相生 難易相成 長短相較 高下相傾 音聲相和 前後相隨 是以聖人[3] 處無爲之事 行不言之敎 萬物作焉而不辭 生而不有 爲而不恃[4] 功成而不居 夫唯不居 是以不去

1) 天下(천하) : 이 세상의 사람들을 말한다.
2) 斯惡已(사악이) : '이 추악할 뿐이다'와 같다.
3) 聖人(성인) : 무위 자연의 대도(大道)를 터득한 사람. 곧 현인(賢人)·지인(知人)·달인(達人)을 말한다.
4) 不恃(불시) : 자기의 능력을 자랑하지 않는 것.

제3장 안민(安民)·불상현(不尙賢)

민중을 무지무욕(無知無欲)의 상태로 두고
작위(作爲)로 불장난 치지 않게 하는 것이
최상의 통치법이다.

  만일 위정자가 현명함을 숭상하거나 존중하지 않는다면 민중들로 하여금 서로 다투지 않게 할 수 있다. 또 얻기 어려운 재물(보화)을 귀하게 여기지 않는다면 민중으로 하여금 도둑질을 하지 않게 할 수 있다. 욕심날 만한 것을 보이지 않으면 민중의 마음을 어지럽히지 않게 할 수 있다.
  이런 까닭으로 이것들을 터득한 위정자로서의 성인(聖人)의 정치는, 민중의 마음을 텅 비게 하여 불만을 없게 하고 민중의 배를 부르게 하고, 민중의 의지(意志)를 약하게 하여 윗사람에게 무조건 복종하게 하며, 민중의 건강을 증진시켜 노동력을 강화한다.
  요컨대 항상 민중을 무지 무욕의 순박한 상태로 두어, 저 아는 자로 자처하며 우쭐대는 현지자로 하여금 감히 손댈 수 없게 하는 것이다. 이와 같이 부자연스럽지 않은 정치를 하면 다스려지지 않는 경우가 없게 된다.

  ▨ 이 장은 노자의 욕망론과 문명 비판의 입장을 가장 기본적으로 나타내고 있는 점이 주목된다. 또는 인간에 있어서 진정한 행복은 무엇이며, 인간 본래의 모습과 이른바 문명과 문화와의 관계는 어떤 것인가에 대한 예리한 사고를 언어 밖으로 표출시

킨 점이 주목을 끈다.
 사민심불란(使民心不亂)은 어떤 원전에서 사심불란(使心不亂)으로도 되어 있고,「마왕퇴본(馬王堆本)」〈을〉에는 사민불란(使民不亂)으로도 되어 있으나, 여기의 사민심불란(使民心不亂)은 범응원(范應元)의 고본에 따랐다.
 그리고 마왕퇴본〈을〉에는 위무위(爲無爲)의 세 글자가 없으며 '사부지자(使夫知者)' 이하를 '사부지불감불위이이즉천하치의(使夫知不敢弗爲而已則天下治矣)'라고 만들어 놓았다.
 여기에서 말하는 성인의 무위 자연의 정치가 도시의 호화스러운 문명 문화와 인간의 지적 능력의 편중, 그 경박한 쾌락주의와 불건전한 관능(官能)의 탐닉을 비판하고, 도회적인 사치와 향락의 풍조에 오염되지 않은 소박하고 건강한 농촌의 생활을 기반으로 구상되었다는 것은 글 가운데의 '불상현(不尙賢)' '불귀난득지화(不貴難得之貨)' '실기복(實其腹)' '강기골(强其骨)' 등의 어구에 의하여 쉽게 알 수 있다.
 노자는 인간을 지적 능력만 가지고 일면적인 가치로 평가하던 시대에 있어서 이른바 문명 문화의 발달을 무조건 인간의 행복이라고 단정하는 생각에 근본적인 비판을 가했다.
 그는 이른바 문명 문화의 발달 속으로 들어간 인간의 퇴폐와 생명의 쇠약 현상을 간파하고, 그것을 인간의 본래적인 모습에서의 타락(墮落)이라고 단정짓고 그것들을 부정한 것이다.
 지배층의 엘리트군(群)인, 지자(知者) 현인은 스스로 생산함이 없이 민중의 생산 노력에 기식(寄食)하여, 그들은 굳건히 대지(大地)에 뿌리를 내리지 못하고 있다.
 그들 현지자(賢知者)는 입만 열면 "마음을 쓰는 사람은 남을 다스리고, 힘을 쓰는 사람은 남으로부터 다스림을 받는다.(『맹자』등문공편)"라고 하거나 "남으로부터 다스림을 받는 사람은 남을 양육하고, 남을 다스리는 사람은 남으로부터 양육을 받는다."라고 하여, 제멋대로의 구실을 터뜨리고 있다.

그들의 표현은 자기를 변명하고 남을 기만하는 강변(强辯)에 지나지 않는다. 그들은 자기들의 독선을 척도로 하여 인간을 가치평가하고, 자기들을 정상에 놓고 사회의 질서 규범을 구상하고 있다. 그들이 자화 자찬하는 현지는 인간 욕망의 비대화를 촉진시키고, 욕망의 비대화는 또 인간의 지능(知能)을 흉악화시킨다.

그래서 지능이 욕망을 비대화하고, 욕망이 지능을 흉악화시키는 악순환 속에서 인간의 심성은 나날이 험악해져 가 인간 사회는 점점 계층간의 반목이 심화되고, 이로 인한 대립과 투쟁은 격화되어 간다. 그들은 문명과 문화라는 미명(美名)과 허영에 도취되어 그것이 인간을 벌써 인간답지 않게 할 위험성을 간직하고 있을 뿐 아니라 인간 사회를 학대하고 착취하여 고혈을 빠는 흉악성도 내포하고 있음을 모르고 있다.

"현지(賢知)에 맡기면 민중은 서로 도둑질하고 다투며, 오랜 세월이 지나면 반드시 사람과 사람이 서로 잡아 먹는 때가 있을 것이다.(『장자』 경상초편)"라는 말이 있는데 그들 문명의 비참한 말로(末路)를 예견할 수 있는 가장 적절한 경고라 할 수 있다.

노자의 무욕(無欲) 또는 과욕(寡欲)의 주장은 그에 있어서 어떠한 사상적 근거를 가지는 것일까? 그것은 도를 무욕으로 하고, 이 도와 하나가 된 삶의 모습을 인생의 최고 행복으로 여긴 그의 도철학(道哲學)에서 근거함은 더 말할 필요가 없다.

이미 말한 바 있듯이, 도는 무형무명(無形無名)이지만 만물은 유형유명(有形有名)이다. 만물의 하나인 인간에게 있어서 '유형'이란 육체를 말하는 것이다. 그러므로 인간이 살아 있다는 것은 이 육체를 가지고 있다는 것에 불과하다. 육체를 가지고 있는 한 이것을 양육 유지하지 않으면 안 된다. 이리하여 욕망은 인간의 생(生)에 있어서의 자연이며 필연이다라고 말할 수 있겠다.

이러한 것은 인간의 죽음을 생각해 보면 더 한층 명백해 진다. 인간이 죽으면 육체를 잃고 만다. 욕망도 무로 돌아간다. 죽음이 도에로 돌아간다고 말하는 것은 사자(死者)의 무욕이 도의 무욕과 완전히 일치하기 때문이다.
　그러나 인간은 이 세상에 출생한 이상 살아가지 않으면 안 된다. 태어난 것이 자연스럽다면 죽는 것도 또한 자연이다. 때문에 죽음이 다가올 때까지 살아가는 것도 또한 자연이다. 인간이란 살아 있는 그대로 사자(死者)가 될 수 없다. 즉 완전한 무욕 상태가 될 수는 없는 것이다.
　욕망을 무제한의 상태로 방치하는 것도 위험하지만 그것을 또 완전히 없애는 것 또한 불가능하다. 노자는 이상(理想)으로서 무욕을 말하지만, 그것은 어디까지나 이상이지 실제에 있어서는 과욕(寡欲), 즉 될 수 있는대로 무욕에 가까운 과욕을 주장한 것으로 보지 않으면 안 된다.
　그가 '지족(知足)'을 말한 것도 이 때문이다. 족(足)함을 안다는 것은, 어느 정도까지의 욕망 충족을 인정한 것이며, 욕망의 전면적인 부정은 아니다. 노자는 삶[生] 그 자체를 부정하는 염세 사상(厭世思想)은 아니고, 오히려 삶의 완전만이 그의 철학의 근본이었다.
　삶의 완전을 도모하기 위해 무위 자연의 도에 순종하는 것이며, 무위 자연의 도에 따르기 위하여 무욕과 과욕, 혹은 지족(知足)을 설명하고 있다. 노자가 '상무욕이관기묘 상유욕이관기교(常無欲以觀其妙 常有欲以觀其皦)'라 한 것도 이 뜻이며, 무욕은 도의 묘(妙)를 보기 위한 수단 방법인 것이다.
　서구적인 욕망론은 인간을 사고의 중심에 놓고 '그의 묘를 본다'는 것, 즉 만물의 세계에 명석한 로고스를 대상적·과학적으로 관찰 구명하여 '지족(知足)'을 밖에서 구한다.
　그러나 노자의 욕망론은 무위 자연의 도를 그 근본에 두고 관기묘(觀其妙), 즉 인간을 포함한 일체 만물의 근원에 있는 카오스를 카오스 그대로 응시하여 지족(知足)을 안으로부터 구하고자 하는 것이다.
　노자의 무욕은 단순한 무욕이 아니라 무위 자연의 도에 근거하여 자기의 삶을 온전히 하기 위한 무욕이라고 할 수 있다.

≪어진 것을 숭상하지 않으면 민으로 하여금 다투지 않게 할 수 있고, 얻기 어려운 물건을 귀히 여기지 않으면 민을 도둑질하지 않게 할 수 있고, 하고자 하는 것을 보이지 않으면 마음을 어지럽게 하지 않는다. 이로써 성인의 다스림은 그 마음을 비우고, 그 배(腹)를 채우며, 그 뜻을 약하게 하고, 그 뼈를 강하게 하며, 항상 민으로 하여금 앎도 욕심도 없게 하여, 지자(知者)로 하여금 감히 하지 못하게 한다. 무위를 하면 곧 다스려지지 않는 것이 없다.≫

不尙賢 使民不爭 不貴難得之貨 使民不爲盜 不見可欲 使民心不亂 是以聖人之治 虛其心[1] 實其腹[2] 弱其志 强其骨 常使民無 知無欲 使夫知者 不敢爲也 爲無爲 則無不治

1) 虛其心(허기심) : 백성의 마음을 텅 비게 만드는 것. 무지무욕하게 하는 것.
2) 實其腹(실기복) : 백성들의 살기 위한 본능을 충족시켜 주는 것. 곧 배부르게 해준다. 그러면 그들의 뼈는 강해진다(强其骨).

제4장 불영(不盈)·도충(道沖)

도(道)는 공허하고 깊은 연못과 같으며
가득 찬 물과 같다.
그곳엔 무한한 작용이 있고 만물의 근원이며
항상 존재하여 변하지 않는 것이다.

도(道)는 그릇에 비유하면 텅 빈 공간과 같은 것이다. 아무리 사용하여도 텅 빈 공간은 차는 일이 없어 항상 있으면서 없고 없으면서 있는 무한한 작용이 있다.
　이것을 전체로서 보면 물을 꽉 채운 연못과 같아 깊고 깊은 그 현상이 만물의 근원과 같다.
　세상에서 말하듯이 그것은 자연히 만물의 날카로운 규각(圭角)을 마멸시켜 세상 만물의 충돌로 인한 혼란을 풀고, 만물의 빛나는 광채를 감추어 조화시켜, 만물의 세속적인 기능과 동조하며, 깊고 조용하게 꽉 찬 물과 같이 시공을 초월하여 항상 존재하고 있는 듯하다.
　나는 그 도가 누구의 자식인지 알 수 없으며 따라서 무엇으로부터 발생하여 무엇으로 되는 것인지를 모르지만, 만물의 어미〔母〕인 하늘의 신인 조물주보다 먼저 있었던 존재인 것 같다.

　▨ 불영(不盈)·도충(道沖)장의 내용은 일견 어디에도 존재하지 않는 것 같이 보이면서, 일체 만물을 무진장 발생시키는 '도(道)'의 광대 무변한 작용과 인간이 생각할 수 있는 모든 역사적인 시간에 선행하여, 시간이라고 하는 것의 시원(始源)을 이루는 도의 유구 불멸한 모습을 설명하고 있다.
　도에 관해서 '충(沖)' '용(用)' '영(盈)' 등의 글자를 써서 그 모습을 설명한 표현은 제15장과 제45장에서도 볼 수 있다. 장자(莊子)는 도를 바다〔海〕에 비유한 것도 있다.
　도는 텅 빈 그릇〔容器〕과 같이 보이지만 결국 인간의 인식 능력으로는 그것이 여기에 있다는 대상적인 포착을 불허하는 지극히 충허(沖虛)한 존재다.
　때문에 그 그릇에 무엇을 아무리 채우려 하여도 꽉 차게 할 수는 없다. 곧 무한의 효용성과 무진장의 작용을 갖는 광대 무변한 형이상적 실재이다.
　만물의 세계는 인간 사회가 그것을 전형적으로 대표하는 것과 같이 차별과 대립의 세계이며, 거기에는 인간들의 예각적(銳角

的)인 자기 주장과 인간 서로의 복잡한 반목과 투쟁이 있고, 각기 재능의 과시와 이 세상의 세속적인 일체의 추악상이 판을 치고 있다.

그러나 인간이 무위 자연의 근원적인 진리에 눈을 떴을 때, 그 차별이나 대립의 양상은 벌써 도의 절대성 앞에 깡그리 상대적인 것이 되고, 일면적인 가치관이나 그것을 고집하는 첨예한 자기 주장, 이해의 반목이나 재능의 과시나 독선적인 권위 의식 등은 인간의 교활한 작위로 공허하게 붕괴되고 만다. 그때에 인간은 비로소 도의 무명을 자기의 무명으로 하는 '이름 없는 민중' '크나 큰 우자(愚者)'가 되는 것이다.

그것은 자기의 기세를 꺾고, 남과의 다툼을 즐기지 않으며, 재능의 빛을 깊이 감추어 내실화하고, 범속한 가운데서 범속하게 살아가는 강인한 잡초의 정신, 즉 민초적 정신으로 중심을 대지에 내리고, 붕괴되지 않고, 좌절하지 않는 둔각적(鈍角的)인 인생의 모습을 자기의 것으로 했을 때 이루어지는 것이다.

무위 자연의 도는 또한 이러한 위대한 모습을 가진 만물의 종사(宗師)이며, 그것은 투철한 각성을 가진 인간에게 보다 더 위대한, 말할 수 없는 교화력(教化力)을 갖는 것이다.

여기에 '좌기예 해기분 화기광 동기진(挫其銳 解其紛 和其光 同其塵)'의 네 구절은 '분(紛)'과 '진(塵)'으로 운(韻)을 밟아 시구(詩句)를 이루었다.

이와 같은 열두 글자가 제56장에도 도를 깨달은 사람의 인생 태도를 설명하는 어구로 인용되고 있으며, 옛부터 전송(傳誦)되어 온 격언적인 어구로 보아진다.

≪드는 비어 있어 이를 써도 항상 차지 않고, 깊어서 만물의 종(宗)인 것 같다. 그 날카로운 것을 꺾고 그 어지러운 것을 풀며 그 빛을 부드럽게 하며 그 티끌을 함께 한다. 깊어 혹 있는 것 같다. 나는 누구의 아들인지 알지 못하니 하느님보다 먼저이다.≫

道沖¹⁾而用之 或²⁾不盈³⁾ 淵兮 似萬物之宗 挫其銳⁴⁾ 解其紛 和其光 同其塵 湛兮似或存 吾不知誰之子 象⁵⁾帝⁶⁾之先

1) 沖(충) : 충(盅)과 통하며 자해(字解)에는 '기허야(器虛也)'라 했다. '노자왈 도충이용지(老子曰 道盅而用之)'라 했고 현재의 원전에는 충(盅)으로 쓰는 경우가 있는데 충(沖)을 빌려 쓴 것 같다. 그릇의 공허한 것을 뜻함.
2) 或(혹) : 하상공주(河上公注)에는 '상야(常也)'라 하여 '항상'의 뜻으로 풀이하고 있다.
3) 盈(영) : 충만하다, 가득하다는 뜻이다. 반대로 '불영(不盈)하다' 는 '만족스럽지 못하다' 와 같다.
4) 挫其銳(좌기예) : 이하 12자는 도의 작용을 설명한 것이며 56장에도 보인다.
5) 象(상) : 노자가 처음으로 발견한 술어(術語)이며, 이 '상' 이 역(易)에서 발전되었다. 물상(物象)의 뜻과 동일하다.
6) 帝(제) : 천상에 있는 신으로 곧 천지 만물의 창조주를 뜻한다.

제5장 수중(守中)·허용(虛用)

천지의 위대한 작용은
그것이 허심(虛心)하게 행해짐으로써
사랑[愛]과 미움[憎]을 분간하지 않는다.
이 세상의 모든 정치도
공명 정대하게 행하는 사람을 성인(聖人)이라 한다.

하늘과 땅에는 태양이 비추고 비가 내린다. 또 그 가운데 만물을 생육시킨다.
하지만 이 모든 것을 사랑하거나 미워하지도 않는다.

오직 모든 만물을 장례에 쓰이는 추구(芻狗)처럼 여겨 그냥 내버려 두고 있다.

또 성인은 천하를 다스려 민생을 평안하게 하지만 각별히 민중을 사랑하지도 않고 마치 추구를 취급하는 것 같이 무위의 허심(虛心)으로 버려 둔다.

그래서 하늘과 땅 사이는 말하자면 풀무[槖籥]와 같다. 속은 텅텅 비어 공허하고 훼손되지 않으며, 움직여 작용하면 더욱 더 바람을 일으키는 것처럼 삼라만상이 얼마든지 생겨난다.

사회 생활을 하는 인간에 있어서도 이러한 도리를 터득하여야 할 것이지만 만일 무위·허심을 잊고 감정이나 욕망에 사로잡혀 자기 지식과 행동에 자만심을 가지고 말을 많이 하면, 자주 곤란하고 난처한 일이 일어난다.

그러므로 인간은 누구나 허심한 냉정성을 잃지 않고 치우침 없이 적당한 처신을 하여 중용을 지키는 것보다 나은 것이 없다.

▨ 천지 자연의 이법(理法), 곧 '도(道)'는 인간과 같은 의지와 감정, 목적적인 의도나 가치의식을 가지지 않는 냉혹 비정한 존재인 것이다.

하물며 세간의 대다수 학자가 제 마음대로 구실을 붙여 말하듯이 인간만이 만물의 영장(靈長)이며, 인간에게만 특별한 애정과 자비심을 쏟는 것이 아니라, 천지 대자연의 이법은 일체 만물에 대하여 똑같이 무관심·무집착이다. 한편 만물의 입장에서 보면 냉혹 잔인·무정 무자비(無情無慈悲)라고까지 말한다. 오로지 물리적·자연적인 존재인 것을 설명하고 있다.

'천지불인(天地不仁)'의 '인(仁)'은 말할 나위도 없이 유가(儒家)에서 말하는 '인(仁)'을 의식한 말이며 '불인(不仁)'이란 유가에서의 '인의(仁義)'의 반대어로 도덕에 대한 비판과 부정을 표명한 것이다.

노자의 도는 일체의 인간적인 유정(有情)을 엄히 차단하는 천지 대자연의 무정한 모습을 잘 나타냈다. 그러므로 이 장은 대자연의 이법의 냉혹 잔인한 비정(非情)함을 서술한 것으로 유가에 대한 비판으로서 주목될 뿐 아니라 노자의 철학 그 자체가 가지는 근본적인 일단을 지적한 것이라고 하겠다.

『성경』에서 우리가 쉽게 느낄 수 있고 널리 알려진 대로의 이른바 '하느님'과 노자에서 말하는 이른바 '도'는, 기독교의 '하느님'이 인격신(人格神)이냐 아니냐의 한 가지 점만 제외하고는, 절대적인 존재로서는 퍽 유사한 성격을 가졌다.

이는 『성경』의 "한처음 땅을 만드신 이도 주님이시요, 하늘을 만드신 이도 주님이십니다. 하늘과 땅은 없어질지라도 주님은 영원히 계십니다.(히브리서 1 : 10~11)" "야훼께서 만물을 지으시려던 한처음에, 모든 것에 앞서 나를 지으셨다. 땅이 생기기 전, 그 옛날에 나는 이미 모습을 갖추었다. 깊은 바다가 생기기 전에, 나는 이미 태어났다. 옛 뿌리가 아직 박히지 않고, 언덕이 생겨나기 전에 나는 이미 태어났다.(잠언 8 : 22~25)"는 말과 『노자』 제4장과 제25장 등을 비교해 보면 알 수 있다.

이 내용들은 한결같이 사랑의 하느님임과 동시에 분노하는 하느님이며, 인간의 유정(有情)을 완전하게는 차단하지 않은 초월자, 인간 존재의 연장선상에서 파악되는 절대자였다.

그 사랑은 인간의 사랑과는 다른 절대적인 사랑이라고는 하지만, 요컨대 그 역시 일종의 사랑임에는 틀림없으며, 그 사랑 또한 미움[憎]과 표리 관계에 있다.

간음을 미워하고, 불의를 꾸짖고, 속죄를 받아들여 용서하는 유정적(有情的) 성격이 강하게 풍긴다. 때문에 그 하느님은 이교도를 적으로 하여 사랑하지 않았으며, 믿음이란 구실로 처참한 종교 전쟁을 유발시키는 불관용의 하느님일 때도 있었다.

기독교의 하느님과 같은 불관용의 태도는 아니었지만 불교의 절대자 또한 극히 유정적인 성격을 강하게 가진다. 아미타불의 자비도, 미륵불의 구제(救濟)도 항상 중생을 대상으로서 의식하고, 인간의 유정과 굳게 연결되어 있다.
　반드시 인간을 닮고 항상 인간의 모습을 빌려서 만들어지는 불상(佛像)이 인간과의 친근성을 강하게 느끼게 할 뿐 아니라 그 눈동자도 웃는 얼굴도 인간적인 유정성을 담뿍 담아서, 인간을 냉정하게 떼어놓는 비정함이나 인간의 번뇌와 탄식을 무감동으로 보아넘기는 냉혹 잔인성은 그 어디에도 찾아볼 수 없는 것이다.
　그러나 노자의 '도'는 그렇지 않다. 노자의 도는 인간을 사랑하지도 않을 뿐 아니라 그 대신 미워하지도 않으며, 인간만을 하느님(神)과 연대시키는 이상적인 인격으로서 은총을 베푼다거나, 초목과 조수(鳥獸)를 인간의 먹이로 땅 위에 충만하도록 섭리한 존재(창세기)로서 수단화하는 일도 없다.
　그것은 인간 사회의 어떠한 비참한 일에도 구원의 손을 뻗치려고 하지 않으며, 인간의 어떤 울부짖음과 고통의 소리에도 귀를 기울이려 하지 않는다. 속죄의 호소도 거기에서는 공허하며, 참회의 기도도 거기에서는 단지 버림을 받을 뿐이다.
　노자의 도는 굶주린 자의 사체 위를 매정하게 지나가는 세찬 들바람과 같고, 싸움터에서 도망가는 민중의 머리 위를 유유히 흘러가는 흰구름과 같이, 단지 무위(無爲)이며, 자연(自然)이며, 무감동이고, 무관심이다.
　노자의 도는 오직 무위이며 자연이고 일체의 인간적인 유정(有情)을 차단했다. 인간적인 유정의 세계에서는 사랑의 영원성을 아무리 다짐했어도 곧 미움으로 변하고, 기쁨과 즐거움은 아무리 절대성을 예감하여도 곧 슬픔으로 허물어지고 만다.
　인간이 과시하는 문명의 영화도, 문화의 발달도, 요컨대 그것이 인간의 손에 의해 만들어진 이상 언젠가는 붕괴되어 멸망하는 필연성을 면하지 못한다.
　인간이 만일 진실로 붕괴 멸망하지 않는 삶을 가지고자 한다면, 일체의 인간적인 유정을 차단하는 비정한 세계의 필연을 오직 무감동으로 인내하는 수밖에 도리가 없다.

인간이 만일 그 무엇도 잃지 않는 삶을 자기 것으로 영위하기를 바란다면, 처음부터 아무것도 자기 소유로 하지 않는 생활에 근거하는 수밖에 없다.

노자의 도는 이러한 붕괴 멸망하지 않는 삶에의 체관(諦觀) 속에서 찾아낸 무위 자연이다. 그러므로 그 무위 자연은 일체의 인간적인 유정을 냉혹하리 만큼 엄하게 차단하는 것이다.

노자가 '만물위추구(萬物爲芻狗)'라 하여 천지 자연의 이법의 '불인(不仁)'을 설명할 때, 그 '불인'이란 일체의 인간적 유정의 거부를 의미하는 것이며, 유정을 거부하는 철저한 비정의 세계에서 그는 붕괴하는 인간의 붕괴되지 않는 삶, 인간을 초월하는 유구한 것을 꿰뚫어 볼 수 있었다.

'성인불인 이백성위추구(聖人不仁 以百姓爲芻狗)'에서 '도', 즉 천지 자연의 이법이 '만물위추구'로서 그의 비정을 철저하게 규정한 것이라면, 그 도를 그대로 자기의 도로 터득한 성인 또한 자연의 비정함에 철저하여 인간적인 조치를 정치에 적용시키지는 않을 것이며, 인애(仁愛) 따위의 작위적인 일은 더더욱 배제된다 하겠다.

지배자로서 민중을 다스리기는 하지만 정치의 목적을 달성하고 나면 곧 본래의 무관심으로 돌아가, 그들은 제사용(祭祀用)의 허수아비 개〔芻狗〕와 같이 버리고 말 것이다.

'천지지간 기유탁약호(天地之間 其猶橐籥乎)'는 천지 대자연의 세계를 비유하여 말한다면 마치 하나의 커다란 풀무와 같다고나 할까?

광대 무쌍한 우주 공간은 거리낄 아무 것도 없으면서 무진장의 에네르기〔活力素〕를 그 안에 감추어, 풀무〔橐籥〕를 움직이면 얼마든지 바람이 나오듯이, 움직이면 움직일수록 만물 만상이 그 안에서 무한하게 현상되어 나온다.

'다언삭궁 불여수중(多言數窮 不如守中)'에서 다언(多言)은 일언(溢言), 즉 말이 많아 넘쳐서 진실을 왜곡된 말로 표현한다는 뜻이 된다.
　그러나 여기서는 '다언삭궁(多言數窮)'의 '궁(窮)'과 '불여수중(不如守中)'의 '중(中)'이 운(韻)을 밟고 있어 이 두 어구는 격언적인 고어로 보이나 우리 나라의 속언에도 "말로써 말이 많으니 말 말까 하노라." 하였고, "경험이 많을수록 말수가 적어지고 슬기를 깨칠수록 감정을 억제한다. 어리석은 사람도 잠잠하면 지혜로워 보이고, 입을 다물고 있으면 슬기로워 보인다.(잠언 17：27∼28)" "입에 재갈을 물리면 목숨을 지키지만, 입을 함부로 놀리면 목숨을 잃는다.(잠언 13：3)"하여 『성경』에서도 여러 곳에 언급되어 있다.
　여기에서 우리들은 노자의 철학을 로고스〔言〕보다는 카오스〔道〕를 근원적인 것으로 보고, 그 로고스를 억제 또는 부정하는 경향을 명확하게 제시하고 있는 점을 주목할 것이다.
　일반적으로 로고스적인 것, 논의(論議), 논쟁, 자기 주장, 자기 변명 등을 포함하여 모든 것을 부정적으로 억제하는 것이 노자 철학의 근본적인 특징의 하나이며, 이 점에 있어서도 그것은 서구 유럽적인 사고와는 크게 대립된다.

　≪천지는 어질지 않으니 만물로써 추구를 삼는다. 성인은 어질지 않으니 백성으로써 추구를 삼는다. 천지의 사이는 그 탁약(橐籥)과 같다고나 할까. 비어 있어도 다함이 없고 움직일수록 더욱 나온다. 말을 많이 하면 자주 막히니 중을 지키는 것만 같지 못하다.≫

　天地不仁 以萬物爲芻狗[1] 聖人不仁 以百姓爲芻狗 天地之間 其猶橐籥[2]乎 虛而不屈 動而愈出[3] 多言[4] 數窮[5] 不如守中[6]

1) 芻狗(추구) : 제사 모실 때 쓰이는 짚으로 만든 개의 형상.
2) 橐籥(탁약) : 대장간에서 쓰는 풀무. 쇠를 달구는 데 있어 바람을 일어 불을 일으키는 데 쓰이는 도구. 일설에는 풀무와 피리로 보는 견해가 있다.
3) 愈出(유출) : 점점 더 나오다.

46 노자도덕경(老子道德經)

4) 多言(다언) : 말이 많은 것을 이른다.
5) 數窮(삭궁) : 자주 막히다.
6) 守中(수중) : 중(中)은 중용(中庸)과 같은 뜻. 중은 충(忠)과도 뜻이 통하여 허와 같은 상반된 뜻도 된다. 수중은 허심(虛心)한 태도를 늘 지켜 가진다는 뜻으로 통한다.

※ 백서 갑·을본에는 '多言數窮'이 '多聞數窮'으로 저작되어 있다.

제6장 곡신(谷神)·성상(成象)

자연의 조화(造化)는 무궁 무진하다.
그 무한한 힘은 여성의 생식 작용과 같으며,
그 신비한 것은 가히 여성의 음부에 비할 수 있다.

골짜기에 머무는 신은 불사신(不死神)으로 이를 현빈(玄牝)이라 부른다.
현빈이 출입하는 문은 천지가 만물을 낳는 근원이다.
그 출생 번식하는 작용은 언제까지나 끊어지지 않고 이어져 항상 존재하고 있는 것 같이 아무리 사용해도 지칠 줄을 모른다.

▨ 현(玄)의, 또한 현빈인 '도(道)'라는 것은 천지 자연의 조화 작용 및 일체 만물을 영원히 생성시켜가는 불가사의한 역할을 한다는 것을 여성의 생식기〔陰部〕에 비유한 시적 표현이다.
'곡신(谷神)'은 골짜기에 머무는 신령의 뜻이며, 여성의 성기를 신비적으로 표현했다.(이 곡신의 신비함은 생명의 근원, 도의 모습으로 비유한 것으로 제15장, 28장, 39장, 41장에도 보인다)

그러나 곡(谷)을 욕(浴)으로 쓰고 있으며, 마왕퇴본(馬王堆本) 갑·을에도 이와 같이 쓰고 있는데 욕(浴) 역시 기른다는 뜻이다.
『시경(詩經)』곡풍(谷風)에도 만물을 양육하는 동풍(東風)을 곡풍(谷風)이라 부르고 있음이 참조되고 있다.
이어서 현빈(玄牝)은 현묘한 암컷, 즉 불가사의한 생식력을 가진 여성을 뜻하며 '빈(牝)'을 혈(穴)로 해설하는 예도 있다.
역시 현빈(玄牝)이라는 어구를 『예기(禮記)』단궁하(檀弓下)편의 "무(牡)는 현(玄)을 쓴다."라는 현무(玄牡)에 대응하는 것이라고 본다면, 남녀의 대조가 한층 명확해진다.
즉 현무(玄牡)는 제사의 희생 제물로 쓰이는 검은 숫송아지〔玄牡〕를 말하는 것으로 여성이 영원의 모(母)임에 대하여 남성의 비참한 희생을 상징한다.
천지지근(天地之根)의 근은 남근(男根)·여성의 뿌리〔根〕와 같은 뜻으로 성기를 말한다. 또 도는 천지 만물을 낳는 생명의 근원으로 그것을 여성 성기의 생식력에 비유하고 있다. 제25장에 가이위천하모(可以爲天下母)라고 한 어구를 참조해도 알 수 있다.
이 장의 '면면약존(綿綿若存)'은 제4장의 '침혜사상존(湛兮似常存)'과 '용지불근(用之不勤)'의 근(勤)은 부지런히 노력한다는 뜻도 있으며, 제5장의 '허이불굴 동이유출(虛而不屈 動而愈出)'과 같이, 도가 만물을 생출시키는 끊임없는 작업이라는 것을 말하고 있다.

　　골짜기의 신령함은 영원불멸
　　그를 현묘 불가사의한 암컷이라 한다.
　　현묘 불가사의한 암컷의 음문은
　　이것이 천지를 낳는 생명의 근원
　　면면히 태고부터 존재해 왔던가?
　　지칠 줄을 모르는 불사신이여!!

노자에서는 도가 만물을 생성시키는 조화의 역할을 여성의 생식 작용에 비유하고, 도의 무위 자연의 모습을 여성(牝・雌・母)의 강인한 수세의 정신에 비유하여 설명한 곳이 적지 않다.

『장자』에는 특이하게 '자웅(雌雄)'이란 말이 몇 군데 보이나 '빈무(牝牡)'라는 표현은 전혀 없다. 하물며 천지 창조의 작업을 빈무(牝牡)・자웅(雌雄)의 교합(交合)에 비유한 점은 전혀 보이지 않는다.

『장자』에는 '빈무'라는 표현을 음양(陰陽)이라는 추상적인 개념에 놓고 있어 노자와 같이 원시적인 생식 신화의 흔적을 생생하게 느낄 수 있는 표현은 찾아볼 수 없다. 이러한 점에서 노자는 장자보다 훨씬 소박(素朴)하며 추상적이다.

노자의 철학 근거에는 이와 같이 성에 대하여 소박한 호기심과 관심이 강하게 지적되었다. 성(性)은 인간을 포함한 일체 생명에 있어 가장 근원적・본래적인 사실이며, 이 이상 더 자연스럽고, 무작위하고, 신비스러운 것의 전형(典型)이 없다. 또한 그것은 대지(大地)의 안정성을 가장 잘 상징적으로 표현한 것으로 농민의 소박하고 건강한 생활과 밀착된 것이다.

'현지우현(玄之又玄)'을 말하여 도시적인 문명 생활에 있는 생명의 쇠약 현상을 탄식하고, 전원 부락의 농경 생활에 있어서의 강인한 야성을 찬미하는 노자 철학이 성(性)의 형상에서 깊은 신비와 커다란 경이(驚異)를 발견하고 그 역할을 있는 그대로 긍정하는 이유를 우리는 알 만하다.

또 노자를 교조(教祖)로 숭앙하는 후일의 도교(道教)인, 중국의 민중적인 민족 종교가 '성의 즐거움'을 중시하여 방중술(房中術)이나 양생법(養生法) 등이 교리의 중요 부문으로 차지한 것은 우연이 아니다.

≪곡신(谷神)은 영원히 죽지 않는다. 이것을 현빈(玄牝)이라 이른다. 현빈의 문, 이것을 천지의 뿌리라 이른다. 면면히 있는 것 같아, 써도 지치지

않는다.》

谷神¹⁾不死²⁾ 是謂玄牝³⁾ 玄牝之門⁴⁾ 是謂天地根 綿綿⁵⁾若存 用之不勤⁶⁾

1) 谷神(곡신) : 골짜기의 신. 일설에는 여성의 성기에 비유한 것이 많다. 여기에서도 여성 성기의 오묘 불가사의한 작용을 해의한 것이다. 물이 흐르고 바람이 불고 구름이 일고 초목이 자라는 골짜기, 이것이야말로 조화의 극치를 말했다고 할 수 있다.
2) 不死(불사) : 영원히 죽지 않는 것. 불생불멸(不生不滅).
3) 玄牝(현빈) : 현묘한 암컷.
4) 玄牝之門(현빈지문) : 현묘한 암컷의 음부. 이것은 현묘한 것, 또는 현묘한 암컷에서 태어나는 것을 비유한 것이다.
5) 綿綿(면면) : 새 솜에서 실이 풀려 나오듯 아득한 옛날부터 끊어지지 않고 계속 이어 나오는 모양.
6) 不勤(불근) : 지치지 않는 것. 피로하지 않은 것.

제7장 무사(無私) · 도광(韜光)

인생은 속절없고 천지는 유구하다.
천지가 유구한 것은
무위자연의 도를 수행하고 있기 때문이다.

인간의 수명은 짧은 것이다. 하늘은 끝없이 길고 땅은 가이없이 오래 간다.
하늘과 땅이 길고 또 오래 가는 까닭은 그들이 무위(無爲) 무심으로써 스스로의 뜻으로 살지 않기 때문에 능히 오래 존재하며 사는 것이다.
 그러므로 이 도리를 터득한 성인은 자기의 것은 뒤로 물리치지만 오히려 자연스럽게 자기가 사람들의 앞자리에 서게 되고, 자기의 일은 무시해 버리지만 오히려 자연스럽게 자기는 살아 남는 결과가 되는 것이다.
 그것은 그에게 사심(私心)이 없었기 때문이 아니겠는가? 때문에 오히려 자기의 욕망을 능히 성취할 수 있는 것이다.

 ▨ 천지 대자연이 영원 불멸의 생성자임은 생성자(生成者)로서의 자기를 의식하지 않기 때문이라고 본다.
 그러므로 참으로 위대한 지도자는 지도자 의식을 부정하고, 참으로 위대한 자아(自我)는 무아(無我)임을 알 때, 이것을 일반적으로 말하여 아주 큰 긍정은 아주 큰 부정을 매개(媒介)로 한다는 노자 철학의 근본적인 이론이라 하겠다.
 또 여기서는 대도(大道)의 장구함을 설명한 것으로, 천지가 열리기 전에는 오직 하나 정적(靜寂)하여 혼돈한 것이었다. 이 혼돈이 지난 뒤에는 비로소 하늘과 땅으로 판별되었고, 하늘은 높고 밝으며, 땅은 두텁고 넓다.
 이곳에서 만물이 생성할 때 하늘은 끝없이 길고, 땅은 한없이 오래 가는 것을 말한다.
 난해할 수도 있겠으나 여기에서 오히려 노자의 대상세계(對象世界)에 대처하는 끈질긴 처세와, 자기를 관철한 의지의 강인함을 주목해야 할 것이다.
 물론 단순 명쾌하게 시비곡직(是非曲直)을 분별하는 입장에서 보면 음험하고 노회(老獪)하다고 하겠지만, 무리를 하지 않는 인생, 붕괴하지 않는 자기의 확립을 지상(至上)으로 하는 입장에서 본다면, 자연스럽고 소박하고 솔직하다고 할 수 있다.
 그것은 직선적인 자아 실현이 아니고 곡선적인 자기 관철이며,

능동적인 강직(剛直)을 존중하는 처세가 아니라 수동적인 강인(强靭)함을 존중하는 탄력성이 풍부한 처세인 것이다.

노자의 '노(老)'자는 잘 단련된, 푸른 젊음이 깡그리 빠져버린, 인생의 온갖 풍상을 다 겪고 견디어 온 원숙한 모습의 의미를 느낄 수 있으나 그것은 흔히 청소년의 혈기방장(血氣方壯)한 직정경행(直情徑行)한 입장에서 보면 우유부단하고 비굴·노회하게 보일 것이다.

그러나 그 비굴과 노회는 단순한 비굴·노회가 아니고, 인생의 성숙자로서의 담담(淡淡)한 영지(英知)와 노련한 처세라 할 수 있다. 그것은 대상 세계의 움직임에 자기의 동작을 허심(虛心)하게 조화 타협하면서 결코 자기의 의지를 잃지 않는 유연한 강인성이며, 모든 것을 버리면서도 물러나지 않는 불굴(不屈)의 만만치 않은 기상인 것이다.

여기에서 우리는 유의(有爲)의 무불위(無不爲)를 목표로 하는 인간과 무위(無爲)의 무불위를 지향하는 인간, 로고스의 세계를 지상(至上)으로 하는 인간과 로고스 세계의 근저에서 카오스의 세계를 응시하는 인간의 삶의 모습이 서로 다르다는 것을 볼 수 있게 된다.

로고스의 세계를 지상으로 하는 인간이 카오스의 근저를 응시하는 인간의 모습을 볼 때, 회섭(晦涉)스럽고, 난해롭고, 무미로우며, 대담하게 보인다.

노자 철학의 심오한 깊이와 매력은 이러한 것에 있으며, 중국 민족의 행동과 사고가 서구 유럽적인 것에 비하여 불가해한 근원의 하나가 또한 여기에 있다고 볼 수 있다.

《하늘은 길고 땅은 오래다. 천지가 능히 길고 오랜 것은 그것이 스스로 낳지 않는 고로 능히 길고 오래한다. 이로써 성인은 그 몸을 뒤로 하여 몸이 먼저 되고, 그 몸을 밖으로 하여 몸이 있게 된다. 그 사심이 없음으로써가 아닌가. 고로 능히 사심을 이룬다.》

天長地久 天地所以[1] 能長且久者 以其不自生[2] 故能長久 是以聖人 後其身[3]而身先 外其身而身存 非以其無私[4]邪 故能成其私

1) 所以(소이) : 까닭.
2) 不自生(부자생) : 스스로의 뜻으로 살지 않는 것을 말한다.
3) 後其身(후기신) : 그 자신을 뒤로 미루다. 곧 자신을 내세우지 않다. 백서갑본(帛書甲本)에는 후(後)자를 예(芮)자로 쓰고 있고, 퇴(退)자의 해석인 '물러 선다'는 뜻으로 풀이하고 있다.
4) 無私(무사) : 사심이 없다. 여기서는 소아(小我)를 뜻한다.

제8장 약수(若水) · 이성(易性)

다투는 것은 도를 어기는 것이며
모든 악의 근원이다.
물에서 우리들은 평화의 상징이라는 것을 엿볼 수 있다.

인생의 선(善)함을 물에 비유할 수 있다. 물의 선함은 만물에게 온갖 이(利)로움을 주면서, 그 무엇과도 지위의 상·하를 다투지 않으며, 모든 사람들이 싫어하는 낮은 자리에 즐거이 스스로 자리함에 있다. 그러므로 도를 가장 닮았다.
착하다는 것도 그 종류가 여러 가지가 있다. 몸을 두는 것에는 물이 낮은 곳을 찾듯이 평평한 땅 위가 가장 좋다. 마음가짐은 물이 가득 고인 깊은 연못과 같이 그윽해서 남에게 드러내지 않는 것 같이 함이 좋다. 남에게 은혜를 베풀 때는 물이 만물을 고르게 길러내 듯이 대가를 바라지 않는 것이 좋다.

말을 함에는 물이 흐를 때는 흐르고 멈출 때는 멈추듯이 신의(믿음)가 있어야 좋다. 정치를 함에는 물이 만물을 절로 자라나게 하듯이 백성이 자연스럽게 스스로 다스려지게 하는 것이 좋다. 일을 처리함에는 물이 능력을 발휘하여 온갖 일을 성취하듯이 효능 있게 하는 것이 좋다.
　행동을 함에는 물이 때에 맞추어 차면 얼고, 더우면 녹고, 봄에는 비가 되고, 겨울에는 눈이 되며, 높은 곳에서는 머물지 않고 흐르며, 낮은 골짜기에서는 머물러 고이는 것 같이 때와 곳에 알맞는 행동이 좋다.
　이와 같은 선은 무엇 하나 남과 다투어 쟁취한 것이 아니라, 물과 같이 겸손한 것에서 얻은 것이다. 이 물과 같이 도대체 다른 사람과 다투지 않는 것만이 남으로부터 원망이나 허물을 받을 까닭이 없는 것이다.

　▨ 여기에서 노자는 남을 위하여 크나큰 기여를 했으면서도 남의 천함과 모욕을 감당하고 결코 자기를 주장하지 않으며, 변명과 자랑을 하지 않는 성인(聖人)의 '부쟁(不爭)'의 처세를 강조하고 있다.
　이 강조는 우리들에게 『성경』의 마태복음에서 예수님이 "온유한 사람은 행복하다. 그들은 땅을 차지할 것이다."라고 한 그 유명한 산상 설교를 상기시킨다.
　또한 『성서』 신약의 빌립보서 2 : 3~8까지를 살피면 "무슨 일에나 이기적인 야심이나 허영을 버리고, 다만 겸손한 마음으로 서로 남을 자기보다 낫게 여기십시오. 저마다 제 실속만 차리지 말고 남의 이익을 돌보십시오. 여러분은 그리스도께서 지니셨던 마음을 여러분의 마음으로 간직하십시오. 그리스도는 하느님의 본질을 보셨지만, 굳이 하느님과 동등한 존재가 되려고 하지 않으시고 오히려 당신의 것을 다 내놓으시고 종의 신분을 취하셔서 우리와 똑같은 인간이 되셨습니다. 이렇게 인간의 모습으로 나타나 당신 자신을 낮추셔서 죽기까지, 아니 십자가에 달려서 죽기까지 순종하셨습니다."고 하여 첫째도 겸손, 둘째도 겸손, 셋째도 겸손을 상기케 하는 것은 겸손 또는 부쟁(不爭)의 덕을 설교한 점에서 노자도 또한 그리스도와 유사점이 많다.

그러나 그 부쟁이 무엇을 근거로 하고, 어떠한 의도(意圖)로서 말하고 있는가에 대하여는 양자의 입장이 크게 다르다.

기독교에서 말하는 부쟁은 말할 나위도 없이 하느님의 사랑과 지혜에 근거한다. 그러니 노자의 부쟁은 하느님의 사랑이나 슬기에 근거하지는 않는다.

노자는 하느님이라는 인격적인 절대자의 존재를 부정할 뿐 아니라, 사랑이니 슬기니 하는 인간적인 냄새가 나는 말(언어)을 동시에 부정(否定)하고 있다.

그는 인격적인 '하느님' 대신 비인격적인 '도'를 설정하여, 인간적인 사랑[愛]이나 슬기[智]를 주장한 것이 아니라 일체의 인간적인 것을 차단하고 거부하는 비정(非情)한 무위자연(無爲自然)을 내세웠다.

노자의 이른바 '부쟁(不爭)'이 일체의 인위적인 것의 부정, 즉 무위자연의 철학을 근거로 하였다는 사실은, 이 장에서 물[水]을 지선(至善 : 도)으로 비유한 것으로도 상징적으로 알 수 있다. 물론 인간과 같이 작위(作爲)성이 전혀 없고, 사랑의 감정이나 지혜의 작용도 가지지 않는다. 물은 단지 무심이며 자연일 뿐이다. 그래서 무심(無心)이며 자연이기 때문에 "도에 가장 가깝다 [幾於道]"고 한 것이다. 단지 '가깝다[幾]'라고 할 뿐 '같다 [同]'고 하지 않는 것은 양자가 유형과 무형이란 상위(相違)점이 있기 때문이다.

노자에서 인위적이란 것은 주로 인지(人知)·인욕(人欲)을 가리키는 말이다. 인간 사회의 모든 다툼, 즉 경쟁(競爭)·분쟁(紛爭)과 투쟁·전쟁 등은 예컨대 인지·인욕의 소산일 따름이다.

따라서 인간이 다툼이 없는 사회를 실현코자 한다면 다툼의 근원인 인지·인욕을 억제하고, 물과 같이〔流水〕자연스런 존재, 무위 무심을 지향(志向)하는 도리밖에 없다. 노자의 부쟁(不爭)은 이러한 일체의 인위적인 행위의 부정(否定)인 무위 자연의 철학을 그 근저에 가지고 있기 때문이다.

오늘날 현실 사회의 계급제도, 정치기구의 기만성과 모순, 불합리성 등은 인간의 지적 행위의 소산이다.

그 행위의 책임은 오로지 세상의 학자, 도덕가, 정치가, 종교인 등에게 돌릴 수밖에 없다.

그들은 자연을 터득하지 못하고 정혜(正慧)를 깨닫지 못하여 미망적(迷妄的)인 지식과 아집에 묶인 편견을 가지고 자연을 곡해하여, 온갖 가치관을 설정, 저작(著作)·문장·예술·폭력 등 여러 가지 방법을 써서, 잘못된 이상을 실현시키고자 노력한 결과 사람들은 높은 자리를 생각하고, 이러한 것을 얻기 위하여 드디어는 죄악을 만들기에 이르렀다.

그들 지배계급들은 하나같이, 교법·율법·규범 등을 만들어 문화의 진보(進步)에 따라 기만의 전시장처럼 가치관을 내거는 한편, 사치 향락을 조장하고, 또 한편으로는 원차(怨嗟)·실망(失望)을 자초하여 인심을 악화시켰다.

그러나 노자는 인간이 스스로 의식(衣食)을 생산해야 된다는 중요성에 착안하고, 사람마다 노력하여 먹고 입는 농본(農本) 조직의 이상향을 역설하고, 부쟁의 철학을 주장했으며, 이러한 만물상대관(萬物相對觀)적인 농본사상(農本思想)을 지적했다.

≪상선(上善)은 물과 같다. 물은 선하여 만물을 이롭게 하지만 다투지 않으며, 중인(衆人)이 싫어하는 곳에 처한다. 그런고로 도에 가깝다. 거함에는 땅이 좋다〔善〕하고, 마음은 깊은 것을 좋다 하고, 함께 함에는 어진 것을 좋다 하고, 말에는 신의가 있는 것이 좋고, 바른 것은 다스림을 좋다 하고, 일은 능한 것을 좋다 하고, 움직임은 때에 맞추는 것을 좋다 한다. 오직 다투지 않는 고로 허물이 없다.≫

上善若水 水善 利萬物而不爭 處衆人之所惡[1] 故幾於道[2] 居善地 心善淵 與善仁 言善信 政[3]善治 事善能 動善時 夫唯不爭 故無尤[4]

1) 衆人之所惡(중인지소오) : 모든 사람이 싫어하는 낮은 지위.
2) 幾於道(기어도) : 거의 도에 가깝다.
3) 政(정) : 정(正)과 같은 뜻.
4) 無尤(무우) : 허물이 없다. 탈이 없다.

제9장 지영(持盈)・운이(運夷)

무리(無理)하지 않고 자연에 순응하여
처세하는 것이 하늘의 도를 따르는 것이다.

물동이를 두 손으로 받들고 있으면서 물을 가득 담아 둔다는 것은 도저히 오래 견딜 수 없는 것으로 그만 두는 것만 못하고, 칼을 사용하여 적을 치려고 칼날을 날카롭게 하지만 칼날은 녹슬어 오래 보존하지 못한다.
황금과 보옥(寶玉)을 집안 가득히 쌓아 두어도 언제까지나 오래 지킬 수는 없고, 오히려 부귀(富貴)하면 교만해져 자기 스스로 재앙을 남기게 된다. 다행히 자기의 사업이 성공하여 명예를 얻게 되면 기회를 포착하여 물러나는 것이 하늘의 도(道)이다.

▨ 노자의 '지만(持滿)' 또는 '지영(持盈)' 같은 경구는, 제46장의 '지족(知足)'과 함께 옛부터 중국인들이 흔히 쓰는 말이다. 또 끝에 '공수신퇴(功遂身退)' 역시 제2장의 '공성이불거(功

成而弗居)', 제34장의 '공성사수 백성개위아자연(功成事遂 百姓皆謂我自然)', 제34장의 '공성불명유(功成不名有)' 등과 관련시켜 많은 중국인에게 애송되어 온 처세훈이다.

이와 같은 이야기는 노자 이외에도 많이 나타났다. 특히『성경』잠언의 "재물은 길이 남지 않고, 보화도 대대로 물려줄 수 없다.(솔로몬의 잠언)"를 들 수 있다. 단지 노자의 경우는 부귀와 지위를 전면적으로 부정한다기보다는 그것을 오히려 '오래 가진다' '능히 지킨다' 는 것 등에 최종적인 역점을 두고 있어 중국 민족 전반의 강인한 현실주의와 현세주의를 대표한다고 할 수 있다.

이것은 천지의 도, 또는 천지자연의 이법을 말하는 것이지만 그것은 단순히 '도(道)' '이(理)'로도 불리며 유가의 성리학에서의 이(理)·기(氣)·상(象)의 이(理)와도 같다. 즉 인간계와 자연계를 일관하는 항상 불멸의 진리, 자연의 법도, 필연의 이법을 뜻하는 말이다.

기독교적인 신(하느님)을 갖지 않은 중국 민족은 하늘의 도(道)는 모든 진리의 근원임과 동시에, 인간의 일체 행위의 궁극적인 준칙(準則)이었다. 그러한 뜻에서 하늘의 도는 기독교의 하느님이 서구 여러 나라 사람에 대하여 가지는 것과 같은 역할을 중국인에 대하여 가지게 한 것이라 할 수 있다.

그것은 기독교의 하느님과 같이 사람이 그 앞에 무릎을 꿇고 기도하는 인격적인 절대자는 아니었지만, 그들로 하여금 자기가 어리석다는 생각을 냉엄하게 사유(思惟)시켜 그 앞에서 반성하고 회개함으로써 자기의 본래 모습을 각성하게 하고자 하는 비인격적인 절대자였다.

인간을 부정적으로 초월하는 곳에서 인간을 구원의 길로 인도하는 존재로서의 '하느님'을 가지지 않은 중국 민족은 그 하느님 대신 '하늘의 도'를 가지고 있었다는 것이다. 그들은 인간의 처참한 현실과 싸우면서, 자기 삶의 모습에 대한 위구(危懼)와 의혹을 하늘을 우러러 보고, 하늘에 외치고, 하늘의 도에 물었다.

《가지고 채우는 것은 이를 그만두는 것만 같지 못하다. 두들겨 날카롭게 하면 오래 보존할 수 없다. 금과 옥이 집안에 가득해도 능히 지킬 사람이 없다. 부귀하여 교만하면 스스로 그 재앙을 남긴다. 공이 이루어져 몸이 물러나는 것은 하늘의 도다.》

持而盈之[1] 不如[2]其已 揣而[3]銳之 不可長保 金玉滿堂 莫之能守 富貴而驕 自遺其咎[4] 功遂身退 天之道

1) 持而盈之(지이영지) : 가득 채워 갖고 있음. 백서(帛書) 갑(甲)·을(乙)본에는 '지'를 지(揰)로 썼고 '식(殖)'과 같다.
2) 不如(불여) : 그만두는 것만 못하다.
3) 揣而(취이) : 쇠를 달구어 강하게 하는 것. 단(鍛)과 통한다.
4) 自遺其咎(자유기구) : 스스로 그 재앙을 남긴다.
※ 백서 갑·을본에는 지(持)를 지(揰)로 쓰고, 금련정종본(金蓮正宗本)에는 불가장보(不可長保)를 불가상보(不可常保)로 쓰고, 왕필본(王弼本)에는 예(銳)를 탈(梲)로 썼으나 하상공본(河上公本)에서 개정되었다.

제10장 현덕(玄德) · 능위(能爲)

오직 도(道)에 순응하는 것은
무위(無爲)이며, 무지(無知)이며
유약(柔弱)이며, 영아(嬰兒)며, 암컷(雌)의 역할이다.
거기에서 얻어지는 것은 불가사의(不可思議)한 것이다.

사람이 만일 육체를 가지고 살면서 형체도 움직임도 없는 하나 [一]를 안고, 육체와 도의 양자를 통일하여 능히 분리시키지 않을 수 있겠는가?

또 호흡을 가지런히 하고 오로지 생명력을 집중시켜 심신을 유연(柔軟)하게 가지고 적응성을 충분히 발휘시켜 영아(嬰兒)와 같은 순진으로 가능성이 풍부한 상태를 능히 유지할 수 있겠는가?

또한 본래의 맑고 밝은 마음에 묻은 때를 씻고 유혹을 제거하여, 사물의 불가사의한 진상(眞相)을 현묘하게 꿰뚫어 보아 능히 한 점의 흠도 없게 대상의 인식을 할 수 있겠는가?

또 위정자로서 민중을 사랑하고, 나라를 다스림에 서둘러 무엇을 하지 않아도 자연히 문제없이 능히 무위를 행할 수 있겠는가?

또 하늘의 문이 열리고 닫히는 데 따라서 만물·만상이 생멸(生滅)하는 이치와 같이 항상 잘 적용하여 능히 암컷의 역할과 같이 할 수 있겠는가?

또한 모든 사물을 여러 각도에서 명백하게 알아 아무것에도 막힘이 없이 자연스럽게 취급하여 능히 무지한 사람처럼 될 수 있겠는가?

제(諸) 도(道)가 그 무엇을 낳고 제(諸) 덕(德)이 그 무엇인가를 기르면서도 내가 무엇을 했는가를 생각하지 않고, 생겨나게 하고는 소유하지 않고, 일하고도 그 공을 뽐내지 않으며, 자라게 하되 자기 마음대로 다스리지 않으니, 이것을 이른바 전혀 무위이면서 자연 그대로인 현덕(玄德)이라 한다.

▨ 무위 자연의 도를 터득한 성인은 어린아이와 같이 유연하고, 여성과 같이 불사신(不死身)이다. 무위의 위(爲), 무지의 지(知)로써 위대한 교화를 성취시켜가는 불가사의한 인격성, 즉 현덕(玄德)을 설명하는 장으로는 제51장, 제65장이 있다.

이 장은 그 해석하는 방법에 있어 옛부터 문제가 많은 곳이다. 첫째 '재영백포일(載營魄抱一)'의 '재(載)'를 '재(哉)'의 빌린 글자로 보고 이것을 제9장의 끝부분인 '천지도(天之道)' 밑에 붙여 '천지도재(天之道哉)'라 읽어 '영백포일(營魄抱一)'의 4자를 1구(句)로 하여 이어지는 나머지 10구와 같이 4자 구절로 갖추려고 하는 경우도 있다. 그러나 당나라 현종(玄宗) 이전에도 '재(載)'가 '재(哉)'로 만들어진 『노자』원전은 전혀 없었다.

오히려 '재영백(載營魄)'이란 말은 『초사(楚辭)』원유편(遠遊篇)에 '재영백이등복혜(載營魄而登腹兮)'라 하여, 이미 실려 있는 예로 보아 '재(載)'를 '재(哉)'로 보는 견해는 성립할 수 없는 것으로 보며, 백서(帛書) 을본(乙本)에도 '재영백'으로 되어 있는데 단지 갑본(甲本)에는 결자(缺字)로 되어 있다.

따라서 영백(榮魄)이나 영백(營魄)은 활발한 생명 활동을 영위하는 인간의 육체이며, 살아 있는 몸(體)을 일컫는 백(魄)은 혼(魂)에 상대되는 말로서, 인간의 생명을 성립시키는 육체적인 요소를 말한다.

'재(載)'는 싣는다는 뜻이며, '영백(營魄)을 싣는다'라는 것은 살아 있는 육체를 근거로 한 육체의 생리에 충실히 따른다는 뜻일 것이다. '하나를 안고서〔抱一〕'라는 말은 제22장에도 '포일위천하식(抱一爲天下式)'이라 하여 보이고 있다.

"현묘한 본성(마음)의 거울에서 먼지와 때를 깨끗이 닦아내어 능히 한 점의 흠도 없게 할 수 있겠는가."에 있어 위(魏)의 왕필은 그 주석에서 "사식(邪飾)을 닦아 제거하여 극람(極覽)에 이르러, 능히 그 밝음으로써 만물을 개입시키고, 그 마음에 흠이 없게 하면 종국에는 현(玄)과 같이 된다."라고 하였다.

이는 마음의 사념(邪念)을 씻어버려 유원(幽遠)한 도의 진리를 깊숙이 탐구하는 경지에 이르고, 심성에 본래적으로 갖추어진 명지(明智)를 가리움〔妨〕이 없게 하고, 정신의 영묘(靈妙)한 작용을 방해하지 않게 한다면 최후로 현묘한 도와 일체가 된다고 해석한 것이다.

'천문개합 능무위호(天門開闔 能無爲乎)'는 옛부터 여러 가지 주해가 있었으며 이 구절은 퍽 흥미있는 곳이다. 먼저 이 문장에 대한 가장 소박하고 원초적인 뜻의 해석으로는 '천문(天門)'을 제1장의 '중묘지문(衆妙之門)', 제6장의 '현빈지문(玄牝之門)'과 같은 뜻으로 보았으며, 천문을 곧 현묘한 암컷의 성기(性器)로 비유하고, "열었다가 닫았다가 하면서 이성(異性)과 접촉하여 자식을 낳는 여성과 같다."라고 한 것이다.

제6장에서도 이미 해설한 바와 같이 노자 철학의 근저에 이와 같은 인간의 원초적인 생명활동(성의 역할)을 지켜 본 발상이 있었음은 부정 못할 사실이다. 따라서 그 원초적인 의미를 중시하고 그 소박(素朴)함을 특별히 강조한다면 이 해석도 또한 유력한 일설이 될 수 있다.

그러나 또 돌이켜 생각하면 이 '천문(天門)'이란 말은 『장자(莊子)』의 잡편이 쓰여진 시기, 즉 전국시대 말기부터 한대(漢代) 초기(기원전 3세기부터 2세기)에 걸쳐 그러한 원초적 해석에서 크게 비약하여, 상당히 고도의 관념형태 속에서 철학화된 개념이 성립된 사실도 부인 못한다.

예컨대 『장자』 잡편 경상초편에 "생과 사가 있어 드나듦이 있으나 그 형태를 볼 수 없어 이를 천문(天門)이라 이른다." "천문이란 있으면서 없는 것 같고, 만물은 없는 것이 없이 출산된다." 라고 하여 천문을 '유위무(有爲無)' 즉 '무(無)', 도(道)라 하여 철학적인 개념의 동의어로서 해석하였다. 그리고 또한 천문을 마음의 작용과 관련시킨 언어, 인간의 지혜의 근원을 의미하는 내면적인 개념으로 해석하기도 하였다.

이리하여 위의 두 구절은 상술한 『장자』 경상초편의 논술과 같이, 하늘의 조화문(造化門)이 열리면 만물은 생성현상(生成現象)하고, 그것이 닫히면 소멸사장(消滅死藏)한다. 그 생멸 변화에 대하여 여성과 같이 순종하는 수동의 정신으로, 허심하게 응하는 것이라고 해석할 수가 있겠다.

또 천운편의 기술을 참조하면 "마음에 갖추어진 영지(英智)의 문이 대상세계의 형태에 응하여, 혹은 열고 혹은 닫아서 여성과 같이 유연한 불사신의 태도를 가진다."라고 해석할 수도 있다.
 제28장에 '지기웅수기자 위천하계…(知其雄守其雌 爲天下 谿 : 그 수컷을 알고서 그 암컷을 지키면 천하의 시냇물이 되고…)'라 하였고,『주역』계사전 상편에 "문을 닫으면 이것을 곤(坤)이라 하고, 문을 열면 이것을 건(乾)이라 한다. 혹은 열고 혹은 닫아서 이를 변(變)이라 말한다."라고 한 것이 보인다.
 덧붙여서 '천문개합(天門開闔)'의 발상은 노자 또는 중국만의 독자적인 것이 아니라『성경』의 요한 묵시록에서도 "…보라. 하늘에 열려 있는 문이 있다.""…여시면 닫을 자가 없고, 닫으시면 열 자가 없는 분이 말씀하신다."라는 구절이 있다.
 '명백사달 능무지호(明白四達 能無知乎)'에서 '명백'과 '사달'이란 말은 각기『장자』외편의 노자 철학을 서술하는 가운데서 찾아볼 수 있다.
 즉 천지편(天地篇)에 "명백하여 소(素)에 들며, 무위로 횡(橫)으로 돌아간다."라고 되어 있다.
 또 지북유편(知北遊篇)에 노자가 공자의 물음에 대답하여 "도는 문이 없을 뿐 아니라 방도 없으며 사달(四達)하기를 황황(皇皇)하기만 하다. 이에 따르는 자는 사지(四肢)가 강건하고 사려(思慮)는 순달(恂達)하며, 이목은 총명하다. 그 마음을 쓰지만 피로하지 않고 그 만물로부터 응하는 것이 무방(無方)하다."라고 했다.
 또 각의편(刻意篇)에는 "정신은 사달병류(四達竝流)하여 막힌 곳이 없고 … 만물을 화육하여 만상을 만드니 그 이름을 동제(同帝)라 한다."라고 하였다.
 이런 것들로 미루어 볼 때 명백사달(明白四達)은 '명백하게 알아서 막힘이 없게 한다'는 뜻이며, 그것은 사리를 명백하게 통달시키는 지혜를 가진다는 말과 같다.
 '능무지호(能無知乎)'는 명백사달하는 슬기를 몸으로 터득하였으면서도 우자(愚者)와 같은 몸가짐을 하면서 무지롭게 처세한다는 뜻이다.

『사기(史記)』노자전에 "군자는 큰 덕(德)이 있으면서도 용모는 어리석은 바보같이 한다."는 것과 『순자(荀子)』유좌편(宥坐篇)에 있는 공자의 말에 "총명성지(聰明聖知)를 잘 지키는 것은 어리석은〔愚〕것으로써 한다."라고 한 것들은 다같은 사상적 표현으로 볼 수 있다.

『성경』에도 "어느 누구도 자기 기만에 빠져서는 안 됩니다. 여러분은 혹시 자기가 세속적인 면에서 지혜로운 자라고 생각하는 사람이 있을지도 모릅니다. 그러나 정말 지혜로운 사람이 되려면 바보가 되어야 합니다. 이 세상의 지혜는 하느님이 보시기에는 어리석은 것입니다. 성서에 '하느님께서는 지혜롭다는 자들을 제 꾀에 빠지게 하신다.'고 기록되어 있고, 또 '주님께서는 지혜롭다는 자들의 생각이 헛되다는 것을 아신다.'고도 기록되어 있습니다.(고린도전서 3 : 18)"라고 기록되어 있어서, 노자 철학의 지혜관과 상통한 점이 없지 않다.

《영백을 싣고 하나를 안아 능히 떠나는 일이 없고, 기운을 오로지 하고 부드러움을 다하여 능히 어린아이와 같다. 욕심의 때를 깨끗이 씻어내어 잘못이 없고, 민을 사랑하고 나라를 다스림을 능히 무위로 한다. 천문(天門)이 열리고 닫히어 능히 암컷이 되며, 명백하게 알아 사방으로 통하여 능히 아는 것이 없다. 낳고 기르는 것은 낳아도 두지 않고, 해놓고도 자랑하지 않으며, 자라도 거느리지 않음을 현덕(玄德)이라 이른다.》

載營魄[1] 抱一[2] 能無離乎 專氣致柔[3] 能嬰兒乎 滌除玄覽[4] 能無疵[5]乎 愛民治國 能無爲乎 天門開闔[6] 能爲雌乎 明白四達 能無知乎 生之畜之 生而不有[7] 爲而不恃 長而不宰[8] 是謂玄德[9]

1) 載營魄(재영백) : 육체의 생리에 충실히 따른다.
2) 抱一(포일) : 순일(純一)한 정신을 갖는다.
3) 致柔(치유) : 유연함에 이르다. 곧 부드러움을 다하다.

4) 滌除玄覽(척제현람) : 현묘(玄妙)한 관찰력으로 욕심의 때가 묻은 마음을 깨끗이 씻어내다.
5) 疵(자) : 병, 잘못.
6) 天門開闔(천문개합) : 하늘의 문, 즉 만물이 들어가고 나오는 생멸(生滅)의 문이 열리고 닫히다.
7) 生而不有(생이불유) : 생겨나도 갖지 않다. 만들어내고도 소유하지 않다.
8) 宰(재) : 지배하다.
9) 玄德(현덕) : 그윽한 덕. 한량없는 하늘의 덕.

제11장 허중(虛中)・무용(無用)

인간은 형체 있는 것을 유용성(有用性)이 있다고 생각하여
한눈을 팔고 있으나, 그 유용성은
실로 무에 의하여 지탱되고 있다.
이것은 만물이 존재하기 위해서는
그 근원에 무, 즉 도가 있음을 시사하고 있다.
이것을 이른바 무용지용(無用之用)이라 한다.

 수레의 구조에 대하여 말하자면 30개의 바퀴살〔輻〕이, 하나의 바퀴통〔轂〕에 모여 있고, 그 바퀴통 중앙부분의 구멍이 비어 있기 때문에 차량 회전의 작용이 가능하게 된다.
 찰흙을 이겨서 그릇을 만들 경우 그 질그릇에 빈 곳이 있기 때문에 용기(容器)로써 이용할 가치가 있다.
 문과 창틀을 뚫어 설비를 하고 방을 만들면, 그 방의 가운데가 비어 있기 때문에 사람들이 거처하는 방으로 이용할 수가 있다.

그러므로 우리가 일반적으로 있는 것으로서의 존재를 이용하는 것은, 그것의 작용공간(作用空間)이나 또는 이용공간(利用空間)으로서 없는 것이 있는 것의 작용을 가능케 하기 때문이다.

▨ 형체 있는 기물(器物)이 기물로서 그 역할을 충분히 할 수 있기 위해서는 형체 없는 각 부분들이 그 근저에 있지 않으면 안 된다는 것을 수레의 바퀴통〔轂〕, 질그릇의 용기, 가옥의 거실 등으로 아주 소박하게 비유하여 설명하였다.

도(道)에서 보면, 모든 만물은 상대적인 존재에 지나지 않으며, 따라서 평소 무가치한 것이라고 생각한 것도 가치가 있으며, 무의미하다고 생각된 것도 의미가 있는 것이다.

'유(有)'라고 하고 '무(無)'라고 하는데 있어서도 이와 같이 우리들은 '유'만이 가치가 있는 것으로 관심을 두고 있으나 '무'는 무대로의 가치가 있으며 유의 입장에서 없어서는 안 될 무로서의 또 다른 가치가 있는 것이다. 그러므로 '유(有)'가 '유'로서 존재하기 위해서는 '유'만으로는 불충분하고 '무(無)'를 개입시키면서부터 비로소 "유가 유이다." 라는 철학적인 진리를 분명히 하는 것이 이 장의 취지라 하겠다.

≪서른 개의 바퀴살이 한 바퀴통을 함께 하니 그 없는 것을 맞아 수레로 씀이 있다. 찰흙을 이겨 그릇을 만드니 그 없는 것을 맞아 그릇으로 씀이 있다. 문과 창을 뚫어 방을 만드니 그 없는 것을 맞아 방으로 씀이 있다. 그러므로 있는 것이 이롭게 되는 것은 없는 것이 쓰여지기 때문이다.≫

三十輻共一轂[1] 當其無[2] 有車之用 埏埴[3]以爲器 當其無 有器之用 鑿戶牖[4]以爲室 當其無 有室之用 故有之以爲利 無之以爲用[5]

1) 輻共一轂(폭공일곡) : 한 수레바퀴 통에 여러 개의 살이 모여 있는 것.
2) 當其無(당기무) : 그 가운데가 무(無)로 비어 있는 것을 뜻한다.
3) 埏埴(선식) : 진흙을 물로 반죽하여 이기는 것.

4) 鑿戶牖(착호유) : 출입문과 창문을 뚫어 만들다.
5) 爲用(위용) : 작용을 하다.

제12장 위복(爲腹) · 검욕(檢欲)

사람은 감각과 관능의 만족을 위하여
끊임없는 노력을 경주한다.
그것만으로 과연 인간은 진실로 행복할 수 있을까?
오히려 사람의 정상적인 마음을 상실하는 결과를 낳는다.

관능적인 오색(五色)의 자극은 사람의 눈을 현혹케 하여 정확한 본래의 시각을 멀게 하고, 관능적인 오음(五音)의 자극은 사람의 귀를 어지럽게 하여 정확한 청각을 멀게 한다.
식욕을 돋우는 오미(五味)의 자극은 사람의 입을 자극하여 정확한 미각을 어긋나게 하며, 통쾌하게 마차를 달려 하는 사냥은 그 일에 열광한 나머지 사람의 정상적인 마음의 작용을 상실(喪失)하게 하고, 소유욕을 북돋우는 얻기 어려운 귀한 재화는 집착을 일으켜 사람의 건실한 행위를 방해한다.
이러한 일을 알고 있는 성인(聖人)은 민중에게 먹을 것은 충족하게 하지만 만족할 줄 모르는 감각적인 만족은 추구시키지 않는다. 때문에 성인은 저것을 버리고 이것을 취하는 것이다.

▨ 이 모든 도시적인 사치와 향락의 생활들이, 인간의 소박하고 강인한 생명력의 쇠퇴현상과 위험하고 광적인 관능(官能)에의 병적 탐닉이라고 비판하였다.

또 모든 문명 문화는 보기에만 화려하며 머리만 크게 자라 가 분수화된 도시 지배계층 사람에게, 창백한 반자연적인 생활로부터의 해방과 함께 아랫배에 저력을 가지고 발로 대지(大地)를 밟고 서 있는 촌락의 자연 그대로인 안정된 민중계층의 생활로 복귀할 것을 역설한다.
　여기에서 현대를 사는 우리는 노자의 사상을 절감할 수 있다. 눈을 뜨면 우리들의 눈에 들어오는 오색 찬란한 색깔은 인구의 반이상으로 하여금 안경을 쓰게 하였다.
　그리하여 우리들의 옷〔衣裳〕빛은 온갖 색으로 되었음에도 무디어져 버린 눈〔目〕을 충족하기에는 어렵게 되었다. 한편으로는 휘황 찬란한 밤거리의 불빛이나 날로 총천연색화 되어가는 문명의 이기(利器)들이 갖는 빛깔들을 감당하기에 어려운 형편이다.
　요란한 음악이 또한 그렇고 온갖 요리(料理)가 그러하여, 이제는 식도락가(食道樂家)들은 점심 한끼를 먹으러 자동차를 몰고 수십 리 길을 달려간다. 뿐만 아니라 옛 사람의 사냥 못지 않게 틈만 있으면 인간들은 광란에 가까울 정도로 산으로, 들로, 바다로, 온천으로 찾아 달리면서 관능적이고 감각적인 쾌락에 탐닉하고 있지 않은가? 날로 늘어가는 강·절도는 재화(財貨)를 구하여 인간의 이성이 방해받는 정도를 지나 완전히 맹수화(猛獸化)된 오늘의 사회상을 그대로 반영한다.
　이 모든 책임이 위정자, 소위 지배계층에 속하는 지식인들에게 있고, 민중으로 하여금 '위복불위목(爲腹不爲目)'하게 하는 성인(聖人)의 '무위 자연'의 도를 체득하려는 노력이 결여되어 있기 때문이다.

《오색은 사람의 눈을 어둡게 하고, 오음은 사람의 귀를 멀게 하고, 오미는 사람의 입을 상하게 하고, 치빙전렵은 사람의 마음을 발광하게 하고, 얻기 어려운 재물은 사람의 행실을 방해한다. 이로써 성인은 배를 위하고 눈을 위하지 않는다. 고로 저것을 버리고 이것을 취한다.》

五色[1] 令人目盲 五音[2] 令人耳聾 五味[3] 令人口爽[4] 馳騁畋獵[5] 令人心發狂 難得之貨 令人行彷 是以聖人 爲腹[6]不爲目[7] 故去彼取此[8]

1) 五色(오색) : 청·황·적·백·흑의 5가지 색깔. 여기서는 아름다운 옷이나 장식을 가리킨다.
2) 五音(오음) : 궁·상·각·치·우의 다섯 음으로 음악의 소리를 뜻한다.
3) 五味(오미) : 신맛·쓴맛·단맛·짠맛·매운맛. 좋은 음식을 뜻한다.
4) 爽(상) : 입맛을 버려 놓다.
5) 馳騁畋獵(치빙전렵) : 말을 타고 달리며 짐승을 사냥하다.
6) 爲腹(위복) : 배를 위하다. 안으로 도를 충실하게 하다의 뜻.
7) 爲目(위목) : 눈을 위하다. 밖으로 눈에 보이는 관능적 욕망을 추구하다.
8) 去彼取此(거피취차) : 저것을 버리고 이것을 취한다. 곧 욕망을 추구하는 행위를 버리고, 본성(本性)에 따르는 행동을 한다는 뜻.

제13장 총욕(寵辱)·염치(廉恥)

제일 귀중한 것은 무엇인가?
그것은 자기의 생명이다.
세상 사람들은 외형(外形)에 대한 욕망에 사로잡혀
일희일비(一喜一悲)하며 자기의 귀중한 생명을 소진한다.
이러한 도리도 모르는 인간에게 국정을 맡겨서
우리들 민중의 귀중한 생명을 의탁해도 되는가?

세상 사람들이 사랑을 받거나, 권세를 누리거나, 욕을 먹거나, 놀라는 것 같은 부귀영욕의 모든 것들은 자기 몸을 망치는 큰 재앙인 것이다. 그런데 이런 것들은 신명(身命)처럼 소중히 여기기도 하고 또 싫어하는 반면, 한편으로는 은총(恩寵)이나 치욕(恥辱) 같은 것에 깜짝 놀라는 것은 무엇을 말함인가?

　사랑을 받는다는 것은 아주 좋은 일이고, 욕을 먹는다는 것은 나쁜 것이라 여겨, 부귀영화를 얻어도 놀라는 것 같이 하고, 이 부귀영화를 잃어도 놀라는 것 같이 한다. 이 얼마나 가련한 생활 태도인가? 이것을 일러 부귀영화와 비천굴욕에 놀라는 것 같이 한다고 말한다.

　몸을 망치는 큰 재앙을 자기 신명(身命)처럼 소중하게 여긴다고 함은 또 무엇을 말함인가? 이것은 세상의 어리석은 사람을 가리켜 한 말이다. 부귀영화냐, 비굴치욕이냐를 걱정한 나머지 자신의 신명을 줄여 나가는 그 큰 재앙이 자신에게 있다고 하는 까닭은 나에게 육신이 있다고 생각하기 때문이다.

　나에게 몸이 없다면 무슨 재앙이나 기쁨이 있겠는가? 모든 생명 있는 존재로서, 신명(身命)보다 더 중요한 것이 없음에도 그것에 뜻을 두지 않고, 엉뚱한 일로 일희일비하는 어리석은 모습에 있어서랴!!

　그러므로 천하를 다스리는 데 즈음하여 자기의 신명을 소중히 여기는 사람이면 천하의 다스림을 맡겨도 좋다. 그렇게 신명을 소중히 여기는 위정자라면 반드시 민중의 신명도 소중히 여기는 정치를 할 것이기 때문이다.

　▨ 이 장은 진실한 의미로서 자기의 신명을 소중히 여기고 자기의 목숨을 애석하게 생각하는 사람만이, 다른 사람의 생명도 소중히 여겨 남의 삶에 애착을 가진다는 것을 강조하였다.

　따라서 그러한 사람만이 처음으로 안심하고 천하의 정치를 맡길 수 있는 인물이라는 사실을 명백하게 밝혔다.

　《총욕을 놀람 같이 하고, 큰 재앙(부귀영화)을 귀히 여기길 몸 같이 한다. 무엇을 일러 총욕을 놀람 같이 한다 하는가. 사랑받는 것을 최상으로 하고 굴욕을 최하로 보아 얻어도 놀람 같이 하고 잃어도 놀람 같이 하는 것, 이를 일러 총욕을 놀람 같이 한다고 한다. 무엇을 일러 큰 재앙을 귀히 여기길 몸 같이 한다 하는가. 내가 큰 재앙을 둔 까닭은 내 몸이 있음을 위해서이다. 내 몸이 없는 데 미치면 내 무슨 걱정이 있으리오. 그러므로 몸을 귀히 여김으로써 천하를 다스리면 곧 천하를 맡길 수 있고, 몸을 사랑함으로써 천하를 다스리면 곧 천하를 부탁할 수 있다.≫

寵辱若驚[1] 貴大患[2]若身 何謂寵辱若驚 寵爲上 辱爲下[3] 得之若驚 失之若驚 是謂寵辱若驚 何謂貴大患若身 吾所以有大患者 爲吾有身 及吾無身 吾有何患 故貴以身爲天下 可託天下[4] 愛以身爲天下 若可寄天下

1) 若驚(약경) : 놀라는 듯한다.
2) 大患(대환) : 큰 재앙. 여기서는 부귀영화를 재앙으로 본다.
3) 寵爲上辱爲下(총위상 욕위하) : 부귀영화를 최상으로 여기고, 빈천굴욕을 최하의 나쁜 것으로 여기다.
4) 託天下(탁천하) : 천하를 맡기다.

제14장 도기(道紀)·찬현(贊玄)

    도는 모습이나 형체가 없다.
    그것을 감각으로 포착할 수도 없다.
    그러나 모든 존재의 근원으로서 확실하게 존재하고 있다.

무엇인지는 잘 모르나 거기에 있는 것만은 확실하여 보려 하여

도 보이지 않는지라 그래서 이르기를 이(夷)라 하고, 들으려 해도 들리지 않으므로 이름하여 희(希)라 하고, 잡으려 해도 잡을 수가 없으므로 형체 없는 미(微)라고 한다.

도(道)는 이 3가지의 성질(性質)로는 규명할 수가 없다. 그래서 이들 셋이 하나로 뒤엉켜 감각을 초월한 것이 된 것이다. '도'는 위에서 밝게 나타나지 않고, 아래서도 어둡지 않으며, 끊임없이 계속하여 이어져 내려와 무엇이라 이름할 수는 없지만 만물의 본체인 본래의 상태로서의 '무(無)'로 다시 돌아온다.

이를 일러 형체 없는 형체(形體)요, 형상 없는 형상(形象)이라 하며, 이를 '황홀'하다고 이른다. 그래서 '도(道)'는 앞에서 맞이하여도 그 머리가 보이지 않고, 뒤에서 쫓아가도 꼬리나 끝을 볼 수가 없다.

그러나 태고 때의 도리를 함유·파악하고, 그것으로 현존의 만유(萬有)를 주재하고 있다. 우리들은 이런 것을 통해 능히 '도'는 우주의 시초라는 것을 알고 있으므로, 이를 일러 도리의 근본이라 한다.

▨ 이 장은 노자의 이른바 '도(道)'를 철학적으로 설명하는 문장으로 제1장, 제25장과 함께 유명한 구절들이 많다.

제1장에서는 도를 무명(無名)으로 현지우현(玄之又玄)한 모습을, 제25장에서는 도를 '유물혼성 선천지생 적혜료혜(有物混成 先天地生 寂兮寥兮)'라 하여 그 모습을 설명하였다. 이것에 대하여 이 장에서는 도의 무색(無色), 무성(無聲), 무형(無形), 즉 인간의 모든 감각·지각적인 파악을 초월하면서 더욱 '황홀'한 무엇으로 하여 만상(萬象)의 근원에 실재하는 그 불가사의한 형이상적 성격을 설명했다.

글 가운데 희(希)·이(夷)·미(微)·무상지상(無狀之狀)·무물지상(無物之象) 등은 '도'의 이같은 불가사의한 모습을 설명하는 노자 특유의 용어이며, 이같은 용어는 후세에까지 그대로

도(道)의 동의어로 쓰여지고 있다.

　이 장의 논술은 위와 같이 노자의 도를 설명하는 문장으로서 가장 특징적인 발상과 독특한 표현을 한 것으로, 초기 도가(道家)의 문헌에도 흔히 인용되었다.

　그후 도가 사상가들이 이것을 저술한 문장도 적지 않다. 예를 들면『장자』외편의 '청지불문기성 시지불견기형 충만천지 포리육극(聽之不聞其聲 視之不見其形 充滿天地 苞裏六極)'이라든가 '망지이불능견야 축지이불능급야(望之而不能見也 逐之而不能及也)' 등이 그것이며,『한비자』해로편,『회남자』도응훈편,『열자(列子)』에도 흔히 인용되고 있어, 육조(六朝) 이후의 도교(道敎) 경전에 이러한 말이 인용되고 있다.

　인간을 일반적인 것으로 이해하기 위해서는 죽음〔死〕에서부터 이해하는 것이 필요하다고 말한 사람도 있듯이, 이 말은 곧 "인간을 근원적인 것으로 이해하려면 무(無)에서부터 이해하는 것이 필요하다."라고 할 수 있다.

　삶〔生〕이란 무엇인가의 형체를 가지는 것, 곧 어떠한 형체를 가진 '유(有)'로서 이 세상에 현상으로 오는 것이다. 죽음〔死〕이란 그 형체를 잃는 것, 곧 그 형체를 상실하여 '무(無)'로 돌아가는 것이다.

　노자의 철학은 지금 있는 것이 갑자기 없어지고, 지금 살아 있는 것이 갑자기 죽어 없어지는, 모든 형태가 형체없는 것으로 돌아간다는 무상성(無常性)의 근거에서 유상성(有常性 : 항상 있는 것)을 응시하는 데서 성립된다.

　그 응시를 뒷받침하는 것은, 인간은 언젠간 죽는다는 전제 없이는 산다〔生〕는 것을 생각할 수 없다는 것과, 없다〔無〕는 것을 생각하지 않고는 있다〔有〕는 사실을 생각할 수 없다는 것이다.

　인간을 포함한 '물(物)'로서의 존재는, 요컨대 멸망·상실을 필연으로 규정하는 냉엄한 진리에의 체관(諦觀)이다. 때문에 그는 그 멸실(滅失)의 근원에서 멸실을 초월하는 유상(有常)을 응시한 것이다.

'유상'으로서의 '도'는, 물(物)로서의 존재를 초월한 것, 모든 형체 있는 물(物)이 그 형체를 잃고 귀일(歸一)하는 곳이기 때문에, 물체가 없는 곳〔無物〕이라 불리고, 색 없는, 소리 없는, 형체 없는 것, 즉 이(夷)·희(希)·미(微)로 설명되고 있다.

빛 없고, 소리 없고, 형체 없는 이(夷)·희(希)·미(微)로서 도를 응시한 노자는, 인간의 삶〔生〕을 생의 멸실(죽음)에서 이해하고자 하였다.

'감문사 왈미지생 언지사(敢問死 曰未知生 焉知死)'라 하여, "죽음이란 무엇인가?."라는 제자의 물음에 대하여, 공자는 "아직 삶도 모르면서, 어찌 죽음을 알 수 있겠는가?(『논어』선진편)"라고 대답하였는데 그 참뜻은 어디에 있건, 공자는 삶을 죽음에서 이해하려 한 사상가는 아니었다는 것이 분명하여 노자의 사상과는 전혀 대조적인 입장이다.

그렇다고 하여 공자보다 노자가 인간의 이해와 파악에 있어 일반적이었다고 단정지을 수는 없지만, 적어도 노자가 공자보다는 그 방향이 크게 다른 인간의 모습에서 인생의 가치와 행복을 문제 삼았던 것만은 확실하다.

그래서 공자의 사상이 수 천 년의 중국 역사 속에서 많은 계승자를 가진 것 같이, 노자의 사상과 철학 역시 많은 신봉자를 가지고 있는 것이다. 이러한 사실을 간과할 때, 우리들에게 현대 중국인의 행동과 사고도 불가해한 20세기의 넌센스로 남는 것이다.

『성서』에도 "사람도 본디가 짐승과 조금도 다를 것이 없다는 것을 하느님께서 보여 주신다는 생각이 들었다. 사람의 운명은 짐승의 운명과 다를 바 없어, 사람도 짐승도 같은 숨을 쉬다가 같은 죽음을 당하는 것을!! 이렇게 모든 것은 헛되기만 한데 사람이 짐승보다 나을 것이 무엇인가!! 다 같은 데로 가는 것을!! 다 티끌에서 왔다가 티끌로 가는 것을!!(구약 전도서 3 : 18~20)"이라 하여 노자가 말하는 '허무'의 개념과는 다소 견해차이가 있겠으나 본래로의 귀일 사상에는 유사점이 많고, 생사존멸(生死存滅)이란 점에서 모든 존재는 '도' 앞에서 동일성을 가졌다는 사상이 공통된다.

또다시 『성서』에서 "…흙에서 난 몸이니 흙으로 돌아가기까지…(구약 창세기 3 : 19)"라 한 말이 주목된다.

≪보아도 보이지 않는 것을 이름하여 이(夷)라 하고, 들어도 들리지 않는 것을 이름하여 희(希)라 하며, 쳐도 얻어지지 않는 것을 이름하여 미(微)라 하는데 이 셋은 다함을 이루지 못한다. 그러므로 합하여 하나가 된다. 그 위는 밝지 못하고 그 아래는 어둡지 않아 승승(繩繩)하여 이름할 수 없어 무물(無物)로 복귀한다. 이를 일러 무상의 상, 무물의 상이라 하고, 이를 일러 홀황(惚恍)이라 한다. 맞이해도 그 머리를 보지 못하고 따라 가도 그 뒤를 보지 못한다. 옛 도를 잡아 지금 있는 것을 다스린다. 능히 고시(古始)를 아는 이것을 일러 도기(道紀)라 한다.≫

視之不見 名曰夷[1] 聽之不聞 名曰希[2] 搏之不得 名曰微[3] 此三者 不可致詰[4] 故混而爲一 其上不皦[5] 其下不昧[6] 繩繩[7]不可名 復歸於無物 是謂無狀之狀[8] 無物之象 是謂惚恍[9] 迎之不見其首 隨之不見其後 執[10]古之道 以御[11]今之有 能知古始 是謂道紀[12]

1) 夷(이) : 형체와 색채가 없음을 뜻한다.
2) 希(희) : 들릴락 말락 하여 잘 들을 수 없는 소리.
3) 微(미) : 너무 작아 잡을 수도 없는 형체.
4) 不可致詰(불가치힐) : 궁구하여 밝힐 수 없다.
5) 皦(교) : 흰 것, 밝은 것, 분명한 것.
6) 不昧(불매) : 어둡지 않다. 애매하지 않다.
7) 繩繩(승승) : 끊임없이 존재하면서 작용하는 상태. 무한한 존재.
8) 無狀之狀(무상지상) : 물체가 없는 형상.
9) 惚恍(홀황) : 황홀한 것. 있는 듯도 하고 없는 듯도 하여 알 수가 없는 것.

10) 執(집) : 잡다. 파악하다.
11) 御(어) : 부리다. 다스리다. 즉 주체한다는 뜻.
12) 道紀(도기) : 도의 본질. 근본.

제15장 불영(不盈)·현덕(顯德)

도를 체득한 성인(聖人)의 모습을
형용하기는 참으로 어렵다.
굳이 말할 수 있다면
자연(自然) 그대로 행동하는 사람이라고 할 수 있다.
자연스럽기 때문에 무한(無限)의 가능성을 가진다.

 옛날의 도를 터득한 훌륭한 지배계급에 속한 사람은 곧 미묘한 이치도 현통(玄通)하였으므로 그 인물의 심오한 경지를 알 수 없다. 오직 잘 알 수가 없으므로, 부득이 억지로 다음과 같이 형용(形容)한다.
 신중하게 망설이는 품은 마치 살얼음이 언 겨울에 강을 건너는 것 같고, 순박하고 돈후한 품은 마치 쪼고 다듬지 않은 원목(原木) 같고, 허정(虛靜)하게 넓게 트인 품은 골짜기 같고, 한결같이 혼연한 품은 마치 그 흐린 물과 같다.
 이와 같이 성인처럼 누가 능히 혼탁한 황하의 흐린 물을 그대로 정지시켜 조용하게 천천히 맑게 할 수가 있으며, 또 누가 능히 안정하여 변하지 않는 허정한 땅을 자연히 생동(生動)시켜 만물들이 점차로 살아나게 할 수 있겠는가?
 이러한 무위 자연의 도를 터득하여 몸에 간직한 사람은, 무리하게 자기의 욕망을 가득 채우려 하지 않는다. 오직 무리하게 채우고자 하지 않으므로 항상 의욕에 넘쳐 흘러서 능히 낡은 것을 버리고, 새롭게 이루어질 수가 있다.

▨ 앞장에서는 노자의 이른바 도의 근본적인 모습, 즉 '도기(道紀)'를 설명하였으며, 이 장에서는 그것에 이어 '황홀'한 도의 체득자, 즉 노자적인 철인(哲人)의 풍모와 생활태도를 구체적으로 설명하고 있다.
"옛날의 진인은 그 모습이 우뚝하여 무너지지 않고, 모자라는 듯하면서도 남에게 받는 일이 없으며, 점잖아 올바르면서도 고집하지 않고, 넓어 비어 있으면서도 허영되지 않으며, 온화하여 기쁜 것 같고, 무뚝뚝하여 부득이 하는 듯하며, 그윽하여 그 안색에 나타나고, 조용하여 그 덕에 머물며, 널리 세상과 같이 하고, 아득하여 적어질 수가 없으며, 느릿하여 잘 다문 듯하고, 무심하여 그 말을 잊은 듯하다." 이것은 『장자』 내편 대종사편에 표시된 '도'의 체득자, 즉 진인(眞人)의 모습이다.
다같이 도의 체득자를 그렸는데 장자에 비하면 노자는 비유적인 표현이 많고, 그 비유도 소박하고 직설적이며 '강물을 건너듯' '이웃을 두려워하듯' '위엄을 갖춘 귀빈 같이' '얼음이 녹는 물 같이' 박(樸)·곡(谷)·탁수(濁水) 등과 같이, 일상생활과 자연의 풍물을 직접적으로 표현한 것이 많다. 그리하여 그들은 소박한 운문형식(韻文形式)을 취하여 일종의 상징시로서 읊고 있는 것이 노자의 특색으로 보인다.
그러나 그것을 사상적 측면에서 보면 양자 사이에는 기본적인 성격을 같이 하는 것, 정신적인 풍토의 공통성을 느끼게 하는 점이 적지 않으며, 노자의 이 장과 위에서 적은 『장자』 대종사편은 동일한 인생태도를 설명한 것밖에는 아무것도 아니다.
이와는 전혀 다르게 유가의 『예기(禮記)』 유행편(儒行篇)에는 이상적인 인간상으로 노자와 장자에 묘사된 것과는 너무나 대조적으로 표현되어 있다.
　유가(儒家)가 치욕에 대하여 결벽한 태도를 고집하는 데 반하여, 노자는 오욕(汚辱)에 더러워진 물〔濁水〕과 같은 생활 모습을 이상으로 한다. 유가에서 음탕하지 않은 거처를 택하는 반면, 노자는 민중이 가장 싫어하는 곳에 의거하였고, 유가는 남성적인 강건(剛健)을 미덕으로 하는 데 대하여, 노자는 여성적인 유약(柔弱)을 찬미하고 동경했다.
　유가가 인의예지(仁義禮智)라는 윤리적인 규범을 지상(至上)의 가치로서 수신(修身)하는 반면, 인의는 대도를 폐하는 것으로 보고 인과 의를 버리는 자연의 도를 강조하는 것이 노자이다. 환란에는 서로 죽음을 같이 하고 "목숨을 바쳐 인을 이룬다〔殺身成仁〕."는 유가의 가치관에 대하여, 사랑은 몸으로써 하고, 자기의 신명은 모든 가치규범에 우선해야 한다는 것이 노자의 철학 사상이다.
　노자가 묘사한 인간상은 유약하며, 소극적이고, 퇴영적이며, 오욕에 물든 탁수와 같음에 반하여, 유가의 인간상은 국가 권력이나 지배계급이 바라고 기대하는 인간상이다.
　때문에 유가는 또 그들에 의하여 흔히 이용되고 악용되어 온 것에 비하여, 노자는 국가 권력에 봉사하지 않으며, 지배계급에 이용이나 이익도 주는 바 없고, 어떠한 문명의 진보에도 기여치 않으며, 문화의 향상에도 노력한 바 없는 민중으로서 무위 자연의 도에 응해서만 생활하였다.
　요컨대 유가적인 가치관을 절대라고 본다면 노장적 인간은 소극적이며, 퇴영적이고, 야비(野卑)하여 잡초의 강인함을 가진 불모의 민중에 불과하다.
　『성서』에 "…하늘과 땅은 없어질지라도 주님은 영원히 계십니다. 만물은 옷처럼 낡아질 것이요, 주님은 그것들을 겉옷처럼 말아 치우실 것입니다. 만물은 옷처럼 변할지라도 주님은 언제나 같으시고, 주님은 영원히 늙지 않으십니다.(히브리서 1 : 10~20)"

라는 말이 있어 의복의 해어지는 것에 대한 언급이 있다. 즉 낡음이 있어야 새로운 것이 생겨나고 그 근저에는 진리가 늘 내포되어 있는 것이다.

그러나 노자는 인간도 처음부터 국가나 도덕 규범이 있었던 것은 아니요, 다만 먼저 인간의 삶이 있었다는 사실을 알았다. 또 모든 문명과 문화가 인간의 삶을 가치짓는 것이 아니라 오히려 인간의 삶 자체가 모든 문명이나 문화를 가치 판단하게 한다고 알고 있었다. 겁유(怯濡)에 투철했던 것이 흔히 최상의 용기를 필요로 했다면, 수동적인 유약함이 기세등등한 강강(剛強)보다 훨씬 강인하다는 것을 알고 있었다.

거기에는 인간의 생활방식과 존재방식, 그리고 행복이나 가치에 대한 사고방식이 근본적으로 유가와 다른 것이었다. 2개의 인간상의 차이는 기본적으로는 양자의 인간관과 인생관의 차이, 행복과 가치에 대한 사고의 차이에 근거하고 있다 해도 좋을 것이다.

이와 함께 동일의 중국 민족이며, 하나의 역사적·풍토적 조건을 생활 기반으로 하면서 노자적 인간상과 유가적 인간상이 접목되어 성립한 곳에, 우리들은 인간의 기질·성격의 차이, 사회적·경제적 환경의 차이를 생각해 볼 수가 있겠다.

그러나 만일 환경적인 조건을 중시한다면, 노자적 인간상이란 현실 사회로부터의 소외자(疎外者), 정치적·경제적인 세계로부터의 낙오자, 우월자보다는 패배자, 지배자보다는 피지배자로서, 위안과 동경의 대상이며, 쓰러져 짓밟히고, 허물어져 썩어가는 그들 민중을 지탱하는 구제의 얼굴이었던 것이다.

《옛날 옳게 선비가 된 사람은 미묘 현통하여 깊이를 알 수 없다. 오직 알 수 없는 고로 억지로 형용한다. 예(豫)하여 겨울에 내를 건너는 것 같고, 유(猶)하여 사방 이웃을 두려워하는 것 같고, 엄(儼)하여 그 손님과 같고, 환(渙)하여 얼음이 장차 풀리려 하는 것 같고, 돈(敦)하여 그 나무등걸 같고, 광(曠)하여 그 골짜기 같고, 혼(渾)하여 그 흐린 물 같다. 누가 능히 흐린 것으로써 고요히 하여 서서히 맑게 하겠으며, 누가 능히 편안한 것으로써 움직여 서서히 생(生)하게 하겠는가. 이 도를 보유한 자는 채우는 것을 바라지 않으니 오직 채우지 않는 고로 능히 낡아져 다시 이루어진다.≫

　　古之善爲士者[1] 微妙玄通[2] 深不可識 夫唯不可識 故强爲之容[3] 豫兮若[4]冬涉川 猶兮若畏四隣[5] 儼兮其若[6]客 渙兮若氷之將釋 敦兮其若樸[7] 曠兮其若谷 渾兮其若濁 孰能濁以靜之 徐淸[8] 孰能安以動之 徐生 保此道者 不欲盈 夫惟不盈 故能蔽復成[9]

1) 善爲士者(선위사자) : 도를 잘 터득한 선비.
2) 玄通(현통) : 마음가짐, 몸가짐이 유현(幽玄)하고 만사에 통달한 듯한 것.
3) 强爲之容(강위지용) : 억지로 그 모습을 그려내다.
4) 豫兮若(예혜약) : 머뭇거리며 망설이는 모양.
5) 畏四隣(외사린) : 사방에서 사람이 볼까 두려워하다.
6) 儼兮其若(엄혜기약) : 위엄 있게 행동하는 것.
7) 樸(박) : 나무 밑둥이 본뜻. 뒤에 소박, 질박 등의 뜻으로 쓰이게 되었다.
8) 徐淸(서청) : 서서히 맑아지다.
9) 能蔽復成(능폐복성) : 다 낡고 떨어졌으나 새롭게 이루어진다.

제16장 복명(復命) · 귀근(歸根)

　　무심 무욕의 상태에서 본연(本然)의 모습으로 되돌아 간다.
　　그것이 자기를 안전하게 보존하는 최선의 방법이다.

　　우리가 충분히 마음을 비워 지극한 자리에 다다라서 무용한 입장에 서고 허정(虛靜)한 태도를 지켜 나가면, 만물은 다같이 다투어 생육화성하지만, 나는 그것들이 본연의 허정한 무위 자연의 도에로 돌아가는 것을 볼 수 있다.
　대저 만물은 제각기 그처럼 무성하게 자라고 있지만, 종국에는 각각 그 본연의 모습으로 돌아간다. 그 돌아간다는 것이 자연의 본래 상태이기 때문에 그것을 허정(虛靜)이라 하고, 그 고요한 허정을 하늘이 명하는 자연적인 상태로 돌아간다고 하며, 천명에 따라 자연 상태로 돌아감을 영원불변하는 상도(常道)라 이른다.
　이 상도를 아는 것을 지혜가 밝다고 한다. 그러나 이 상도가 무엇인지 잘 모르면, 허튼 짓을 저질러 흉악한 화근을 당하게 된다.
　천지 자연의 영구불멸한 상도(常道)를 알게 되면 만물의 제각기의 모습에 대하여 관대하게 포용할 수 있고, 모든 것을 관대하게 포용하면 공평무사 하며, 공평무사 하면 곧 완전하여 왕과 같이 넓은 덕을 가지게 되고, 왕자(王者)와 같은 덕을 가지면 곧 천도(天道)에 따르게 된다.
　천도에 따른다는 것은 곧 도(道)와 일치한다는 것이다. 도와 일치하게 되면 곧 영구불멸하는 것이다. 때문에 영구한 것은 곧 종신토록 위태롭지 않은 것이다.

　▨ 이곳 역시 무위 자연의 도를 터득한 노자적(老子的) 성인(聖人)의 안일한 처세를 설명하고 있다. 인간을 포함한 일체 존재의 근원인 무위 자연의 도는 허(虛)이며 정(靜)이기 때문에 도(道)의 근원적인 허정(虛靜)으로 되돌아 가 허정의 극치에 달해 정을 돈독히 지키는 것이 자신 본래의 모습으로 복귀하는 것이다.
　본래의 모습으로 복귀하는 것만이 도의 영원불멸성을 자신의 영원 불멸성으로 만들어 안일하게 이 세상을 마칠 수 있다고 보는 것이, 이 장의 요지(要旨)이다.
　이 장은 송나라 범응지(范應之:『老子道德經古本集注』)의 해설에도 주염계(周濂溪)의 주정설(主靜說) 등을 인용한 해석이 있다. 또 그후 송학(宋學:性理學)의 주장과도 밀접한 관계를 가졌는데, 특히 장 가운데의 복명(復命)은 송학의 복성(復性)설의 원류를 이루고 있음에 주목된다.

『장자』외편 선성편에 전개되고 있는 복초(復初)의 주장도 복명(復命) 복성(復性)과 같은 개념이며 이 장과도 밀접한 관련이 있다. 노자의 복귀사상(復歸思想)이 후일의 송학(宋學)에 있어서 복성설(復性說)과 밀접한 관련을 가졌다는 것은 이미 언급한 바 있다.

이 사상은 현상적(現象的)인 개체의 근원에서 본체적인 도의 영원불멸을 생각한다는 점이 그 특색이다. 즉 모든 개체는 그 자체는 유한이며 불완전하지만, 그 존재의 근원에 있는 무한하고 완전한 도를 굳건히 밟고 서서, 도와 관련적인 본말(本末)의 관계에 놓여 있다.

그 말에서 근본으로 복귀하는 데는 스스로의 유한성과 불완전성에서 탈피하는 것 자체가 복귀사상의 본질이다.

이러한 복귀사상은, 중국의 철학사에 있어서는 다시 2가지의 특징적인 사고를 낳아 그것을 발전시키고 있다.

그 하나는 복귀를 인간의 내면성, 즉 주체적·실천적으로 사고하는 방향으로, 인간의 본성은 본래 청정하고 원만하였으나 후천적으로 온갖 욕망과 지식에 의하여 혼란해졌기 때문에 인지인욕(人知人欲)을 버리고 본래의 청정한 마음으로 돌아가지 않으면 안 된다는 생각이다.

당(唐)의 이고(李翶)와 그를 계승하는 송학의 복성설 등이 그 대표적인 것이고, 중국의 불교나 도교의 수양론(修養論)도 기본적으로는 모두 이같은 입장을 취하고 있다고 보아야 한다.

또다른 것은 복귀를 고금이라는 시간의 흐름에서 역사적으로 생각하고자 하는 생각이다.

과거의 시대를 도가 완전 실현된 지덕(至德)세계, 현재를 타락(墮落) 또는 퇴보된 불완전한 시대로 보아 불완전한 지금으로부터 완전한 옛날로 복귀한다는 생각이다.

이른바 복고(復古) 또는 상고(尙古)의 사상이 바로 그러한 것으로서, 요순우탕(堯舜禹湯)의 태평 성세에는 성인(聖人)이 실재하였다고 믿어, 그 고성(古聖)의 도에로 복귀할 것을 설파한 유가 사상이 이를 가장 잘 대변하고 있다.

노자의 복귀사상(復歸思想) 역시 이 2가지 방향을 가지고, 그 두 방향의 사고를 원형적으로 시사(示唆)하는 점이 더욱 중요한 뜻을 가진다.

즉 노자가 '집고지도 이어금지유(執古之道 以御今之有) 능지고시 시위도기(能知古始 是謂道紀)'라 하여 '시위배천 고지극(是謂配天 古之極)'을 강조할 때, 거기에는 '고(古)'를 '무위의 도'가 완전히 행해진 지덕의 시대로, '금(今)'을 도가 상실되고 덕(德)이 쇠퇴한 시대로 보는 상고(尙古)의 사상이 현저하게 깔려 있는 것이며, 지금〔今〕을 버리고 옛〔古〕으로 복귀하는 역사적인 복귀사상이 명확하게 시사되어 있다.

이 장과 같이 만물이 자기의 근원, 즉 도(道)에로 복귀하는 존재인 것을 설명하고, 다른 장에서 '영아로 복귀' '박(樸)에로 복귀' '무물(無物)·명(明)에 복귀'를 설명할 때, 인간 내면의 근원에서는 도의 영원불멸을 응시(凝視)하고 있으며, 그 영원불멸한 도로 되돌아 감에 따라 본래적인 자기 모습, 절대적인 인간의 삶을 실현코자 하는 주체적·실천적인 복귀사상이, 소박한 표현이기는 하지만 명확한 사고로서 강조되고 있다.

노자의 복귀사상은 이러한 점에서 중국의 실천윤리 또는 종교 사상에 관심을 가진 사람들의 주목을 끌고 있다. 즉 철인은 세계의 진상을 통찰하고 귀근인모(歸根認母)의 반본 이치를 안다.

《허(虛) 이루기를 지극히 하고 정(靜) 지키기를 돈독히 하면 만물이 함께 일어나도 나는 써 그 돌아가는 것을 본다. 대저 만물이 운운(芸芸)해도 각기 그 뿌리로 돌아가니 귀근(歸根)을 정(靜)이라 하며, 정을 일러 명(命)에 돌아간다 한다. 명에 돌아가는 것을 떳떳함이라 하고, 떳떳함을 아는 것을 밝음이라 한다. 떳떳함을 알지 못하면 망령되이 움직여 흉하다. 떳떳함을 알면 용납하고, 용납하면 곧 공평하다. 공평하면 곧 왕이요, 왕이면 곧 하늘이다. 하늘이면 곧 도요, 도면 곧 오래다. 몸을 마치도록 위태롭지 않다.》

致虛極 守靜篤 萬物竝作[1] 吾以觀其復 夫物芸芸[2] 各復歸其根 歸根曰靜 靜曰復命[3] 復命曰常 知常曰明[4] 不知常妄作凶[5] 知常容[6] 容乃公 公乃王 王乃天 天乃道 道乃久 沒身[7]不殆

1) 竝作(병작) : 작(作)을 일어난다로 풀이하여, 다같이 일어나다의 뜻.
2) 芸芸(운운) : 만물이 번성하여 자라는 모양.
3) 復命(복명) : 본성으로 돌아가다.
4) 明(명) : 참다운 지혜. 슬기.
5) 妄作凶(망작흉) : 자연의 도에 따르지 않고 함부로 행동하여 망령스럽게 재앙을 초래하다.
6) 容(용) : 관대하게 포용하다.
7) 沒身(몰신) : 종신(終身).

제17장 지유(知有)·순풍(淳風)

　　무위 자연의 원칙에 따라 정치를 하면
　　민중은 신뢰하고 따르며 하는 일은 성공한다.
　　그러나 작위적으로 일을 행하면
　　민심은 멀리 떨어져 나간다.

　가장 훌륭한 인물은 모든 민중들이 그러한 사람이 있다는 사실만 알 뿐이며 시시비비(是是非非)를 가리려 하지 않는다. 그 다음의 인물에 대하여는 민중들은 그 사람을 친하게 따르며 칭찬하고 기린다. 그 다음은 민중들이 그 사람에 대해 겁내고 멀리 하며, 그 다음 인물에 대해서는 민중들이 미워하고 업신여긴다.

이처럼 차이가 생기는 것은 그들 각자의 인물이 제각기의 정도에 따라 상응한 정도의 믿음을 민중으로부터 받지 못하게 된 것에서 연유한 것이다.

스스로가 유유자적하여 그 말을 잊은 것 같이 하고 있어도 어느 사이에 공적(功績)을 이루고, 일은 완수(完遂)되어, 그것을 보는 민중들은 나(我)의 태도를 무위 자연이라고 말한다.

▨ 앞장에서 '복명지상(復命知常)'의 성인의 처세를 설명한 데 대해 이 장에서는 지배자로서 민중에게 임하는 성인의 태도, 즉 무언(無言)의 가르침을 행하여 위대한 교화의 공(功)을 성취하고, 그러면서도 민중에게 "내가 지배자로서 무슨 존재였던가?" 하면서 시치미를 떼는, 그 무위 자연의 정치를 유가의 덕치주의(德治主義), 법가(法家)의 법치주의와 비교하면서 설명하였다.

노자의 저서 중에서 우리는 처음으로 '자연(自然)'이란 말을 이 장에서 접하고 있다.

자연이란 '있는 그대로'라는 뜻이겠지만, 노자는 먼저 그 '있는 그대로'라는 것을 천지조화의 구체적인 영위(營爲)로 보고 있다. 천지조화의 영위라 함은, 인간과 같이 작위적인 기교를 부린다거나 자기를 의식하여 부당한 노력을 하지 않는다.

인간처럼 자신의 행위를 인애(仁愛)나 정의에 의하여 규범짓거나, 권력이나 형벌로 강제적인 위협을 하지 않는다. 그것은 인간이 하는 것 같은 일을 결코 하지 않으면서, 인간의 힘으로는 미치지 못할 위대한 일을 수행하고 있다.

천지는 있는 그대로 존재하면서 아무 말도 하는 바 없으나, 봄이면 초목의 새싹을 트게 하고, 여름이면 가지와 잎을 무성하게 하며, 가을에는 오곡백과를 결실케 하며, 겨울이면 다시 제 모습으로 돌아가게 한다. 노자는 만물의 이같은 생성화육의 실상을 천지조화의 작용으로 파악하였으며, 그 작용을 '자연'이라 이해했다.
　그리하여 그는 생성화육의 가장 순수한 모습을 인간의 인위·인지, 즉 도시의 문명·문화에 오염되지 않은 전원산천(田園山川) 안에서 확인하였다. 노자가 자연이라 함은 보다 구체적으로 천지만물이 스스로 생성화육하는 모습, 즉 산천초목의 있는 그대로의 형상을 말했다.
　인간도 또한 자신의 모든 집착을 버리고, 이와 같은 천지조화의 자연을 자신의 태도로 했을 때 인위적인 모습을 실현할 수 있을 것이라고 노자는 다시 생각했다.
　본래적인 모습이란 인위·인지로 왜곡되지 않고, 어떠한 처분에도 걸림이 없는 인간의 참모습이며, 내가 다른 어떠한 처분에도 걸리지 않는 인간, 즉 무위의 성인이 된 연후에야 비로소 천지조화의 영위(營爲)함을 그대로 나의 행위로 할 수 있다고 말하는 것이 노자의 실천 윤리이다.
　이리하여 노자의 자연은 인간의 내면성과도 깊이 관계를 가지며, 우리가 인위적인 처분을 버릴 수 있는 것을 오로지 마음의 문제로서 중시하게끔 되는 것이다. 노자의 자연이란 본연의 자세이며, 모든 생활태도이고 있는 그대로의 마음의 작용이라고 말할 수 있다.
　『성경』은 자연을 말하는 구절이 많은데 그 가운데 "너희는 어찌하여 옷 걱정을 하느냐? 들꽃이 어떻게 자라는가 살펴보아라. 그것들은 수고도 하지 않고 길쌈도 하지 않는다. 그러나 온갖 영화를 누린 솔로몬도 이 꽃 한 송이 만큼 화려하게 차려 입지는 못하였다. 너희는 어찌하여 그렇게도 믿음이 약하냐?…·(마태오 6 : 28~34)" 하여 자연의 거역을 꾸짖었다.
　또 마르코복음서(4 : 28)에서는 "…땅이 저절로 열매를 맺게 하는 것인데 처음에는 싹이 돋고 그 다음에는 이삭이 패고, 마침내 이삭에 알찬 낟알이 맺힌다. 곡식이 익으면 그 사람은 추수 때가 된 줄을 알고 곧 낫을 댄다."라고 하여 자연은 민중으로 하여금 이 땅 위에 생존하는 은혜를 베풀고 있으며, 인위·인지에서 해방될 때 비로소 그 참모습을 볼 수 있는 것이다.

≪태상(太上)은 아래에 있다는 것만을 알 뿐이고, 그 다음은 친하고 칭찬하고, 그 다음은 두려워하고, 그 다음은 업신여긴다. 믿음이 모자라면 믿지 않음이 있다. 유(悠)히 그 말을 귀중하게 여기며 공을 이루고 일이 끝나 백성이 다 나를 일러 자연이라 한다.≫

太上[1] 下知有之 其次 親而譽之[2] 其次 畏之 其次 侮之 信不足焉 有不信焉 悠兮[3]其貴言 功成事遂[4] 百姓皆謂我自然

1) 太上(태상) : 최고 최선의 뜻.
2) 親而譽之(친이예지) : 이를 친히 따르고 이를 칭찬하다.
3) 悠兮(유혜) : 자연적인 무위(無爲)로써 세상을 다스리고 있는 모양. 신중함.
4) 功成事遂(공성사수) : 공을 이루고 일을 완수하다.

제18장 속박(俗搏)·사유(四有)

세상으로부터 칭찬받고 인기 있는
인의(仁義) 지혜(智慧) 효자(孝慈) 충신(忠臣) 등이
무슨 가치가 있을까?
도(道)가 상실된 연후에는 결과적으로
이 세상에 출현하는 말세(末世)적인 수꽃에 지나지 않는다.

무위 자연의 크나 큰 도(道)가 폐쇄된 결과 인(仁)과 의(義)

의 덕이 나타난다. 지혜가 만연하면 널리 인위적인 작위가 행해진다.

  집안에 불화한 일이 일어나면 효행과 자애가 강조된다. 국가가 혼란 미혹해지면 충성과 의리있는 신하가 출현한다.

  ▨『노자(老子)』는 그 시대의 인간의 바람직한 자세와 기존의 가치체계에 대하여 엄한 경고를 하였다. 또 그것을 신랄하게 야유 풍자한 중국 최초의 문명 비평서이다.

  이 장은『노자』의 이러한 문명비판의 입장에서 풍자와 역설의 이론을 가장 적절히 그리고 명쾌하게 시사한 것으로서 유명하다.

  그리고 첫머리에 '대도폐 유인의(大道廢 有仁義)'와 끝의 '국가혼란 유충신(國家昏亂 有忠臣)'이라고 한 것은 흔히 고전에 많이 인용되고 있다.

  고대 중국의 예(禮)의 속박 중『예기(禮記)』내칙편의 남녀부동석(男女不同席)이라든가, 또 부창부수(夫唱婦隨)라고 한 '예경(禮經)' 등은 우리 나라에도 지금까지 내려오고 있으나, 고대 중국에 있어서의 남녀 구별의 엄중함과 가정(家庭)에서의 남성 절대의 권위를 역사적인 사실로 예찬할 수는 없다.

  『좌전(左傳)』이나『사기(史記)』등 역사 서적을 다소라도 훑어 보면 쉽게 밝혀지겠지만, 오히려 노자의 논법에 따르면, 집안에서까지 남녀를 유년기로부터 억지로 떼어놓지 않으면 안 될 만큼 성(性) 질서가 문란했다는 사실을 볼 수 있고, 짐짓 부창부수(夫唱婦隨)를 강조하지 않으면 안 될 만큼 아내가 남편을 따르지 않았던 그 당시의 현실을 상상할 수 있게 되었다.

  현대 사회의 젊은 사람들이 얼마나 늙은이를 업신여겼으면 경로사상(敬老思想)이 고창되었을까? 모든 말이 현실과의 사이에는 흔히 커다란 격차가 있을 뿐 아니라 그 관계는 전혀 역(逆)으로 표현되는 경우이다.

  결국 현실에 결여된 만큼 말에 의한 강조가 과잉되는 것이며,

노자도 말했듯이 도덕의 퇴폐가 심하면 심할수록 도덕의 강조가 요구되어 오는 것이다.

일찍이 인간의 본성이 악(惡)이라고 논증(論證)하고자 한 순자(荀子)는 그 이유의 하나로서 "인간은 자기의 결여한 바를 밖으로 지향한다. 때문에 선을 지향하는 인간의 본성은 악이다.(『순자』성악편)"라고 설명하고 있는데 순자의 이 말도 노자의 이 장의 논술과 함께 인간의 있는 그대로의 모습, 인간의 말이 가지는 허구성을 예민하게 꿰뚫어 본 점에 있어 주목을 끈다.

중국인은 일반적으로 규범 만들기를 좋아하는 민족이지만, 그들은 또 규범의 허구성을 간파하는 일에도 예민한 응시(凝視)를 가지고 있다.

이러한 논설은 그 어느 것이나 유가의 도덕 규범을 위한 무리한 노력이 부자연함을 비판하는 것이며, 대도(大道)가 허물어지지 않은 무위 자연의 사회, '지덕지세(至德之世)'를 이상화하는 노자의 사상을 조술(祖述)하는 것이라 볼 수 있다.

『성서』에도 "여기에서 알아 두어야 할 것은 율법이 올바른 사람들을 위해서 제정된 것이 아니라는 것입니다. 하느님의 율법을 어기는 자와 순종하지 않는 자, 불경건한 자와 하느님을 떠난 죄인, 신성을 모독하는 자와 거룩한 것을 속되게 하는 자, 아비나 어미를 죽인 자와 사람을 죽인 자, 음행하는 자와 그밖의 건전한 교설에 어긋나는 짓을 하는 자들을 다스리기 위해서 율법이 있는 것입니다.(디모테오전서 I:9~20)"라고 하였는데 모든 인위적인 작태는 무위 자연, 곧 하늘의 뜻이 아니라 인간을 규범으로 묶는 수단이란 뜻이다.

《대도(大道) 없어지면 인의(仁義)가 있고, 지혜가 나오면 큰 거짓이 있다. 육친이 화목하지 못하면 효도와 사랑이 있고, 국가가 혼란되면 충신이 있다.》

大道[1]廢 有仁義 智慧出 有大僞[2] 六親不和 有孝慈 國家昏
亂[3] 有忠臣

1) 大道(대도) : 무위 자연의 도
2) 大僞(대위) : 큰 위계(僞計). 굉장한 거짓. '위'는 작위(作爲)·인위(人爲)
   의 뜻도 있다.
3) 昏亂(혼란) : 어둡고 어지러워지다.

제19장 소박(素樸)·환순(還淳)

성(聖)·지(智)·인의(仁義)를 존중하고
입을 모아 기교(技巧)를 칭찬하며,
이욕(利欲)의 추구에 신명(身命)을 다하게 된 인심(人心)은
순수한 소박(素朴)함을 잃으면서 타락하기 시작하였다.

　위정자가 성덕(聖德)과 인연을 끊고 지혜를 버린다면, 민중의 이익은 100배로 늘어나게 된다. 또 위정자가 인애(仁愛)와 연을 끊고 정의를 버린다면, 민중은 잃었던 참다운 효행과 자애를 회복하게 된다.
　위정자가 얄팍한 기(技)와 교(巧)를 가지고 농간을 부리는 것으로부터 손을 끊고 이욕(利欲)을 추구하는 일을 버린다면, 이 세상에는 도둑 같은 나쁜 짓은 일어나지 않을 것이다.
　이 3가지로는 생각하는 바를 말로 나타내기가 아직 부족하다. 때문에 다시 말로써 이를 계속해 보면 소(素)를 밖으로 나타내고, 순박함을 안으로 포괄하여 사사로운 감정을 억제하고, 욕망(欲望)을 작게 하는 것이다.

▨ 제18장은 병폐를 지적하는데 그쳤으나 여기서는 속세의 병폐를 치유하는 길을 설명하고 있다.

'도적무유(盜賊無有)' 까지의 전반은 여섯 구절로 구성되어 있으며, 지·배·의·자·이·유(智·倍·義·慈·利·有)로서 압운(押韻)하였다. '차삼자(此三者)'로부터 끝까지 후반의 구절은 족·속·박·욕(足·屬·樸·欲)으로 압운하고 있다.

노자는 인간의 소박을 무엇보다도 존중하였다. 노자에 있어 소박이란 문명·문화의 허식을 제거하는 것을 의미하며, 인간의 본래적인 자연을 인위적으로 속박하여 후천적으로 왜곡하는 일체의 관념적인 미망(迷妄), 가치적인 허구로부터 해방된 인간의 바람직한 자세를 말했다.

인간은 현우미추(賢愚美醜)·귀천빈부(貴賤貧富) 등의 여러 가지 인위적인 가치로써 자신을 속박하고, 성(聖)이다·속(俗)이다 라든가, 우아(優雅)하다·저속하다 라든가, 또는 문명이다·야만이다, 진보다·퇴보다 하여 나름대로의 관념이나 사상을 들추어 있는 그대로를 몰라보며 주어진 인생을 주어진 그대로 수용하는 이른바 소박함을 완전히 상실하였다.

종교인은 신을 우상화하고, 학자는 과학적 진리를 허구화시켰으며, 예술가는 예술미를 망상하여 자연미를 손상시켰다. 그러므로 제각기 자기 도취에 탐닉(耽溺)하여 독선적인 관념의 미로(迷路)를 확장하였고 그 안에서 자승자박의 함정에 빠졌다.

인간이 만일 이러한 문명과 문화의 온갖 관념의 망상, 가치의 독단을 모두 추방하고, 버릴 수 있는 것은 다 버리고, 생겨났을 때의 벌거벗은 인간, 즉 인류 역사의 시원(始源)으로 되돌아 갔을 때, 거기에는 도대체 어떠한 궁극적인 사실이 남을 것인가? 노자는 거기에 남는 인간의 생명 그것, 살아 있는 알몸의 인간 모습에서 자기의 소박을 포착할 수 있다고 보았다.

노자의 이른바 소박(素樸) 곧 알몸의 인간상이란, 비유하면 문명이나 문화의 찬란함을 모르고, 관념이나 사상같은 복잡한 조작

도 논하지 않으며, 이 세상에 던져진 자기의 생명이 무엇인가를 의식하지 않고, 단지 저절로 울고 저절로 웃는 어린아이와 같은 모습일 것이다.

혹은 또 철저하게 파괴된 도시의 폐허 속에 태연히 서서 첩첩 산중의 문명의 허무함을 바라보고, 머리 위에 펼쳐지는 무한한 창공을 바라보면서 내일의 자기 생활을 설계하는 전화(戰禍) 속의 민중 모습과 같은 것이다.

거기에는 단지 지금 살아 있는 자기의 존재만이 궁극적인 사실로 남아 있고, 일체의 잉여와 허식이 모조리 무일물(無一物)로 돌아가는 곳에 알몸 그대로의 인간이 자연과 밀착하여 서 있는 것이다.

노자는 이러한 벌거숭이의 알몸 인간, 즉 생명의 소박에서 인간의 바람직한 자세와 생활태도를 근본적으로 고쳐 보자는 데 있는 것이다.

생명의 소박에서 인간의 바람직한 모습을 보게끔 근원적인 생각을 고치기 위해서는, 인류가 인지·인욕의 한계를 다하여 구축한 문명의 허구를, 그들이 자랑하는 가치체계나 관념형태를 포함하여 한 번 더 와력(瓦礫)의 산으로 바라볼 필요가 있다.

때문에 노자는 인지·인욕을 완전히 버리는 상태, 즉 이른바 무지무욕(無知無欲)을 목표로 하여 소사과욕(少私寡欲)할 것을 역설하였다. 노자에 있어서 소박이라는 것은 지(知)와 욕(欲)의 자승자박, 곧 문명·문화의 쇠사슬에서 인간이 해방하는 것이다.

『성서』에서도 욕심에 대하여 말이 있은즉 "사실은 사람이 자기 욕심에 끌려서 유혹을 당하고 함정에 빠지게 되는 것입니다. 욕심이 잉태하면 죄를 낳고 죄가 자라면 죽음을 가져옵니다.(야고보서 I : 14~15)"라고 하였다.

≪성(聖)을 끊고 지(智)를 버리면 백성의 이익이 백배 되고, 인(仁)을

끊고 의(義)를 버리면 백성이 효도와 사랑으로 돌아가고, 교(巧)를 끊고 이(利)를 버리면 도적이 있는 일이 없다. 이 셋으로는 글이 부족한 고로 속하는 바가 있게 한다. 소(素)를 나타내고 박(樸)을 품어 사(私)를 적게 하고 욕심을 적게 한다.≫

絶聖棄智[1] 民利百倍 絶仁棄義 民復孝慈 絶巧棄利 盜賊無有 此三者 以爲文不足[2] 故令有所屬 見素抱樸[3] 少私寡欲

1) 絶聖棄智(절성기지) : '절'과 '기'는 동사요, '성'과 '지'는 명사로 '현명한 지혜를 끊는다'는 뜻.
2) 以爲文不足(이위문부족) : 글로 표현해도 부족하다.
3) 見素抱樸(견소포박) : 순진하고 소박한 모습을 나타내고, 순진하고 소박한 마음을 품는다.

제20장 식모(食母) · 이속(異俗)

무위 자연의 도와 일체(一體)가 된 자신은
세속 인간들이 쥐꼬리 만한 학문으로
차별 분간하며 날뛰는 것을 오불관언(吾不關焉)하며
홀로 조용히 세상을 살아가는 것이다.

학문과의 연고를 끊으면 우환이 없어진다. 학문을 배우고 예의를 익히면 대답하는 방법까지 까다로워지는데 '예' 하고 하는 대답과 '응' 하는 대답은 그 차이가 얼마나 다른가?
선과 악은 어느 정도의 차이가 있다는 말인가? 단지 세상 사람이 하는 그대로 남들이 두려워하면 나도 두려워하지 않을 수 없을 뿐이다. 학문이 가르치는 차별 구분 등은 끝없이 막연하고 멀어서 도저히 구명(究明)하고 깨달음을 다하기가 어렵다.

　모든 사람들은 히히덕거리며 성대한 잔칫상을 받았을 때와 같이 마음이 들떠 있고, 또한 화창한 봄날에 높은 누각에 올라 사방을 전망하면서 구경하는 것 같다.

　그러나 나 혼자만은 하는 일 없이 담담하고 엄정하여 움직일 징조도 없고, 마치 웃을 줄도 모르는 어린아이와 같으며, 맥없이 풀죽어 방황하는 모습은 돌아갈 곳조차 없는 것 같다. 모든 사람들은 다 넉넉하고 여유가 있는데, 나 혼자만은 잃어버린 것이 있어 모자라는 것 같다.

　자신의 마음은 과연 어리석은 사람의 마음과 같이 혼돈하다. 세상 사람들은 모두 빛나고 영리한데 나 혼자만이 어둡고 흐리멍덩하다. 모든 사람들은 다 총명하여 잘 살피는데 나 혼자 혼돈하여 바보 같다.

　안정되어 고요함이 저 바다와 같고, 때로는 표일하여 바람을 타고 머무를 곳을 모르는 것 같다. 중인들은 다 유능하여 쓸모가 있지만, 유독 나만은 완고하고 비천하여 촌티가 난다.

　그러나 나만은 세상 사람과 달리 만물을 생육시키는 식모(食母)인 대도를 존귀하게 여긴다.

　▨ 이 장에서는 세속적인 학문을 버리고 무위 자연의 도리에 따라 살아가는 사람〔聖人〕이 밖에서 보기에는 어리석은 것 같지만 진실로 자연에 따라 진리인 본래의 모습으로 돌아가는 길임을 밝혀 주었다.

　『노자도덕경』이란 저서가, 고유명사(固有名詞)를 아무 데도 쓰지 않는 불가사의한 저작임은 이미 언급하였다. 이 고유명사를 쓰지 않는『노자』에도 나〔我 : 吾〕라는 일인칭 대명사를 가끔 쓰고 있다.

　제17장, 제20장, 제42장, 제53장, 제57장, 제67장, 제70장 등인

데, 이 중 '나'를 가장 많이 쓴 곳이 바로 이 장이다.

고유명사를 쓰지 않고 시공(時空)을 초월한 영원적인 보편의 진리, 현상적인 것보다는 근원적인 것, 인격적인 것보다는 원리적인 것에 대한 노자의 강한 의지를 나타내는 상징이었다.

'나'라는 일인칭 대명사를 사용한 노자의 표현은, 그 영원·보편의 진리 앞에 오직 홀로 선 하나의 인간, 즉 '도'를 상대하여 독백하는, 도를 깨달은 인간의 슬픔과 기쁨을 상징하는 것이라 말할 수 있다.

그리고 또 그 '나'라는 일인칭 고유명사는, 고유명사를 갖지 않은 '나'이며, '도'가 이름을 갖지 않듯이 '나'도 이름을 갖지 않는다. 이름이라는 것이 남(他)과 구별하는 데 그 본질이 있다면 그 '나'는 세속에 파묻혀 살면서 세속 사람들과 구별되어야 할 '나'가 아니라, '도' 앞에 홀로 서서 '도'와 마주하여 대화하는 자각한 '나'이다.

여기에는 이름 없는 '도'와 이름 없는 '나'가 이름을 초월한 세계에서 서로 대화하며, 그 대화 속에서 도(道)와 대화하는 사실을 모르는 '중인'은 세속으로서 의식되는 데 불과하다.

노자의 '나'는 어디까지나 도와 대화하는 '나'이지 결코 세속과 대화하는 '나'는 아니다.

노자의 '나'는 이름을 갖지 않는 나이며, 이름을 갖지 않기 때문에 오히려 이름을 갖게 되는 사실에서 노자의 철학적 감각이 피부에 와닿는 듯한 감정이 '나'이다.

노자는 이 '나'를 주어(主語)로 하여, 중국 역사의 골짜기에서서 인간의 슬픔과 기쁨을 독백했다. 그 독백은 골짜기의 소나무와 잣나무 가지를 흔드는 바람 소리와도 같이 격조가 높고, 캄캄한 어두운 밤바다의 흔들리는 파도 소리와 같은 시적(詩的)인 언어였다.

이 장의 구성은 3장으로 구별할 수 있는데, 그 첫째는 일상생활의 예의범절, 곧 웃어른에 대한 대답에서 시작하여, 선은 무엇이며 악은 무엇인가 하는 도덕적인 가치의 근본 문제까지를 꼬치꼬치 따져 논의하는 세속적인 유가를 신랄하게 비웃고, 그들이 말하는 학문이 인생의 근원적 진실과는 무관함을 비판했다.

"인간이 문자를 안다는 것은 모든 우환의 시작이다."라고 노래한 것은, 북송(北宋)의 소식(蘇軾 : 1036~1101)이었다. 이 소식은 『노자』의 절학무우(絕學無憂)에 근거한 것으로 사료된다. 또 소식 자신도 지식인이면서 위와 같이 노래한 것은 그들 지식인의 심각한 내부의 갈등을 엿볼 수 있겠다.

그리고 노자가 말한 무위가, 아무 일도 하지 않고 한가하게 누워서 태만하게 게으름 피우는 무위가 아니었듯이, 그가 말하는 혼혼(昏昏)의 우(愚) 역시 단순한 바보·천치 같은 어리석음이 아니다. 그 우(愚)는 어린아이의 마음으로 돌아가는 것을 깨우치는 슬기로움이며, 우주 만유를 양육시키는 식모(食母)를 존귀하게 섬길 줄 아는 우(愚)이며, 대성약우(大聖若愚)의 우(愚)이다.

공자도 "영무자는 나라에 도가 있으면 아는 체하고 나라에 도가 없으면 어리석은 척하여 그 슬기는 남이 따를 수 있겠거니와 그 어리석고 우직함은 남이 따를 수 없다.(『논어』공야장편)"고 하였다.

『성경』에서도 "어느 누구도 자기 기만에 빠져서는 안 됩니다. 여러분 중에 혹시 자기가 세속적인 면에서 지혜로운 자라고 생각하는 사람이 있을지도 모릅니다. 그러나 정말 지혜로운 사람이 되려면 바보가 되어야 합니다. 이 세상의 지혜는 하느님이 보시기에는 어리석은 것입니다. 성서에 '하느님께서 지혜롭다는 자들을 제 꾀에 빠지게 하신다'고 기록되어 있고, 또 '주님께서는 지혜롭다는 생각이 헛되다는 것을 아신다'고도 기록되어 있습니다. 그러므로 아무도 인간을 자랑해서는 안 됩니다. 모든 것이 다 여러분의 것입니다.(고린도전서 3 : 8~21)" 하였다.

≪배움을 끊으면 근심이 없다. 유(唯)와 아(阿)의 서로 떨어짐이 얼마며, 선악이 서로 떨어짐이 어떠한고. 사람의 두려워하는 바 두려워하지 않을 수 없고, 황(荒)하여 그 다하지 못함이니, 중인은 희희(熙熙)하여 태뢰(太牢)를 받는 것 같고 봄철에 대에 오른 것 같다. 나 홀로 박(泊)하여 그것이 나타나지 않고 갓난아이가 울지 않는 것 같고, 유류(儽儽)하여 돌아갈 곳이 없는 것 같다. 중인이 다 남음이 있는데 나 홀로 모자라는 것 같다. 나는 우인(愚人)의 마음인가 돈돈(沌沌)하다. 속인은 소소(昭昭)해도 나 홀로 어두움 같이 하며, 속인은 찰찰(察察)해도 나 홀로 민민(閔閔)하다. 담(澹)하여 그 바다와 같고, 요(飂)하여 그침이 없는 것 같다. 중인은 다 씀이 있는데 나 홀로 완(頑)하여 비(鄙)와 같다. 내 홀로 사람과 달라 식모(食母)를 귀히 여긴다.≫

  絶學無憂 唯之與阿[1] 相去幾何 善之與惡 相去何若 人之所畏 不可不畏 荒兮[2] 其未央[3] 哉 衆人熙熙[4] 如享太牢[5] 如春登臺 我獨泊兮[6] 其未兆[7] 如孾兒之未孩[8] 儽儽兮[9] 若無所歸 衆人皆有餘 而我獨若遺 我愚人之心也哉 沌沌兮[10] 俗人昭昭[11] 我獨昏昏 俗人察察[12] 我獨閔閔[13] 澹兮[14]其若海 飂兮[15] 若無所止 衆人皆有以[16] 而我獨頑似鄙[17] 我獨異於人 而貴食母[18]

1) 唯之與阿(유지여아) : 공손한 대답과 공손하지 못한 거친 대답. 유(唯)는 '예'로 공손한 대답이고 아(阿)는 '응' 하는 공손하지 못한 대답.
2) 荒兮(황혜) : 초목이 거칠게 우거지듯 복잡한 모양.
3) 未央(미앙) : 다함이 없다. '앙(央)'은 진(盡)과 같은 뜻.
4) 熙熙(희희) : 기뻐하고 즐거워하는 모양. 희희낙락하는 모양.
5) 享太牢(향태뢰) : 큰 잔칫상을 받다.
6) 泊兮(박혜) : 고요한 모양.
7) 未兆(미조) : 즐거움이나 슬픔의 감정 표현의 상태가 잘 나타나지 않다.
8) 未孩(미해) : 아직 방실거리며 웃지 않다.
9) 儽儽兮(유류혜) : 맥이 풀려 있는 모양.
10) 沌沌兮(돈돈혜) : 멍청한 모양. 혼돈한 상태.

11) 昭昭(소소) : 밝고 빛나는 모양.
12) 察察(찰찰) : 총명한 모양.
13) 悶悶(민민) : 어리석고 흐릿한 모양.
14) 澹兮(담혜) : 안정되고 고요한 모양.
15) 飂兮(요혜) : 바람이 거칠게 부는 모양.
16) 有以(유이) : 쓸모가 있다. '이(以)'는 용(用)의 뜻.
17) 頑似鄙(완사비) : 완고하고 천박한 것 같다.
18) 食母(식모) : 만물을 키워 주는 어머니, 곧 자연을 가리킨다. '모(母)'는 도(道)를 뜻한다.

제21장 허심(虛心) · 종도(從道)

무위의 덕(德)은 도(道)에 따라 일어나는 것이다.
이 도를 체득(體得)하려면 어떻게 해야 될 것인가?
그것은 지혜의 힘으로는 터득할 수 없다.
황홀(恍惚)하여 보이지도 잡히지도 않는 것으로
오직 자기와의 융합경험(融合經驗)에서 느낄 수밖에 없는 것이다.

 텅 빈 공간과 같은 무위의 덕(德)의 모습은 도(道) 그대로를 좇아갈 따름이다. 그렇다면 도란 도대체 어떠한 것인가를 말한다면, 도는 오로지 자기의 황홀한 도취(陶醉) 상태에서 경험되는 것으로, 넋을 잃고 자기를 망각한 가운데서 모든 현상이 보이며, 또한 자기를 잃고 황홀한 가운데서 모든 존재가 있는 것이다.
 그것은 심원하고 어둡고 아득하나 그 가운데에 본질이 있고, 그 본질은 지극한 진실이며, 그 진실 속에 신실성이 있는 것이다.

태고 시절부터 오늘에 이르기까지 도라 하여 그 이름을 부르는 것은 사라지지 않았고, 그 이름으로써 위정자인 왕·후(王·侯)는 모든 장로(長老)들을 통솔하여 온 바와 같이 다른 여러 분야도 제각기의 근본 원리를 통일하여 온 것이다. 내가 어찌하여 천하의 모든 장로들의 상황을 잘 알고 있느냐 하면, 이 도를 통하여서였다.

▨ 지금까지 노자가 말하는 '도(道)'를 설명하는 장으로는 제1장, 제4장, 제14장 등을 들 수 있지만 이 장에서도 '공덕지용(孔德之容)' 즉 위대한 덕(德)을 가진 노자적인 성인(聖人)의 풍모를 그리는 것을 주제로 하여 설명했다.
제1장에서 도를 '현지우현 중묘지종(玄之又玄 衆妙之宗)'으로, 제4장에서 '상제지선(象帝之先)' 등으로, 제14장에서 도를 이(夷)·희(希)·미(微), 혼이위일(混而爲一)로서 설명한 데 대하여 이 장에서의 도는 황홀(恍惚)·요명(窈冥)을 실제로 하여 설명한 것이 특징이다. 황홀(恍惚)·홀황(惚恍)은 이미 제14장에서 도의 형용사로서 쓰고 있으나, 여기서는 다시 '요명(窈冥)'이란 형용사를 겸하여 사용하고, 그 설명도 구체적이며, 남녀의 교합 작용으로 발상의 기초를 가진 것으로 생각되는 '정(精)'의 개념을 새롭게 더하여서 지극히 특징있는 도를 설명하고 있다.
덧붙여서 이 장의 해석에는 '공덕(孔德)'을 '공두(孔竇 : 여성의 성기)'로, '도(道)'를 '도(搗 : 방아)'와 같은 뜻으로 써서 남녀의 성행위의 동작으로, '상(象)'을 '상(潒)'으로 보아 물이 솟구쳐 내리는 모양으로, '물(物)'을 '비(沸)'로 써서 액체가 용솟음치는 형상으로 하여 각각 글자를 빌려 써 문자의 전체를 성행위로 묘사하기에 일관했다고 보는 사람도 있다.

≪큰 덕의 모습은 오직 도만을 좇는다. 도의 물건됨은 오직 황(恍)하고

홀(惚)하다. 홀(惚)하고 황(恍)하여 그 속에 상(象)이 있고, 황하고 홀하여 그 속에 물건이 있다. 요(窈)하고 명(冥)하여 그 속에 정(精)이 있고 그 정이 심히 참되니 그 속에 신(信)이 있다. 옛부터 지금에 이르도록 그 이름이 떠나지 않아 써 중보(衆甫)를 거느리며, 내 무엇으로써 중보의 장(狀)을 알리요, 이로써 한다.≫

孔德[1]之容 唯道是從 道之爲物 唯恍 唯惚 惚兮恍兮 其中有象 恍兮惚兮 其中有物 窈兮[2]冥兮[3] 其中有精[4] 其精甚眞 其中有信 自古及今 其名不去 以閱衆甫[5] 吾何以知衆甫之狀哉 以此[6]

1) 孔德(공덕): 위대한 덕.
2) 窈兮(요혜): 깊고 아득한 모양.
3) 冥兮(명혜): 어두컴컴한 모양.
4) 精(정): 순일무잡(純一無雜)한 도를 말한다.
5) 衆甫(중보): 끝과 시작. 만물의 소멸과 생성. '보(甫)'는 시(始)와 같다.
6) 以此(이차): 까닭. 이는 앞에 말한 도의 오묘한 현상을 이른다.

제22장 익겸(益謙)·포일(抱一)

다투지 않는 덕[不爭之德]으로 자신을 온전하게 하고
자아를 굽혀 남의 아랫자리[下位]에 머무른다.
비굴한 패배자라고 비난받을지 모르나
이것은 참다운 승리의 길[道]이다.

대세를 쫓아서 순리대로 자아를 굽히면 자신을 온전히 보존할 수 있다. 또 때를 기다려 자기 주장을 굽힐 줄 알면 언제인가 그 뜻은 곧 이루어질 것이다.
  또한 자기를 굴복시켜 빈 마음을 가지면 언젠가는 바라는 바가 채워져서 넘칠 것이며, 남의 밑에서 걸레처럼 낡아 빠지도록 충실함을 다한다면 언젠가 그 모습이 새로워질 것이다.
  또한 바라는 바가 적으면 도리어 바라는 바가 많이 얻어질 것이요, 많으면 오히려 망설이게 되어 아무 것도 손에 들어오는 것이 없게 되는 경우가 있다.
  그러므로 성인(聖人)은 하나인 도를 간직하여 지킴으로써 천하의 규범으로 삼는다.
  결국 자기의 유한한 눈으로는 나타내지 않으려 하니까 오히려 진실이 보이므로 밝게 나타나며, 자기의 유한한 판단력으로는 좋다 나쁘다 판단하기를 주장하지 않으므로 오히려 옳은 것이 바르게 나타나며, 자기의 공로를 자랑하지 않으므로 도리어 그 공이 두드러지고, 자기의 업적이나 공로를 자만하지 않으므로 도리어 오래 갈 수가 있다.
  이와 같이 오직 자기의 한계를 충분히 알고 남과 다투지 않아서 천하의 그 누구도 그와 대적하여 다툴 것이 없게 마련이다.
  옛부터 '굽히면 온전하다'고 한 말이 어찌 거짓이겠는가? 참으로 몸을 온전하게 보전하여, 그대로 자연의 도(道)에로 돌아가게 하는 것이다.

  ▨ 노자가 생존의 비결을 질문받았을 때, 굳셈(剛强)의 이빨이 되기보다는 연약(軟弱)한 혀가 되라고 한 대답은 유명하다.
  그는 직선적인 인생보다는 곡선적인 것을 사랑한 것 같으며, 자기를 항상 남 앞에 내세워 밝은 대명천지에서 서로 앞을 다투는 강인한 처세보다는, 자기를 항상 남의 배후로 빼내 남의 뒤에서 천천히 걸으면서 무리가 없는 처세를 택하고 있다.
  모든 일에 무리하지 않는 것이 그의 인생 태도의 근본이며, 무리를 하지 않기 위하여 먼 길을 돌아갈 줄도 알고, 더러운 구정

물도 몸에 뒤집어 쓸 줄 알고, 온갖 굴욕도 감수하는 것이다.

그가 부쟁(不爭)의 덕을 설파하는 이유도 바로 이것이며, 지는 것이 이기는 인생을 강조하는 것도 또한 이러한 탓이다.

그것은 한편 무기력한 패배주의이며 우유부단(優柔不斷)한 소극주의라고 볼 수 있겠지만, 그러나 다른 면에서는 이것은 무기력하다거나 우유부단한 것이 아니다. 견해를 바꿔 보면, 이만큼 집요한 자기 주장도 없을 것이며, 이만큼 끈질긴 승리에의 집념도 없을 것이라 볼 수 있다.

노자도 암시한 바와 같이, 자기 나약과 두려움에 철저하면 철저할수록 살신(殺身)의 용기를 낼 수 없다. 짓밟힘을 두려워하지 않는 잡초의 정신이야말로 곧 민중을 철저하게 궁극적인 승리로 이끌어 가게 한다.

구부러진 나무는 그 수명을 보존하여 안전할 수 있고, 자벌레는 뛰기 위하여 몸을 움츠려야 다시 펼 수 있다.

물은 흘러서 움푹 파인 웅덩이에 머물러 고이며, 옷은 낡아 떨어져야 새 옷으로 갈아 입게 된다.

욕심이 적으면 마음의 만족을 얻기 쉽고, 아는 것이 많으면 욕심 때문에 눈이 어두워진다.

때문에 무위 자연의 성인은 오직 하나인 도(道)를 지켜서 천하의 규범으로 삼는다. 그 무위 자연의 성인은 자기를 과시하지 않으므로 그 존재가 명확히 나타나고, 자기를 옳다고 내세우지 않으므로 그 착함〔善〕이 세상에 나타난다.

자기의 공로를 자랑하지 않으므로 그 업적이 자기 것이 되고, 자기의 자랑을 내세우지 않으므로 언제까지나 존경을 받는다.

그 성인은 절대로 남과 다투지 않는다. 때문에 세상에는 대적할 것이 없는 것이다.

옛 사람〔古人〕은 굽은 나무는 수명을 온전하게 한다고 말했는데 아무래도 인생의 진리에 알맞는 말이다.

참으로 굽은 나무와 같이 자기의 몸을 보전하고, 오로지 자신을 대자연으로 되돌려 보내는 것이다.

  즉 훌륭한 사람이 되려 하지 않아도 도리어 훌륭한 사람이 되는 까닭은 무엇보다도 항상 남보다 뛰어나려고 애써 다투지 않기 때문이다.

  이와 같이 남과 더불어 다투지 않고 안으로 자기의 힘을 길러 나가면 천하에 누구와도 경쟁하지 않고 이길 수 있는 사람이 되는 것이다.

  노자는 이『도덕경』전반에 걸쳐서도 나타냈듯이 있는 것〔有〕보다는 없는 것〔無〕, 갖는 것보다는 갖지 않는 것, 적극적인 것보다는 소극적인 것을 주장하는 가운데서도, 많은 것과 적은 것을 대칭시키는 것이 아니라 융화시키면서 그 가운데서 가치관을 표출해냈다.

  또 앞서는 것보다는 뒤처지는 것, 싸워서 이기는 것보다는 싸우지 않고 패하지 않는 이치를 늘 살폈다. 그는 패배주의나 멸망주의가 아닐 뿐 아니라 염세적 포기주의도 아니고 적극적인 무위 자연주의자로서 크고 작은 것을 분별하는 세계에서 무한대의 영원한 세계에서 승리자의 모습을 말했다.

  ≪굽은 즉 온전하고, 굽힌 즉 곧으며, 오목한 즉 차고, 낡은 즉 새로워지고, 적은 즉 얻고, 많은 즉 어지럽다. 이로써 성인은 하나를 안아 천하의 법이 된다. 스스로 나타내지 않는 고로 밝고, 스스로 옳다 않는 고로 드러나며, 스스로 뽐내지 않는 고로 공이 있고, 스스로 자랑하지 않는 고로 오래다. 오직 다투지 않는 고로 천하가 능히 더불어 다툼이 없다. 옛말에 소위 굽은 즉 온전하다는 것이 어찌 허언(虛言)이리오. 진실로 온전하여 이를 되돌린다.≫

  曲則全 枉則直 窪則盈 弊則新 少則得 多則惑 是以聖人 抱一[1]爲天下式[2] 不自見故明 不自是故彰 不自伐[3]故有功 不自矜[4]故長[5] 夫唯不爭 故天下莫能與之爭[6] 古之所謂曲則全者 豈虛言哉 誠全而歸之[7]

1) 抱一(포일) : 도를 한결같이 지녀 나가다.
2) 天下式(천하식) : 천하의 모범. 표준.
3) 不自伐(부자벌) : 스스로 자랑하지 않는다.
4) 矜(긍) : 뽐내다.
5) 長(장) : 영원하다, 우두머리가 되다 등 여러 뜻으로 쓰인다.
6) 莫能與之爭(막능여지쟁) : 능히 그와 더불어 다툴 사람이 없다.
7) 全而歸之(전이귀지) : 온전히 지녔다가 다시 돌려준다. 즉 성인은 겸손함으로써 자신을 온전히 보전하여 도에 귀착된다는 뜻.

제23장 허무(虛無)·동도(同道)

자연스러운 행위에는 자연스러운 반응(反應)이 있다.
부자연(不自然)하고 신실성(信實性)이 없는 행위에는
상대편에서도 같은 반응을 일으킨다.

말을 아껴서 함부로 말하지 않는 것을 자연이다 라고 한다. 회오리바람은 아침 내내 불지 못하고, 소나기는 하루 종일 내리지 않는 것이다. 그 누가 이렇게 비바람을 일으키는가?
그것은 하늘과 땅이다. 그 하늘과 땅 사이의 커다란 에네르기도, 오히려 회오리바람과 소나기 등 부자연한 것을 능히 오래 계속하지 못하거늘, 하물며 대자연에 비하여 보잘것없는 사람에 있어서랴?
그러므로 일을 도의 이치에 따라서 하는 사람은 도와 같이 되며, 도와 어울리게 된다. 또 덕이 있는 사람은 덕으로 어울린다. 그러므로 도와 덕을 잃은 사람은 도와 덕을 자연스럽게 잃는 것과 같다.

　자연스러운 도와 함께 있는 사람이라면 그러한 것을 얻은 사람은 즐거워하게 되는 것이고, 자연스러운 덕과 함께 있는 사람은 덕이 또한 이를 얻어 즐거워한다.
　반대로 여기에서 도와 덕을 잃은 사람과 어울리면 그 사람도 또한 도와 덕을 잃은 것이 된다. 이것을 잃고 즐거워하거니와 얻는 것처럼 하고 또 신의가 부족하면 자연히 신임을 얻지 못할 것이다.

　▨ 이 장에서는 궁극적으로 진실한 말〔言語〕곧 이른바 지언(至言)에 대하여 설명하고 있다.
　즉 말할 수 없는 언어만이 자연이며, 도(道)를 체득한 무위의 성인의 언어인 것이다. 도는 아무 말 없는 가운데 모든 진리를 스스로 말〔表現〕하고 있다.
　사람은 온갖 꾸밈으로 구실을 붙여 말들을 하고 있지만, 무위 자연의 도는 묵묵히 한 마디의 말도 없이 오직 홀로 은밀하게 위대한 조화(造化)의 역사(役使)를 전개해 나가고 있다.
　아무 말 없는 자연의 작용에 의하여 나뭇가지에 푸른 싹이 돋고, 꽃은 붉게 피며, 새는 하늘 높이 날게 하면서도 "이것이 조화의 진리다."라고 소리 높여 말한 바 없을 뿐 아니라 "나의 업적이다."라고 부르짖지도 않는다.
　그러나 거기에는 천고불변의 모든 진리가 소리 없는 말로써, 들리지 않는 음성으로써 말하고 있으며, 그 역사의 진실됨은 그 어떤 것도 속일 수가 없는 것이다.
　노자는 이러한 도의 세계에 있어 말 없는 말을 '희언(希言)'으로 파악하고, 그 소리 없는 소리를 '자연'이라 설명하였다.
　'자연'인 '희언'만이 '신(信)'이며, 대자연의 '질서(秩序)'인 것이다. 이것만이 거짓이 없는 진실성을 가지며 그래서 거짓이 없는 진실성을 가진 말(언어)만이 영원할 수 있다.

이밖의 어떠한 '소리 있는 소리' '말할 수 있는 말'은 '희언 (希言)'처럼 영원할 수는 없고 '희언'과 같이 자연일 수도 없다. 천지를 진동시킬 듯이 광란하는 폭풍우의 울부짖음도 귀청을 찢을 듯한 요란한 인간들의 자기 주장도 머지않아 본래의 고요〔靜寂〕로 되돌아 와 도의 혼돈(混沌)에로 삼켜져 버리는 것이다.

이 혼돈 속으로 삼켜져서 정적으로 되돌아 온 곳에서 세계와 인생의 근본적인 진리를 소리 없는 소리로써 듣고, 말 없는 말로써 서로 대화하는 사람, 그것이 도를 체득한 무위의 성인(聖人)이라고 노자는 이 장에서 설명하고 있다.

즉 "침묵은 금이다." 아니 천고불변의 진리인 대자연의 소리다.

≪희언(希言)은 자연이다. 표풍(飄風)은 아침을 마치지 못하고, 취우(驟雨)는 하루를 마치지 못한다. 누가 이를 하는 자인가. 천지다. 천지도 오히려 능히 오래지 못하거늘 하물며 사람에게서 이겠는가. 고로 도를 섬겨 좇는 자는 도는 도와 같게 하고, 덕은 덕과 같게, 실(失)은 실과 같게 한다. 도와 하나되면 도 또한 그것을 얻어 즐거워하고, 덕과 하나되면 덕이 또한 그것을 얻어 즐거워하고, 실과 하나되면 실도 그것을 얻어 즐거워한다. 믿음이 부족하면 믿지 않음이 있다.≫

希言¹⁾ 自然 飄風²⁾ 不終朝 驟雨³⁾ 不終日 孰爲此者 天地 天地尙不能久 而況於人乎 故從事於道者 道者同於道 德者同於德 失者⁴⁾同於失 同於道者 道亦樂得之 同於德者 德亦樂得之 同於失者 失亦樂得之 信不足焉 有不信焉

1) 希言(희언) : 들리지 않는 말. 10장(十章)에서 "들어도 들리지 않는 것을 희(希)라 한다."고 하였다.
2) 飄風(표풍) : 회오리바람.
3) 驟雨(취우) : 소나기. 폭우.
4) 失者(실자) : 도와 덕을 잃은 사람.

제24장 고은(苦恩)・불처(不處)

부자연한 행위는 오래 견디지 못하며
도를 자기 것으로 터득한 사람으로서는 취할 바 아니요,
곧 무사무욕(無私無欲)함이 성인의 마음이다.

발뒤꿈치를 들고 발끝으로 서는 사람은 오래 서 있을 수 없으며, 두 다리를 벌려 가랑이로 걷는 사람은 먼 길을 가지 못한다.
또한 자기가 유한한 안목으로 본 것을 모든 것에 나타내려고 한다면 밝고 진실된 것을 볼 수 없으며, 자기의 유한한 판단력으로 옳다 그르다 라고 규정하는 사람은 선악의 판단을 올바르게 하지 못하고, 자기의 공적을 칭찬하는 사람은 아무런 공적도 없으며, 자기의 업적 자랑을 늘어놓는 사람은 오래 가지 못한다.
이러한 부자연한 행위는 대도를 걷는 데 있어 지나치게 차려 먹다 남은 찌꺼기나 쓸데없는 군행동에 지나지 않는다. 이러한 것은 자연이 항상 이를 싫어하거니와 방관하므로 도를 터득한 사람은 그러한 입장에는 몸을 두지 않는다.

▨ 노자의 무위(無爲)는 인위적이거나 인지적인 것을 깡그리 버리고 있는 그대로 자연스럽게 행동하려 하는 데 있다. 내가 스스로 본래 모습이 어떠하였는가를 투철하게 자각하여, 그 모습에서 더하지도 덜하지도 않으면서 살아가는 것이다.
그것은 물질적인 재화(財貨)를 분수 넘치게 갖지 않는다는 뜻과 함께 나의 마음 속에서 스스로를 뽐내려는 생각, 또는 자랑코

자 하는 생각 등 일체의 허영과 허식마저도 끊어 없애 버리는 것을 뜻한다.

여기에는 명성이나 공적 같은 것이 반드시 부정되고 있지는 않지만 명성 역시 자연스럽게 나타나는 무작위(無作爲)일 때에 긍정되는 것이며, 공적도 스스로 나의 공적으로 의식되는 한 벌써 공적으로서의 가치는 없어지는 것이다.

그래서 자연스러운 인생의 길, 그것에서 도는 모든 기형적인 사물을 정상적인 상태로 돌아가게 하는 위대한 힘이다.

자랑하거나 으스대는 것은 노자나 장자에서 가장 싫어하는 대목이다. 패기 있고 기민하며 재능 있는 사람일수록 우리는 노자에서 배우지 않으면 안 되겠다.

『성서 신약』의 고린도전서 제4장 7절에 보면 "도대체 누가 여러분을 남보다 낫다고 보아줍니까? 여러분이 가지고 있는 것은 모두 하느님께로부터 받은 것이 아닙니까? 이렇게 다 받은 것인데 왜 받은 것이 아니고 자기 것인 양 자랑합니까?"라고 하였다.

이 구절에서 보면 물질도 재능도 그 모든 것이 하느님, 즉 조물주(대자연)로부터 받은 것인데, 인간이 마치 자기 것인 양 뽐내고 자랑하고 제멋대로 하고 있음을 사도 바울이 경고한 것이다.

이와 마찬가지로 스스로 자기의 지혜나 덕망을 억지로 남에게 나타내려는 마음을 가지면, 발꿈치를 들어 키를 크게 하고 오래 서 있을 수 없듯이, 오히려 그의 지혜나 덕은 빛을 보지 못하고 묻혀 버리는 결과를 가져온다. 때문에 모든 일은 자연의 섭리를 좇아 순리대로 따를 때에 빛나고 오래 간다는 것이다.

≪기자(企者)는 서지 못하고, 머뭇거리는 자는 행하지 못한다. 스스로 보이는 자는 밝지 못하고, 스스로 옳다는 자는 드러나지 못하고, 스스로 내세우는 자는 공이 없고, 스스로 자랑하는 자는 오래지 못한다. 그 도(道) 있음을 여사췌행(餘食贅行)이라 이른다. 만물이 혹 미워하는 고로 도 있는 자는 처(處)하지 않는다.≫

企者[1]不立 跨者[2]不行 自見者不明 自是者不彰 自伐者無功 自矜者不長 其在道也 曰餘食贅行[3] 物或惡之[4] 故有道者不處也

1) 企者(기자) : 기(跂)로 쓰인 판본도 있다. 둘 다 발끝으로 서 있는 사람의 뜻.
2) 跨者(과자) : 엉거주춤 두 다리를 벌리고 서 있는 사람.
3) 贅行(췌행) : 본분에 어긋나는 행위. 쓸데없는 행동.
4) 物或惡之(물혹오지) : 자연은 항상 이를 싫어한다. '물(物)'은 자연, '혹(或)'은 항상의 뜻.

제25장 혼성(混成)·상원(象元)

만물의 근본에 존재하고
만물을 만물답게 하는 그 무엇인가가 있다.
그것은 서로 맞서는 대립에서 벗어난 것으로서
이름을 붙이기가 어렵다.
그러나 확실하게 실재하고 있음은 틀림없다.
굳이 이름을 붙인다면 도(道)라 할 수밖에!!

모든 사물이 뒤섞여 혼돈되어 만들어진 것은 하늘과 땅의 성립보다 이전부터 발생하였다. 소리도 없고 형체도 없이 고요하고 쓸쓸하여라. 그러면서도 그 자신 스스로가 우뚝 홀로 존재하여 영원히 변함이 없고, 모든 사물(事物) 안에서 두루 행하여 잠시도 게으르지 않으며, 만물은 거기에서 생성되므로 가히 천하의 근본인 어머니〔母體〕라 하였다.

나는 그 이름을 알 길이 없으나 글자를 써서 도(道)라 부른다. 굳이 그의 성질을 나타내는 이름을 짓는다면 크다〔大〕고 할 수 있는 것이다.
　도가 크다고 한다면 그 법칙에 따라 하늘의 무한한 운행이 움직여 가는 것이고, 하늘이 운행하여 간다면 그에 응하여 땅은 점점 넓어져 멀어지고, 땅의 넓이가 멀어지면 그것을 다스릴 왕도(王道)는 인심을 얻어 돌아오게 해야 한다. 이것이 큰 것(大)이라는 유일 존재의 전체 구조인 것이다.
　그러므로 도(道)는 큰 것이다. 그것을 좇아 하늘도 크고 땅도 크고 왕 또한 위대하고 크다.
　그래서 이 세상 안에는 4가지 큰 것이 있다.
　인간계(人間界)의 지배자인 왕의 위대함은 땅의 넓고 먼 것을 본받고, 땅의 광원(廣遠)함은 하늘의 무한한 조화의 이치와 그 운행을 본받고, 하늘의 무한한 운행은 도의 큰 것에 상응하여 그를 본받고, 도의 위대함은 자연을 좇아 그대로를 본받은 것이다.

　▨ 이 장은 노자의 제1장, 4장, 14장, 21장과 함께 노자 철학의 근본개념, 즉 도(道)에 대하여 원리적으로 설명한 것이다.
　노자 가운데 도에 대하여 원리적으로 설명하는 경우, 그 설명이『장자』의 도에 대한 논술 내용과 가장 가깝고 자구(字句) 표현에까지 공통·유사한 점을 볼 수 있다.
　『장자』대종사편(大宗師篇)과 지북유편(知北遊篇)과 칙양편(則陽篇), 천도편(天道篇) 등에서 흔히 볼 수 있다.
　우선 도는 사람의 인식을 초월한 존재이다. 즉 무엇이라 표상하거나 또는 감각으로 잡히거나 인지할 수 없는 그 어떠한 실재인 것이다.
　없는 것이 아니고 분명히 있는 것이며, 있을 뿐 아니라 우주·천지·만물을 끊임없이 생성화육(生成化育)시키는 조화를 가지고 있다. 그것도 뚜렷한 것이 아니라 혼돈한 속에서 모든 것이 이루어진다.
　그런데 그 같은 조화의 도(道)는 언제부터 있었을까?

『성서』구약의 '창세기'에 다음과 같이 설명되고 있다.
"한처음에 하느님께서 하늘과 땅을 지어 내셨다. 땅은 아직 모양을 갖추지 않고 아무 것도 생기지 않았는데, 어둠이 깊은 물 위에 뒤덮여 있었고 그 물 위에 하느님의 기운이 휘돌고 있었다."고 하였는데 그 말 가운데 '기운이 휘돌았다'의 '기운'이란 무엇이겠으며, 또 '하느님'을 우리는 도(道)로 이해할 수는 없는 것일까? 때문에 이름을 붙일 수 없는 그 무엇이다.

천지 창조라는 현상 세계가 형성되기 이전의 실재가 도(道)이다. 그러므로 도는 모든 현상계나 조화의 시원(始原)이다. 하느님이 우주・천지・만물 그 자체가 아니듯이, 도 또한 그러하다. 때문에 도의 실재는 혼돈한 그 무엇이며 현상계보다 먼저 있었으며 그것은 우뚝 홀로 있었으며, 혼돈 상태에서 허무한 것 같으나 영원히 변하지 않는 실재이다.

다시 말해서 기독교에서 말하는 만물의 창조주며 주재자이며 하느님이다. 이를 『성경』에서는 아버지에 대칭하였고, 노자는 어머니〔母〕라고 대칭하였다.

《물(物)이 있어 혼성(混成)하여 천지보다 먼저 생겼다. 적(寂)하고 요(寥)하여 독립해 고치지 않으며 두루 다녀 위태치 않는다. 가히 써 천하의 어머니라 할 수 있으나 나는 그 이름을 알지 못한다. 자(字)하여 도라 이르고 굳이 이름하여 크다고 말한다. 크면 가고, 가면 멀고, 멀면 돌아오는 고로 도는 크고, 하늘도 크고, 땅도 크고, 왕 역시 커서 역(域) 안에 사대(四大)가 있는데, 왕이 그 하나에 들어 있다. 사람은 땅을 본받고, 땅은 하늘을 본받고, 하늘은 도를 본받고, 도는 자연을 본받는다.》

有物混成 先天地生 寂兮[1]寥兮[2] 獨立而不改[3] 周行而不殆 可以爲天下母[4] 吾不知其名 字之曰道 强爲之名曰大 大曰逝[5] 逝曰遠[6] 遠曰反 故道大 天大 地大 王亦大 域中[7]有四大 而王居其一焉 人法地[8] 地法天 天法道 道法自然

1) 寂兮(적혜) : 아무 소리도 없이 고요한 것.
2) 寥兮(요혜) : 희미하여 모습이 보이지 않는 것.
3) 不改(불개) : 변함이 없다.
4) 爲天下母(위천하모) : 천하 만물의 근본이 되다.
5) 逝(서) : 가다. 모든 것을 지배하며 변화해가는 것.
6) 遠(원) : 멀리 극도(極度)에까지 이르는 것.
7) 域中(역중) : 우주의 안.
8) 人法地(인법지) : 사람은 땅의 도를 본받는다.

제26장 중위(重爲)·경근(輕根)

자연의 도리는 모든 사물에 적용된다.
정치에 있어서나 경제에 있어서나 학문에 있어서도
이 도리(道理)에서 벗어나지 않는다.

무거운 것은 가벼운 것의 근본이 되며, 고요한 것은 시끄러운 것의 지배자가 된다.
이것이 자연의 도리인 것이다. 때문에 성인은 전시(戰時)에 있어서 하루 종일 행군하여도 무거운 짐수레를 떠나지 않고, 평상시에 있어서도 비록 떠들썩한 구경거리에도 마음을 빼앗김 없이 초연하게 조용히 안착한다.
어찌하여 만승의 임금이면서 천하를 다스림에 있어 몸을 가벼이 할 수 있겠는가?
가벼이 하면 근본을 잃게 되고, 초조하고 시끄럽게 하면 지배자로서의 임금의 자리를 잃게 된다.

▨ 노자는 첨예(尖銳)한 것보다는 둔중(鈍重)한 것을, 격동하는 것보다는 안정된 것을 중시한다는 것은 이미 여러 장에서 밝혔다. 이 장에서는 경솔하고 조급함을 피하고, 신중하고 안정된 것을 지키며, 중심을 아래로 집착시켜 무위의 성인다운 처세의 기본을 말하고 있다.

'중위경근 정위조군(重爲輕根 靜爲躁君)'의 두 구절은 근(根)과 군(君)이 운(韻)을 밟고 있다.

무거운 것은 가벼운 것의 근본이며, 조용한 것은 시끄러운 것을 지배한다는 큰 뜻은, 사람이 경거망동(輕擧妄動)하면 결국 침착하고 신중한 것에 억눌린 바 되며, 초조하게 소란을 피워 날뛰는 사람은 차분하게 가라앉은 사람에게 지배당한다는 것이다.

중정(重靜)이란 말할 것도 없이 도(道) 또는 도를 체득한 사람의 모습이며, 경조(輕躁)는 만상(萬象) 또는 도의 근원으로 돌아감을 모르는 사람의 모습이다. '중정(重靜)'이 여성적인 것이라면 '경조(輕躁)'는 남성적이라고 생각할 수 있다.

성인(聖人)은 무위 자연의 도를 체득한 사람을 가리킨 것이다. 이 두 자를 '군자(君子)'로 써놓은 원전(原典)도 흔히 있다.

'군자(君子)'란 제31장에도 나타나고 있는데 이는 유가의 발상에서 나온 원전에서 볼 수 있다. 마왕퇴본〈갑·을〉에도 '군자(君子)'로 나와 있고, '금련정종용문법파'의 『노자강의』에도 이렇게 쓰여 있다.

≪무거움은 가벼움의 뿌리가 되고, 고요함은 시끄러움의 임금이 된다. 이로써 성인은 종일 가도 치중(輜重)을 떠나지 않고, 비록 영관(榮觀)이 있어도 편안함에 처해 초연하다. 어찌 만승의 주인으로 몸을 천하에 가벼이 하리오. 가벼우면 즉 근본을 잃고, 시끄러우면 즉 임금을 잃는다.≫

重爲輕根 靜爲躁君[1] 是以聖人 終日行 不離輜重[2] 雖有榮觀[3] 燕處超然[4] 奈何萬乘之主[5] 而以身輕天下 輕則失本 躁則失君

1) 靜爲躁君(정위조군) : 고요한 것은 시끄러운 것의 주인이 된다.
2) 輜重(치중) : 본래는 군대의 무기와 식량 등을 실은 수레. 여기서는 개인의 여행에 필요한 물건들을 실은 수레.
3) 榮觀(영관) : 굉장한 구경거리.
4) 燕處超然(연처초연) : 속세의 일에서 벗어나 편안하게 거처하다.
5) 萬乘之主(만승지주) : 병거(兵車) 만대를 동원할 수 있는 군주.

제27장 습명(襲明)·교용(巧用)

완전 무결한 실천은 손끝에서 이루어지는
기교(技巧)를 초월하는 곳에 있다.
정치에 있어서도, 처세에 있어서도
쓸데없이 시비선악(是非善惡)을 따지는 일 없이
모든 사람을 하나같이 포용하는 것이다.

 참으로 잘 간다는 것은 수레바퀴를 쓰지 않은 것처럼 바퀴자국을 남기지 않고, 참으로 잘하는 말은 남을 비난하거나 책망함으로 인한 흠 잡힘이 없고, 참으로 잘하는 셈에는 산가지를 쓰지 않으며, 참으로 잘 잠그는 것은 문빗장을 지르지 않아도 아무도 열지 못하며, 참으로 잘 묶는다는 것은 밧줄로 묶지 않아도 아무도 쉽사리 풀지 못하는 것이다.
 때문에 성인(聖人)의 정치와 행적은 선한 사람만을 숭상하고 그렇지 않은 사람을 끊어 버리는 것이 아니라 만인·만물이 가지고 있는 나름대로의 바탕에 따라 쓰기 때문에 항상 모든 사람을 버리지 않고 빠짐없이 구원해 나가므로 아무도 버려지는 사람이 없고 또한 모든 물건을 잘 살펴 쓴다.
 때문에 아무것도 버리는 물건이 없으니 이것을 습명(襲明), 즉 밝은 지혜를 지녔다고 말하는 것이다.
 그러므로 성인의 입장에서 말한다면 선한 사람은 악한 사람의 스승이 되고, 악한 사람은 선한 사람의 반성을 위한 도움이 되는 것이다. 사람으로서 자기의 스승을 귀하게 여기지 않고, 나에게 반성의 도움이 된 것을 사랑하지 않는다면 비록 지혜가 있더라도 크게 미혹된 것이다. 이것을 곧 오묘한 도리라 한다.

▨ 이 장에서는 전체적으로 선(善)에 대한 경지를 밝혔다. 물론 최고의 선은 무위 자연의 경지임에 틀림없다.
 노자의 선은 악과 그 근저(根底)를 하나로 파악했으며, 악 또한 용서하고 포섭해가면 선이다. 악과 선을 엄격히 구별하고, 선이 아니면 악이며, 악이 아니면 선이라는, 명쾌하게 쪼개 나가는 양자 택일적인 사고는 노자가 좋아하는 바 아니다. 그러한 사고는 분별 없는 지각이며 결국에 가서는 집권을 했다가도 실패하는 사례가 허다하다.
 왜 그런가? 세계는 현상으로만 파악할 수 없는 신비로운 그릇〔器〕이다. 곧 민중의 집합체인 하나의 거대하고 불가사의한 생명 있는 존재이며, 어떤 한 사람이라도 자기 마음대로 인위적인 작용으로 관리하거나 장악할 수가 없으며 결국은 잃어버리게 된다.
 '위지자(爲之者)'는 인위적인 힘으로 처리한다는 뜻이며, '위(爲)'를 '다스린다'라고 풀이하는 경우도 있다. '천하신기(天下神器)'라 함은 천하(세계)는 인간이 짐작할 수 없는, 즉 초월한 비합리(非合理)·불가사의한 존재임을 뜻한다. 이와 같은 표현은 『장자』 양왕편(讓王篇)에 "고천하대기야(故天下大器也: 그러므로 천하는 크나 큰 그릇이다)."라 하였다. '불가위야(不可爲也)'는 인간의 힘으로는 어떻게 할 수가 없다는 뜻이며, '신기(神器)'의 신(神)은 불가사의한 신비를 설명한 것이다.

'거태(去泰)'에서의 태(泰)는 교만을 뜻하며 『장자』천도편(天道篇)에 "노자가 말하기를, 네 얼굴은 특이하고, 네 눈은 튀어 나왔으며, 네 이마는 넓고, 네 입은 크며, 네 태도는 우뚝하여, 마치 달리는 말을 매어놓은 것 같구나. 움직이는 것을 억지로 참고 있다가 움직이기만 하면 화살이 활을 떠나듯, 살피면 너무 밝아, 재주와 꾀로서 매우 교만하다…."라고 하여 '태(泰)'를 교만한 마음으로 풀이했다.

『성경 구약』의 잠언에는 이 교만에 대하여 많은 가르침이 있다. 그 가운데서 노자의 이 장에 적절한 구절은 "교만엔 재난이 따르고, 불손엔 멸망이 따른다. 교만한 자들과 어울려 전리품을 나누는 것보다 마음을 낮추어 낮은 사람들과 어울리는 것이 낫다.(잠언 16장, 18장에서)"고 하였다.

노자는 다른 모든 성자(聖者)와 철인들처럼 인간의 교만한 마음이 무위 자연의 도를 배반하고 패망으로 달리는 함정이라고 누누이 강조하고 있다.

노자가 고대 중국 민족의 체험적인 생활의 영지(英知)를 집대성한 잠언집적인 성격을 가졌다고 하는 것은 이미 해설에서 밝힌 바 있으나, 이 장 끝부분의 몇 구절이 좋은 한 예가 된다.

잠언(箴言)이라는 것이, 민족을 초월하여 동・서양이나 시대의 고금에 상관없이 공통되는 인류 보편의 영지적인 성격을 가졌다는 사실은 여러 가지 고전(古典)에서 비교함으로써, 깊은 감명을 받는다.

≪잘 가는 자 바퀴자국 없고, 잘 말하는 자 하적(瑕謫)이 없고, 잘 세는 자 주책(籌策)이 필요 없다. 잘 닫는 자 관건 없이 열 수 없고, 잘 묶는 자 승약(繩約) 없이 풀 수 없다. 이로써 성인은 항상 사람을 잘 구하는 고로 사람을 버리는 일이 없고, 항상 물건을 잘 구하는 고로 물건 버리는 일이 없으니, 이를 일러 밝음에 든다고 한다. 고로 선인(善人)은 불선인(不善人)의 스승이요, 불선인은 선인의 바탕이다. 그 스승을 귀히 여기지 않고, 그 바탕

을 사랑하지 않으면 비록 지혜로워도 크게 헤맨다. 이를 일러 요묘(要妙)라 한다.≫

善行[1]無徹迹[2] 善言無瑕讁[3] 善數不用籌策[4] 善閉無關鍵[5]而不可開 善結無繩約而不可解 是以聖人 常善救人 故無棄人 常善救物 故無棄物 是謂襲明[6] 故善人者 不善人之師 不善人者 善人之資[7] 不貴其師 不愛其資 雖智大迷 是謂要妙[8]

1) 善行(선행) : 잘 가다. 어떤 것에도 구애됨 없이 자연법칙에 따라 행하다.
2) 徹迹(철적) : 지난 자국. '철'은 철(轍)로 된 판본이 있어 '수레바퀴 자국'으로 풀이하기도 한다.
3) 瑕讁(하적) : '하'는 구슬의 티. '적'은 꾸짖는 것. 즉 흠을 잡아 책망하다.
4) 籌策(주책) : 셈할 때 쓰는 대나무 가지.
5) 關鍵(관건) : 빗장과 자물쇠.
6) 襲明(습명) : 밝은 덕을 지니다.
7) 資(자) : 도움이 되는 근거.
8) 要妙(요묘) : 중요한 묘법. 자연의 도를 가리킨다.

제28장 상덕(常德)·반박(反樸)

적극적인 것의 좋은 점과 그 한계를 터득한 뒤에
자신의 태도로써 분수를 지켜 나가는 것이다.
이 태도를 실천하여 많은 사람들로부터 존경을 받아
무위의 통치를 하는 것이 성인(聖人)이다.

성인이 그 수컷의 마음 든든함을 터득하면서 암컷의 유순함을 지켜 나간다면 자연히 천하의 사람들이 모여드는 골짜기가 되고, 천하의 골짜기가 되면 그 사람에게 참다운 덕이 떠나지 않아 어린아이와 같이 인간 본연의 모습으로 되돌아 가게 된다.

사람이 그 지혜의 명백함을 터득하고서 우매한 암흑의 이치를 지켜 나간다면 자연히 천하의 사람들이 우러러 보는 모범이 될 것이다. 천하의 모범이 되어 천하 사람들의 법도가 되면 그 사람은 불변의 덕이 어긋나지 않아 만물의 본연 상태인 무극의 도로 되돌아 갈 것이다.

사람이 그 영달하는 수단을 알고 그 욕되는 것을 받았을 때의 태도를 지켜 나간다면 자연히 천하의 사람들이 흠모하는 바 되어 시냇물이 모여드는 것과 같이 사람들이 모여드는 골짜기가 될 것이다.

천하의 골짜기가 되면 그 사람에게 작은 골짜기의 물이 큰 계곡에 모여들 듯이 참다운 덕이 이에 가득 차 인위적인 가공을 가하지 않는 만물의 참모습은 통나무와 같이 질박한 것으로 되돌아 간다고 했다.

통나무가 사람의 손이 가해져 쪼개져 흩어지면 각각 용도가 달라져서 기구가 되고 만다. 성인이 그릇을 적절히 써서 스스로를 무위로 하여 여러 가지 직무가 다른 관리의 전체를 통제하는 어른〔長〕이 된다.

그러므로 참으로 위대한 천제는 인위적인 제단(制斷)을 하지 않는다.

▨ 이곳은 노자의 철학을 요약해 해설한 『장자』의 천하편(天下篇)에서도 밝히고 있어 더욱 확실히 하고 있다.(수컷처럼 강한 것을 알면서 암컷처럼 유순한 겸허를 지킨다면 모든 물이 저절로 모여드는 계곡 같이 천하 사람들이 그에게 돌아올 것이며, 결백함을 알고 있으면서 굴욕을 지킨다면 천하의 물이 모이는 골짜기처럼 천하의 사람들이 귀의한다 했다. 세상 사람들이 모두 앞장을 서려 하는데 나만은 남의 뒤를 따르려 한다.)

노자의 이 장의 내용은 모든 무위 자연의 덕을 '자(雌)'의 여성적인 유연함과 '계곡(溪谷)'—골짜기의 겸허함, 그리고 '영아(嬰兒)'—갓난아기의 순진성과, '박(樸)'—통나무의 질박성 등을 비유적·상징적으로 설명하고 있다. 그 서술은 첫머리부터 '복귀어박(復歸於樸)'까지의 전반부분과 '박산즉위기(樸散則爲器)'부터 끝까지의 후반부분으로 나눌 수 있다.

전반부분은 6·4·4·4·5자의 문장을 셋으로 이어놓고 운(韻)도 각각 자(雌)·계(谿)·이(離)·아(兒)(이상이 한 운), 흑(黑)·식(式)·특(忒)·극(極)(이상이 한 운), 욕(辱)·곡(谷)·족(足)·박(樸)(이상이 한 운)을 각 구절의 끝자로 운을 밟고 있다.

'지기웅 수기자 위천하계(知其雄 守其雌 爲天下谿)'에서 '수컷(雄)'은 남성적인 강건한 것을 뜻하며 '암컷(雌)'은 여성적인 유연함을 상징적으로 나타낸 것이다.

이것은 사람이 남성적인 강건한 것을 무엇인가 확실히 터득한 뒤에 여성적인 유연한 것을 지켜 나간다면 물이 모여드는 골짜기와 같이 세상의 모든 사람들이 모여드는 위대한 인격이 된다는 뜻이다. 계(谿)는 골짜기이며, 골짜기는 깊숙하고 텅 빈 존재로서 노자의 도(道)를 비유적으로 설명하는 말로 많이 쓰이고 있다.

또 여기서는 웅(雄)을 알고 있는 자(雌)라는 것은, 곧 수컷을 충분히 안 암컷을 말하는 것으로 남성적인 태도의 본질을 충분히 터득한 다음의 여성적인 태도를 설명하고 있다는 점에서 하나의 사상적 특색을 엿볼 수 있겠다.

≪그 수컷을 알아 그 암컷을 지키면 천하의 골짜기가 되나니, 천하의 골짜기가 되면 항상 덕이 떠나지 않아 갓난아이로 되돌아 간다. 그 흰 것을 알아 그 검은 것을 지키면 천하의 법이 되나니, 천하의 법이 되면 항상 덕이 어긋나지 않아 무극으로 되돌아 간다. 그 영화를 알아 그 욕됨을 지키면 천하의 골이 되나니, 천하의 골이 되면 항상 덕이 족하여 박(樸)에 되돌아 간다. 박이 흩어지면 곧 그릇이 된다. 성인이 이를 쓰면 곧 관장(官長)이 되는

고로 대제(大制)는 베지 않음이라.≫

　知其雄 守其雌[1] 爲天下谿[2] 爲天下谿 常德不離 復歸於嬰兒 知其白 守其黑 爲天下式 爲天下式 常德不忒[3] 復歸於無極 知其榮 守其辱 爲天下谷 爲天下谷 常德乃足 復歸於樸 樸散[4]則爲器 聖人用之 則爲官長 故大制不割[5]

1) 知其雄 守其雌(지기웅 수기자) : '수컷〔雄〕'은 남성적인 강건함을 뜻하며, '암컷〔雌〕'은 여성적인 유연함을 상징적으로 나타낸 것으로, 수컷의 강건함을 알고 암컷의 유연함을 지킨다는 뜻.
2) 谿(계) : 골짜기. 물이 골짜기로 모여들 듯 만물이 귀착되는 도의 상태를 말한다.
3) 忒(특) : 어긋나다.
4) 散(산) : 할(割)과 같은 뜻으로, 깎아 쪼갠다의 뜻.
5) 大制不割(대제불할) : 참으로 위대한 제단(制斷)은 인위적인 손질을 가하지 않는다는 뜻. 할(割)은 제(制)와 같은 뜻.

제29장 무위(無爲)・자연(自然)

　　인위적이고 작위적(作爲的)인 행위는 영속성이 없다.
　　변화하는 사태에 대응하기 위하여는
　　무심(無心)치 않으면 안 된다.

　사람이 천하를 취하여 그것을 훌륭하게 다스리겠다고 생각하지만 나는 그것이 불가능하다는 것을 알고 있다. 천하는 신비로운 것이어서 다스리고자 하나 인위적으로는 다스릴 수가 없다.

인위적으로 다스리고자 하면 실패하고 지배권을 잡고자 하면 그것을 잃는다.

천하의 모든 사물(事物)은 스스로 움직여 행하는 것도 있고, 다른 것에 따라 움직이는 것도 있으며, 숨을 들이 쉬며 따뜻하게 하는 것도 있고, 또 숨을 내쉬기도 하여 차게 하는 것도 있게 한다. 강한 것도 있으며 약한 것도 있고, 위에 실려 얹히는 것도 있고 아래로 떨어져 허물어지는 것도 있다.

세상은 한 곳으로 나가는 것이 아니기 때문에 억지로 작위적인 행동은 받아들여지지 않는다. 성인은 인위적인 작위를 버리고 자연 그대로 행동하여 격심함이나 사치함이나 교만한 것도 버린다.

▨ 이 장은 군웅할거(群雄割據)하여 '천하를 취하고자' 설치던 춘추전국시대의 역사적 현실을 밟고 서서, 천하를 취하여 지배하고자 하는 것은 인간이 온갖 힘을 다하여도 결코 이루어지지 않는다는 것을 말하고, 무위(無爲)로써 자연히 이루어지는 무위자연(無爲自然)의 묘리(妙理)를 깨달아 일체의 지나친 인욕(人欲)을 끊어 버리고 행하는 무위의 성인(聖人)만이 궁극적인 무욕의 승리를 얻을 수 있음을 설명했다.

패도(覇道)를 버리고 왕도정치(王道政治)를 주장하는 유가의 이상주의마저 인위(人爲)의 현명함을 우롱하는 것으로 비판하여, 유구한 역사의 흐름 속에서 만물의 '자연'을 응시하고자 하는 것이 노자 철학의 근본적인 입장이다.

현대적 시각에서 본다면 천하의 정치인들 중에는 세계를 하나의 물건으로 파악하고 이것을 권력으로 자기의 손아귀에 쥐려고 하는 패권적 권위주의에 사로잡힌 독재자가 흔히 있다.

《장차 천하를 취하고자 하면 나는 그것이 얻어지지 않음을 볼뿐이다. 천하는 신기(神器)여서 가히 할 수 없는 것이다. 하는 자 패하고 잡는 자 잃는다. 고로 만물은 혹 행하고 혹 따르며, 혹 내쉬고 혹 불며, 혹 강하고 혹 약

하며, 혹 꺾고 혹 떨어진다. 이로써 성인은 심함을 버리고 사(奢)를 버리고 태(泰)를 버린다.≫

將欲取天下而爲之¹⁾ 吾見其不得已 天下神器²⁾ 不可爲也 爲者敗之 執者失之 故物 或行或隨³⁾ 或噓或吹 或强或羸 或挫或墮 是以聖人 去甚 去奢 去泰⁴⁾

1) 爲之(위지) : 인위적으로 하다. 인위적으로 다스리다.
2) 神器(신기) : 신묘한 그릇 같은 것. 천하는 인간의 계획을 초월한 불가사의 한 존재라는 뜻.
3) 或行或隨(혹행혹수) : 혹은 앞서 가게도 되고 혹은 뒤따라 가게도 된다는 뜻.
4) 去泰(거태) : 교만함을 버린다.

제30장 검무(儉武)·부도(不道)

무력(武力)은 본래 도(道)와 어울리지 않는 것으로
만일 쓰는 경우라면 최소한도로 정지시켜야 한다.
힘에 의지하여 억지를 부리면
무슨 일이든지 오래 가지 못한다.

　무위 자연의 대도에 바탕을 두고 군주(君主)를 보좌하는 사람은 그 나라를 무력으로써 천하의 강국(强國)으로 만들지 않는다. 그러한 일은 모두가 근원이 되는 도로 되돌아 오는 것이다.
　군대가 머물렀던 곳에는 전답이 황폐해져 그 뒤에는 가시나무가 무성하게 생겨날 뿐이며, 또한 큰 전쟁의 뒤에는 반드시 흉년이 든다고들 말하고 있다.

참으로 용병을 잘하는 사람은 단지 목적을 달성하는 데 그칠뿐이고, 무력에 의하여 구태여 강대하게 취하려 하지 않는다. 뿐만 아니라 목적을 달성하고도 그 성공을 자랑하지 않으며, 그 목적을 성취하고도 업적을 뽐내지 않으며, 또한 그 목적을 달성한 것으로 교만하지 않고 행동을 겸손하게 하며, 목적을 달성하지만 강하다고 생각하지는 않는다.

이 세상에 존재하는 모든 사물은 강장(强壯)하면 곧 노쇠하는 것이다. 이와 같이 강한 것에만 의존하는 부자연한 것을 도(道)에 어긋난다고 하는 것이다. 이 도에 어긋나는 모든 것은 일찍 망하게 된다.

▨ 이 장은 인위적인 작위(作爲)로 천하를 쟁취하는 것은 불가능하다고 말한 제29장과 연관하여 '불이병강천하(不以兵强天下)', 즉 무력에 의한 세계 제패를 부도(不道)로써 부정하고, 그 당시 위정자들의 최대 관심사였던 부국강병의 군국주의는 민중들의 생활을 짓밟는 것이라며 권력의 허망함을 매섭게 비판했다.

노자는 반드시 전쟁을 절대적으로 부정하지는 않았고, 부득이 용지(不得已而用之 : 부득이하여 이를 쓸 때에는)의 경우가 있음을 인정하고 있으나(제31장 참조) 그가 전쟁을 비판하고 부정하는 중요한 이유의 하나는, 그것이 무위 자연의 진리를 어긴 권력자들의 부도적인 행위이며, 그로 인하여 인간 생존의 근본적인 조건의 훼손(식량 생산을 확보하는 농촌의 자연 환경이 파괴되어 황폐해져 가는 것)이었다.

노자는 전쟁을 인간의 생존을 위협하고, 인위적인 무리(無理)를 강행하는 최대의 반자연(反自然)으로 규정했다. 그는 이러한 전쟁의 반자연을 여러 곳(제30, 69, 73, 76장 등)에서 인용 비판하고 있으며, 이 장은 그 최초의 논술이며, 노자 가운데 병(兵)에 대하여 처음으로 언급된 문장이다.

노자적인 무위의 유도자(有道者)가 관료로서 정치 기구에 참여한다는 발상(發想)은 유가・법가의 사상에서 영향을 받은 도가사상(道家思想)의 후차적인 전개로 보는 것이 좋을 것 같다.
　본래의 도가는 오로지 제왕(帝王)의 무위를 설파하고, 관료 기구를 부정하는 것이 그의 입장이었다. 또한 인주(人主)라는 낱말도 이 장에서만 쓰여졌고,『장자』에도 외물편(外物篇)에서만 그 일례를 볼 수 있다.
　'기사(其事)'라 함은 그들의 주된 직무, 즉 정치를 말하는 것이고, 호환(好還)은 되돌아 오기를 잘한다고 읽으며, 그 뜻 풀이는 여러 가지가 있다.
　어떤 이는 "악역(惡逆)을 정도(正道)에로 되돌린다."고 풀이하는 경우도 있으며, 불가(佛家)의 윤회설과 같이 "무력을 쓰면 반드시 무력적 보복을 당한다."라고 풀 수도 있다.
　여기에서 보는 바와 같이 노자의 무위 자연의 법칙은 서로 부정하는 이율배반(二律背反)이 아니고, 서로 긍정하는 이율대대(二律對待)의 융화법칙의 도(道)다.
　이 원리로 임금을 보좌하는 위정자는 자기 나라만의 부국강병의 술책으로서는 무력 침략을 하지 않는다. 왜냐하면 이쪽에서 무력으로 침략하면 저쪽에서도 무력으로 대치하게 된다. 이렇게 되면 천하는 마침내 소란하게 되고 피차 황폐해져 멸망에 이른다.
　그러므로 내가 살기 위하여 남을 죽이지 말고, 상대를 살림으로써 결과는 내가 살아 남는다. 이것이 검무(儉武) 철학의 결과이다.

　≪도로써 인주(人主)를 돕는 자, 병사로써 천하를 강하게 하지 않는다. 그 일은 돌아가기를 좋아한다. 군사가 있는 곳에는 형극(荊棘)이 생기고 대군(大軍)의 뒤에는 반드시 흉년이 있다. 잘하는 사람은 이룰 뿐이고 감히 써 강한 것을 취하지 않는다. 이루고 잘난 체함이 없고, 이루고 자랑함이 없으며, 이루고 교만함이 없다. 이루고 얻지 못하며, 이루고 강함이 없다. 만물은 장(壯)하면 늙는다. 이를 일러 부도(不道)라 이르는데, 부도는

일찍 그친다.》

　以道佐人主者 不以兵强天下[1] 其事好還[2]師之所處 荊棘[3]生
焉 大軍[4]之後 必有凶年 善者 果[5]而已 不敢以取强 果而勿矜 果
而勿伐 果而勿驕[6] 果而不得已 果而勿强 物壯則老[7] 是謂不道[8]
不道早已

1) 强天下(강천하) : 천하에 강함을 나타내다.
2) 好還(호환) : 처음의 무위(無爲) 상태로 돌아감을 좋아함(왕필본의 해석).
　 '환'은 반(反)과 같은 뜻.
3) 荊棘(형극) : 가시덤불.
4) 大軍(대군) : 큰 전쟁.
5) 果(과) : 제(濟)와 같은 뜻으로, 이루다의 뜻.
6) 驕(교) : 교만하다.
7) 物壯則老(물장즉로) : 지나치게 성하면 쇠퇴가 따른다.
8) 不道(부도) : 무위 자연의 도에 어긋난다는 뜻.

제31장 귀좌(貴左)·언무(偃武)

　　인간의 자연스러운 경영적 안목에서 보더라도
　　전쟁은 몹시 미워하고 기피해야 할 것이다.

　대저 무기들은 전쟁에서 모든 민중에게 피해를 준다는 뜻에서
좋지 않은 연장〔道具〕으로 누구든 그것을 싫어한다. 진정한 도
리(道理)를 깨달은 지도자는 그것을 사용하는 따위의 일에 마음
을 두지 않는다.

상편(上篇) 도경(道經) 125

이러한 까닭에 군자는 평상시에는 왼쪽 자리를 윗자리〔上席〕로 하여 앉지만, 전쟁시에는 오른쪽을 윗자리로 하여 앉는 것이 예외로 되어 있다. 무기란 상서롭지 못한 연장으로서 군자가 쓰는 연장은 아니다. 마지못해 쓸 때에는 적국을 평정하여 민심을 안정시키는 목적으로 담박함이 상책이다.

승리하여도 명예롭지 못한 것인데 하물며 이를 찬미하는 것은 곧 사람 죽이기를 즐긴다는 것으로 볼 수밖에 없다. 사람 죽이기를 즐거이하면 천하에서 지배하고자 하는 뜻을 얻지 못한다.

경사스러운 축하연일 때에는 왼편을 윗자리로 숭상하고, 장례식 같은 흉사에는 오른편을 윗자리로 숭상하는 것이 옛날부터 내려오는 예법이다. 이러한 까닭으로 군대에서는 부장군이 평상적으로 상석인 왼편에 앉고, 대장군이 오른편에 앉으니 이는 전쟁을 흉사인 장례의 위치로 삼았다고 말할 수 있다.

그 뜻은 전쟁을 함으로써 사람들을 많이 죽이면 슬피 울어 애도해야 한다. 전쟁에 이길지라도 기뻐하지 말고 상례(喪禮)로써 이에 대처해야 할 것이다.

▨ 이 장 또한 제29장과 관련된 전쟁 비판을 내용으로 하고 있으며 병(兵), 즉 무기는 인간의 손을 피로 더럽히는 불길한 흉기라고 규탄했다.

《대저 병자(兵者)는 상서롭지 못한 그릇이라 물(物)이 혹 미워하는 고로 도(道) 있는 자 처(處)하지 않는다. 군자가 거(居)한 즉 좌(左)를 귀히 여기고, 병기를 사용한 즉 우(右)를 귀히 여긴다. 병기는 상서롭지 못한 그릇이라 군자의 그릇이 아니다. 부득이 그를 사용하게 되면 염담(恬淡)을 상(上)으로 하고, 이겨도 아름답다 하지 않는다. 만일 아름답다 하면 이는 살인을 즐기는 것이다. 대저 살인을 즐기면 즉 가히 이로써 천하의 뜻을 얻을 수 없다. 길한 일엔 좌를 숭상하고, 흉한 일엔 우를 숭상한다. 편장군은 좌에 거하고, 상장군은 우에 거한다. 상례로써 처함을 말하는 것이다. 살인을

많이 하면 슬픔으로써 다다라, 싸워 이겨도 상례로써 처한다.≫

　夫佳兵[1]者 不祥之器 物或惡之 故有道者不處 君子居則貴左 用兵則貴右 兵者不祥之器 非君子之器 不得已而用之 恬淡[2]爲上 勝而不美 而美之者 是樂殺人 夫樂殺人者 則不可以得志於天下矣 吉事尙左 凶事尙右 偏將軍[3]居左 上將軍居右 言以喪禮處之 殺人之衆 以哀悲泣之 戰勝以喪禮處之

1) 佳兵(가병) : 훌륭한 무기.
2) 恬淡(염담) : 욕심이 없이 마음을 편안하게 갖는 것.
3) 偏將軍(편장군) : 부장군(副將軍).

제32장 지지(知止)・성덕(聖德)

　　도(道)의 본래 모습은 무명(無名)이며 자연이다.
　　이러한 이치를 알고 천하를 다스린다면
　　힘들이지 않고 사람들이 모여들 것이다.

　도의 근본적인 항상 모습・태도는 무명(無名)이라는 것이다.
　이름조차 없는 본바탕 그대로 비록 아무리 작은 통나무 같은 존재일지라도 그것이 아무런 쓸모가 없기 때문에 천하의 아무도 그를 함부로 신하 같이 부리지 못한다.
　그것을 바탕 그대로 살려 두는 것이 그 존재의 근원으로서의 도(道)다. 때문에 국가를 통제하는 임금이 만약 민중을 자연스럽게 포용하여 살리는 이 도의 태도를 능히 지켜 나간다면 만물 만민 모두는 자연히 그에게로 손님이 되어 올 것이다. 그렇게 되면 나라에는 하늘과 땅의 음과 양의 기운이 서로 화합하여 단이슬〔甘露〕이 내릴 것이고, 만물을 생육시켜 민중에게 명령을 하지 않아도 자연스럽게 고루 다스려진다.

그러나 지금 문화가 발생하여 차례로 무명(無名)의 질박한 도가 제단(制斷)되어 만물을 차별하기 위한 이름이 생겨났다. 이미 이름이 있게 되면 그 이름은 진실을 넘게 되므로 쓸데없는 호화로움과 사치에 빠지지 않게 하고, 장차 머물러 있을 줄 알아야 한다. 도와 더불어 머물러 있을 줄을 알면 위태롭지 않다.

이러한 까닭으로 비유하면 천하 가운데 존재하고 있는 도가 지배하는 태도는 만물이 도에서 나와서 도로 되돌아 가는 것처럼 마치 시내와 골짜기의 물이 강과 바다로 흘러 들어감과 같다.

▨ 이 장에서는 노자의 전체가 그렇듯이 도는 무명(無名)으로 로고스〔名〕를 부정하고 그 근원에 있는 형태인 이름을 붙이지 못하는 카오스〔渾沌〕라는 것과 그 근원적인 전일성(全一性)을, 인공적인 작위가 전혀 더해지지 않은 통나무의 소질 그대로의 순박함에 비유하고 있다.

또 그 통나무가 제재(製材)되어 여러 가지 이름이 붙는 그릇〔器具〕이 되는 것과 같이, 근원적인 도의 카오스(chaos)가 인간의 로고스(logos)의 예리한 칼에 의하여 쪼개지게 된다. 거기에는 이미 이름의 세계, 즉 지적 인식의 세계가 성립되어 이름을 가지는 개별(個別)의 세계가 전개된다.

이러한 세계는 현실의 차별과 대립의 양상이 성립된다는 것을 이미 제1장, 제4·15·26장에서 말하고 있다.

이러한 로고스 세계의 근원인 카오스의 세계, 이름〔名 : 차별과 대립〕의 세계의 근원인 도(道)의 세계를 깊숙하게 응시(凝視)하여, 유명 세계의 상대성과 한계성을 정확하게 날카로운 눈으로 응시하는 것이다.

그것을 쏘아보면서 상대적이며 한계성을 가진 일체의 개체를 일체의 개체로서 제각기 서야 될 자리를 얻도록 했을 때만 참으로 위대한 지배자로서 무위의 성인(聖人)이다. 그런 무위의 성인이 지배하는 세계에서만이 참다운 평화가 실현될 수 있다고 설명했다.

전체의 문장 표현은 제37장과 많은 공통점이 있고, 앞에서 볼 수 없는 비유적·상징적인 표현도 보인다.

'천지상합 이강감로(天地相合 以降甘露)'에서의 '상합(相合)'은 천지 음양(陰陽)의 두 기운이 조화 교합하여 달콤한 이슬을 내린다는 뜻인데, 남녀의 성교 현상을 자연계의 현상으로 의인화(擬人化)한 옛 사람의 발상으로도 본다.

'감로(甘露)'란 단어는 '단맛의 이슬'이라고 풀 수 있으나 흔히 감로주(甘露酒)라 하여 '달콤한 술'을 뜻하며, 후세에는 태평세대(太平世代)에 상서(祥瑞)로운 기운으로 하늘에서 내려오는 것으로 쓰인다.

불교에서의 설법에는 공덕을 감로에 비유하여 『법화경(法華經)』 약초유품(藥草喩品)에는 아미타불을 감로왕(甘露王)으로 부르기도 한다. 이 역시 노자의 이 어원(語源)에 따른 것으로 볼 수 있겠다.

『성경』에서도 『구약성서(출애굽기)』에서 이스라엘 백성에게 40년 동안 먹여 주시던 야훼 하느님의 '만나'를 우리는 '감로(甘露)'로 읽으면서 생각을 하게 된다.

"이스라엘 백성은 정착지에 이르기까지 40년 동안 만나를 먹었다.(출애굽기 18 : 35)" "하느님께서는 너희를 고생시키고 굶기시다가 너희가 일찍이 몰랐고 너희 선조들도 몰랐던 만나를 먹여 주셨다. 이는 사람이 빵만으로는 살지 못하고 야훼의 입에서 떨어지는 말씀을 따라야 산다는 것을 너희에게 가르쳐 주시려는 것이었다.(신명기 8 : 3)"라는 말과 노자에서 하늘과 땅이 서로 화합하면 감로(甘露)를 하늘에서 내려 보낸다는 큰 뜻을 짐작해 볼 만하다.

결국 이 장에서는 도의 실체와 응용의 한계와 그 한계를 분별하여 머물 줄 알면 곧 도를 터득한 성인이라 할 수 있음을 말하고 있다.

≪도의 떳떳함은 이름이 없고, 박(樸)은 비록 작아도 천하가 감히 신하로 하는 일이 없다. 왕후들이 만약 능히 지키면 만물이 장차 스스로 빈(賓)하게 된다. 천지가 서로 합하여 써 단 이슬이 내리고, 민(民)이 영(令) 없이 스스로 균등하면 비로소 끊어져 이름이 있다. 이름 또한 이미 있으면 역시 장차 그침을 안다. 그침을 아는 바로써 위태롭지 않다. 비유하면 도가 천하에 있는 것은, 내와 골짜기가 강과 바다에 대한 것과 같다.≫

道常無名 樸雖小 天下不敢臣[1] 王侯若能守之 萬物將自賓[2] 天地相合 以降甘露 民莫之令 而自均 始制 有名[3] 名亦旣有 夫亦將知止[4] 知止所以不殆 譬道之在天下 猶川谷之於江海

1) 不敢臣(불감신) : 감히 신하로 부릴 수 없다.
2) 賓(빈) : 천자에게 제후들이 찾아와 경복(敬服)을 표하는 것.
3) 始制有名(시제유명) : 만들어짐으로써 비로소 이름을 갖게 된다.
4) 知止(지지) : 분수를 깨닫고 멈출 줄 안다.

제33장 진기(盡己)·변덕(辯德)

자기 자신을 알고 내면의 자기를 늘 볼 수 있어야 한다.
거기에 참답고 영원한 생명을 터득하는 도(道)가 있는 것이다.

남을 잘 아는 것이 참다운 슬기며, 자기 자신을 아는 것은 현명한 것이다. 남을 이기는 사람을 힘이 있다 하며, 자기를 억제하여 이기는 것을 참으로 굳세다고 한다.

　분수를 지켜 자기의 현재 생활에 만족함을 느끼는 사람은 넉넉하게 부(富)를 누리는 것이며, 자연의 도를 부지런히 실행하는 것을 의지(意志)가 있는 사람이라고 한다.

　자기의 위치를 알고 분수를 굳게 지킨다면 잃지 않고 오래 사는 것이며, 육체는 죽어도 망하지 않는 것이 참으로 목숨이 길다고 하는 것이다.

　▨ "네 자신을 알라."는 뜻으로, 즉 "너희는 스스로 무지(無知)를 알라."고 소크라테스는 타일렀고, 『성경 신약』의 마태복음에서 예수는 "너희를 위하여 재물을 땅에 쌓아 두지 말아라 … 그러므로 재물을 하늘에 쌓아 두어라."고 했으며, 노자 또한 이 장에서 인간의 참다운 지혜(슬기), 참다운 부(富)에 대하여 말하고 있다.

　그리고 인간의 참다운 용기, 영원한 생명에 대하여도 말하고 있다. 단지 소크라테스의 계명에는 인간 의지에의 신뢰가 밑바닥에 깔려 있고, 예수의 가르침에는 하느님과 하늘 나라를 전제로 한 데 대하여 노자는 어디까지나 허무와 무위 자연의 도를 근원으로 보고 있으며 그것으로의 복귀를 궁극적인 관심사로 삼고 있다.

　세상의 일반 사람들의 눈은 항상 밖〔外形〕으로만 향하고 있다. 그들은 끊임없이 대상 세계를 문제삼고 외형(外形)의 사물에 눈을 팔고 있다. 그들은 남의 시비선악(是非善惡)을 따지고, 그 현우미추(賢愚美醜)를 가치(價値)지어 남의 품위를 정하는 빼어난 안목을 가진 것을 지혜 있고 현명한 사람이라 불렀다. 또한 남을 체력으로 굴복시키고 재력(財力)이나 지력(知力)으로 지배하는 사람을 굳센〔強〕 사람, 또는 유력자(有力者)라고 했다.

　노자는 그들의 외향적인 안목을 안으로 돌려 자기 자신을 찾아내는 깊은 시선(視線)을 가지라고 가르쳤다. 자기 자신을 응시하는 깊은 시선이란 자기 존재의 근원에서 도를 발견하는 응시이며, 도에의 깨달음을 가짐에 따라 자기의 세계 일체를 이해해 나가는 시각이다.

인간은 도에의 각성을 유지하면서 자기와 세계 일체를 이해시켜 나갈 때에 참다운 지자(知者)는 어떤 것이며, 참다운 강자는 어떤 것인가를 깨닫게 된다. 뿐만 아니라 참다운 부는 어떤 것이며, 영원한 생명이란 어떤 것인가도 깨닫는다.

그러할 때 그는 세상에서 말하는 지자·강자가 참뜻의 지자·강자가 아니며, 세상에서 말하는 부자·장수자(長壽者)가 반드시 참뜻의 부자·장수자가 아니라는 것도 동시에 깨닫게 된다.

그의 안목이 바깥에서 안으로 돌려졌을 때, 그의 마음 또한 밖에서 안으로 방향을 돌려, 세속적(世俗的)인 가치관(價値觀)이 새로운 가치의 세계로 바뀌어진다.

그때에야 비로소 인간은 자기의 인생에서 무엇이 참다운 것인가를 말하는 명확한 지향(志向)을 가지고 자기가 있어야 할 본래의 처지를 찾게 된다.

노자는 이 장에서 도(道)에의 깨달음을 가지는 개인의, 이러한 회심(回心)과 가치의 전도(顚倒)를 간결한 말로 가르치고 있다.

노자의 사상은 모든 개인을 근원적인 진리 앞에 내세우고자 할 때, 또는 그 근원적인 진리 앞에 세속적인 가치관을 전도시키고자 의도할 때, 개인적·내성적인 성격을 강하게 가지고, 구도적(求道的)·종교적인 심정을 풍부하게 가진다.

사실 그것은 서기 3세기 이후 중국의 민족 종교, 즉 도교로서 교리적인 전재(剪裁)를 수행함과 동시에 종교에 관심을 가진 광범한 중국 지식인의 생활의 지주(支柱)가 되었다.

도교는 '개인의 자기 자신에 의한 구원이라는 문제를 분명하게 제시해 주는 장점'을 가지는 종교를 창출해 내려는 중국적인 시도였다는 사실은 프랑스의 동양학자 엔리 마스뻬로의 『도교(道敎)경해』에 의한 것이다.

노자 역시 그러한 개인의 구원을 문제삼은 종교적인 심정에의 경향이 현저하게 나타나고 있다. 그의 철학은 개(個)를 그대로 보편(普遍)과 결부시켜, 개인을 곧바로 도(道) 앞에 세우려는 것에 그 특색을 가졌다.

그래서 개인을 곧바로 도의 바로 앞에 세우려는 것에서 그의 철학의 반속성(反俗性)이 있으며, 그 종교적인 성격이 함축되고 여과되는 것이다.

노자는 중국에 있어 개아(個我)—개(個)로서의 인간을 깊게 관찰한 최초의 철인(哲人)이라고 말할 수 있겠다.

『성경 신약』의 "우리가 세상에서 특히 여러분을 대하면서 인간의 꾀(지혜)를 부리지 않고 하느님의 은총으로 그분의 뜻을 따라 솔직하고 진실하게 살아 왔다는 것을 양심을 걸고 말할 수 있으며, 또 이것을 자랑으로 여기고 있습니다.(고린도후서 1 : 12)"에서는 지인자지(知人者知)를 설명하면서 오직 내면의 자기, 곧 하느님의 뜻을 알아야 한다는 뜻도 포함한다 하겠다.

또 『신약성서』에는 "예수께서 나는 부활이요, 생명이니 나를 믿는 사람은 죽더라도 살겠고, 또 살아서 믿는 사람은 영원히 죽지 않을 것이다.(요한복음 11 : 25~26)"라 했다.

또 같은『신약성서』에는 "예수께서 길을 떠나시는데 어떤 사람이 달려와서 그 앞에 무릎을 꿇고 '선하신 선생님, 제가 무엇을 해야 영원한 생명을 얻겠습니까?' 하고 물었다. 예수께서는 이렇게 대답하셨다. '왜 나를 선하다고 하느냐? 선하신 분은 오직 하느님뿐이시다.' 라고 하셨다.(마르코복음 10 : 17~18)"라 했다.

≪사람을 아는 자 지혜롭고, 스스로 아는 자 밝다. 사람을 이기는 자 힘이 있고, 스스로 이기는 자 강하다. 족함을 아는 자 부(富)하고, 힘써 행하는 자 뜻이 있다. 그것을 잃지 않는 자 오래고, 죽어도 잊혀지지 않는 것은 수(壽)한다.≫

知人者智 自知者[1]明 勝人者有力 自勝者[2]强 知足者富 强行

者有志 不失其所者[3] 久 死而不亡[4]者壽

1) 自知者(자지자) : 자기 자신의 분수를 아는 사람.
2) 自勝者(자승자) : 자기 자신을 이기는 사람. 곧 자신의 욕망이나 감정 등을 극복해내는 사람.
3) 不失其所者(부실기소자) : 그가 처신해야 만할 올바른 위치를 지켜 잃지 않는 사람. 곧 자기 분수를 지키는 사람.
4) 死而不亡(사이불망) : 몸은 죽어도 그 올바른 도는 잃지 않는다.

제34장 대도(大道)·임성(任成)

도(道)는 무심무욕(無心·無欲)이므로
오직 위대한 것이다.

　대도(大道)는 넘치는 물과 같아 좌·우 어느 곳으로나 흘러 넓혀 간다. 만물은 도를 의지하여 생겨나고 있으며, 도는 그것을 싫다 하지 않고 조금도 사양하지 않는다.
　거기에는 무수한 일들이 성취되고 있지만 도는 스스로 자기의 공명으로나 소유로도 하지 않는다.
　도 자체는 만물은 감싸고 키우면서도 그것들의 주인으로서 주재(主宰)하지 않는다.
　그러므로 도는 항상 허무하고 욕심이 없으며 언제나 아무런 작용도 하지 않는 것 같아서 가히 아주 작은 것이라 이름할 만하다.
　만물은 결국에 가서 모두 도(道)에로 돌아오게 되지만, 마침내 만물이 도에로 모두 돌아왔더라도 도는 그들의 주인이 되지 않을 만큼의 무한한 도량을 가지고 있기 때문에 큰 것이라 이름 붙일 수 있는 것이다.
 이러하기 때문에 도를 터득한 성인은 어디까지나 자기 스스로를 위대(偉大)하다고 생각하지 않기 때문에 능히 위대한 일을 성취시킬 수 있는 것이다.

 ▨ 이 장에서는 다시 '도'의 크고 넓음과 광대 무변한 대자연의 위력의 무한함과 이를 체득한 성인(聖人)의 모습을 말하고 있다.
 다시 말해서 도는 인간처럼 고정된 가치 관념이나 지배자 의식을 가지지 않으며 만물을 '추구(芻狗)'로 하여 자재자약(自在自若), 단지 무위 자연이며, 무지 무욕이면서 일체 만물을 끊임없이 생성 화육시켜 나가는 위대한 조화의 창조역사(創造役事)임을 설명하고 있다.
 위에서도 말한 바와 같이 도는 '방미육합 권장어밀(放彌六合 卷藏於密)'한 존재이다.
 광대무변하여 온 천지[六合]에 미치지 않는 곳이 없게 펼쳐져 꽉 차서 넘치고, 지극히 미세하여 말아서 감추면 엄밀한 곳으로 숨어들어 잡히지 않는 것이 곧 무위 자연이라고 하는 허무의 도인 것이다.
 만물은 도를 떠나서 존재할 수 없고, 그의 보호와 사랑과 조화로 인하여 생성 화육된다.
 이 천지에 도가 미치지 않는 곳이 있겠는가? 풀 포기 하나, 벌레 한 마리를 마다 않고 그것들을 탄생시키며 그 공을 자랑하지도 않고 자기 것으로 소유하려는 욕심조차 갖지 않는다.
 여기에서 특히 노자는 도(道)가 왜 위대하며 왜 끝까지 위대할 수 있는가를 말했다.

 《대도(大道)는 범람하여 그 가히 좌우로 할 수 있다. 만물이 의지하여 생겨도 사양하지 않고 공을 이루어도 이름을 두지 않는다. 만물을 의양(衣

養)하여 주가 되지 않는다. 항상 욕심이 없어 가히 작다 이름할 수 있다. 만물이 돌아와도 주가 되지 않으니 가히 크다 이름한다. 이로써 성인은 끝내 스스로 크다 하지 않는 고로 능히 그 큰 것을 이룬다.≫

大道氾兮[1] 其可左右 萬物恃之而生 而不辭[2] 功成不名有 衣養萬物而不爲主[3] 常無欲 可名於小 萬物歸焉而不爲主 可名爲大 是以聖人 終不自爲大[4] 故能成其大

1) 大道氾兮(대도범혜) : 무위 자연의 큰 도는 어디에서나 물이 범람(氾濫)하듯 넘쳐 흐른다.
2) 不辭(불사) : 수고로움을 사양하지 않는다.
3) 而不爲主(이불위주) : 주가 되지 않는다. 지배자인 체하지 않는다.
4) 終不自爲大(종불자위대) : 끝내 스스로를 크다 하지 않다.

제35장 인덕(仁德) · 대상(大象)

도는 지극히 조심스러운 모습이다.
그러나 이를 쫓아 행동하면
천하 어디를 가도 안전하다.

도라는 커다란 형상을 붙잡고 천하를 간다. 어디를 가도 아무 장해(障害)가 없이 지극히 안전하다. 요란스러운 음악과 맛있고 성대한 음식이 있다면 지나가는 나그네도 발길을 멈춘다.
그러나 이와는 반대로 도(道)는 말로써 표현되어 입에서 나올 때에 담담하고 싱거워서 그 맛이 없는지라 눈으로 보아도 보이지 않고, 귀로 들어도 들리지 않지만, 그것을 씀에는 아무리 써도 무한하여 끝이 없다.

▨ 노자에 있어 '현(玄)'이란 필요 이상의 것, 야하게 찬란한 것, 풋내기처럼 미숙한 것들을 일체 제거하고 본질적인 것, 근원적인 것, 본래적인 것만이 함축되어 있는 것 같은 검은색의 단순함을 의미한다. 이런 것은 이미 제1장에서 설명되었다.

이 장에서 노자는 현지우현(玄之又玄)한 도(道)를 '담호기무미(淡乎其無味)'한 것으로 표현하고, 현주(玄酒)는 다시 물에 비유하고 있다.

음악은 인간의 마음을 즐겁게 하고 위로하는 것이지만, 그 어떠한 좋은 명곡이라도 그것을 거듭거듭 되풀이하면 단순한 소음에 지나지 않는다. 그리고 아무리 맛있는 성찬(盛饌)이라도 억지로 배불리기를 강요당하면 쓸데없는 구토만 하게 된다.

제12장에서 '오음영인이농(五音令人耳聾) 오미영인구상(五味令人口爽)'이라 하여, 인간의 감각 충족의 가치관을 말하고 있다.

한결같이 과잉·과도한 것은 연속성을 갖지 못하며, 연속성을 가질 수 있는 것은 단순한 것, 담담한 것, 순수한 것, 연약한 것이다.

노자는 현(玄)의 단순함을 사랑하고 현주(玄酒)의 담담스런 맛없는 맛을 사랑했다. 그는 인간의 이목(耳目)이 놀라서 움직이는 것(聳動)과 흥청거리면서 번잡한 것을 즐기지 않으며, 겉치레나 일시적인 인기 등의 모든 인위적인 얕은 수작은 철저하게 배격했다.

그는 어디까지나 자기와 세계에 있어 유구한 것, 영원한 것, 본질적인 것을 그 눈으로 찾아내는 것이다. 그는 그 응시하는 가운데서 인간이 허물어지지 않는 모습과, 허물어지더라도 더는 허물어지지 않는 강인한 태도를 사색하고 있다.

그래서 그 사색하는 속에서 그가 찾아낸 진리는 모든 잉여(剩餘)와 허식을 잘라 버리고, 있는 그대로 행동하는 일이며 평범한 무위의 진리로 그저 평범하게 살아간다는 것이다.

상편(上篇) 도경(道經) 137

노자는 당연한 일을 당연하게 행하는 무리 없는 태도, 즉 살아가는 모습에서 평범의 비범(非凡)을 가르치는 위대한 철인(哲人)이었다.

≪대상(大象)을 잡아 천하에 가면 가도 해롭지 않아 편안하고 평화로워 크다. 음악과 먹이에는 지나는 객이 그쳐도 도가 입으로 나오는 것은 담(淡)하여 그 맛이 없다. 보아도 족히 보지 못하고, 들어도 족히 듣지 못하고, 써도 가히 다할 수가 없다.≫

執大象[1] 天下往 往而不害 安平太 樂與餌 過客止 道之出口 淡乎其無味[2] 視之不足見 聽之不足聞 用之不可旣[3]

1) 大象(대상) : 자연에 존재하는 모든 형상의 모체인, 너무 커서 보이지 않는 도의 형상.
2) 淡乎其無味(담호기무미) : 담담하여 아무 맛이 없다.
3) 不可旣(불가기) : 다 쓸 수 없다. '기(旣)'는 진(盡)과 같은 뜻.

제36장 미명(微明)·은오(隱奧)

나라를 다스리고 천하를 지배하고자 할 때는
먼저 상대를 정해 놓은 뒤에
서서히 목적을 달성하는 것이다.

천하 국가를 다스리는 데는 사회심리의 역학관계(力學關係)를 잘 성찰하는 일이 필요하다. 이러한 것을 장차 끌어당겨 거두고자 하면, 잠시 그것을 펴 벌리게 한다. 또 무리하게 벌려 놓으면 반드시 자연스럽게 오므라든다.
 장차 약하게 하고자 하려면 잠시 동안 마음껏 강하게 버려 둔다. 강한 것이 지나쳐 무리가 생기면 반드시 파탄이 생겨 약체화되기 마련이다.
 장차 그것을 폐절(廢絶)시키고자 하면, 반드시 먼저 풍성하게 해주고, 그것의 풍성이 극에 달하여 무리하게 되면 반드시 패망하게 된다.
 장차 뺏고자 하면 반드시 그에게 먼저 준다. 가짐이 지나치면 반드시 유지하기가 힘들기 때문이다.
 이 도리(道理)를 잘 터득한 것을 말로써 말할 수 없는 미묘한 성찰(省察)이라 한다.
 연약하고 부드러운 것은 반드시 굳고 억센 작용을 이기기 마련이며, 물고기는 깊은 물을 벗어날 수 없다.
 그것은 물고기가 물을 잃으면 안전하지 못하기 때문이다. 흡사 이와 같이 국가를 다스리는 데 필요한 그릇인 심오한 지혜는 조심하여 상대에게 유연하게 대처할 것이요, 그것을 남에게 과시하는 권력이나 법제 같은 것이 되어서는 안 된다.

 ▨ 천지 자연의 사물 형상을 잘 관찰하면 큰 태풍의 전야에는 반드시 조용한 파도가 잠잠할 따름이고, 전진을 앞둔 군사는 쉬기 위한 후퇴가 있으며, 비약 전에는 정체(停滯)가, 긴장을 앞두고는 이완(弛緩)이 따른다.
 때문에 전진과 후퇴는 언제나 서로 뒤바뀌고, 비약과 정체는 밀접하게 서로 접한다.
 긴장은 언제나 이완(弛緩)으로 떨어지고, 이완은 또다시 새로운 긴장을 준비한다. 후퇴나 정체 없는 전진이나 비약은 있을 수 없고, 긴장만으로 끝없이 지속하는 일은 결코 없다.
 자벌레〔尺蠖〕는 몸을 펴기 위하여 잠시 움츠리지 않으면 안 되고, 화살은 메기기 위하여 궁현(弓弦)을 잠시 놓아두지 않으면 안 된다.

천지 자연의 세계의 모습을 자기 삶의 태도의 궁극적인 표준으로 삼는 무위의 성인 또한 그 상호순환(相互循環)의 원칙에 투철한 각성을 가진다.

그도 또한 구심적(求心的)인 움직임과 원심적(遠心的)인 운동이 서로 순환하여, 축소가 확장으로, 약화가 강화로, 탈취가 부여(賦與)하는 것과, 상의상대(相依相對)의 관계에 있는 자연세계의 이법(理法)을 달관하고, 그 달관을 자기의 현실적 경영관으로 활용하는 것이다.

이 장은 무위의 성인(聖人)이 이와 같은 자연이법(自然理法)의 활용을 위한 것이다. 또 군웅할거하고 약육강식하는 춘추전국시대의 가열(苛烈)한 현실을 근거로 하여 구체적인 정치 외교의 시책으로써 설명했다.

그 설명은 무위의 성인이 '무작위 무위(無作爲 無爲)'를 말하여 너무나 작위적이며, 노자 철학의 일반적인 논술과 크게 그 취지를 달리할 뿐 아니라, 법가(法家)의 권모술수의 주장과도 많이 일치한다.

그러므로 법가들이 후차적으로 끌어다 붙인 문장이라고 보는 견해가 많다.

이 장에서 성인은 미묘 심원한 영지(英知)가 유약(柔弱)으로써 강강(剛强)을 이긴다는 국가 통치의 묘수(妙手)를 가벼이 여겨 남에게 표시해서는 안 된다는 뜻으로 풀이된다.

《장차 구부리고자 하면 반드시 잠깐 펴고, 장차 약하게 하려 하면 반드시 잠깐 강하고, 장차 폐(廢)하려 하면 반드시 잠깐 흥(興)하고, 장차 빼앗으려 하면 반드시 잠깐 준다. 이를 일러 미명(微明)이라 한다. 부드럽고 약한 것은 굳세고 강한 것을 이긴다. 물고기는 못을 벗어나지 못하고, 나라의 이기(利器)는 가히 남에게 보일 수 없다.》

將欲歙之[1] 必固張之[2] 將欲弱之 必固强之 將欲廢之 必固興之 將欲奪之 必固與之 是謂微明[3] 柔弱勝剛强 魚不可脫於淵 國之利器[4] 不可以示人

1) 歙之(흡지) : 거두어 들이다. 오무라 들다.
2) 固張之(고장지) : 잠시 동안 벌려 놓다.
3) 微明(미명) : 미묘하고 깊은 도를 훤히 안다.
4) 國之利器(국지이기) : 나라를 이롭게 다스리는 지혜.

제37장 위정(爲政)·무위(無爲)

도(道)의 본래 참모습인
무위(無爲), 무명(無名), 무욕(無欲)을 가지고
민중을 선도하면 천하는 저절로 다스려지게 될 것이다.

  도(道)의 본래 모습은 아무 일도 하지 않으면서 무엇이든 저절로 된다는 것은, 자연 그것의 참모습이다.
  군주가 천하 국가를 통치함에 있어 만약 그 방법을 능히 지켜 나간다면, 만물(萬物)은 저절로 변화생성(變化生成)할 것이다.
  이렇게 화육생성(化育生成)하고서도 더욱 전개하고자 하는 욕심이 생긴다면, 나로서는 장차 도와 일체가 되어 자연의 모습인 이름도 없는 통나무와 같이 순수하게 되려는 목표의 이치로 진정(鎭靜)시킬 것이다.
  만물이나 만인이 이름 없는 통나무와 같이 된다면 벌써 부자연한 욕심은 일어나지 않을 것이다.
  만인이 부자연한 욕심을 내지 않아 문제가 소멸되어 조용해지면 천하의 민중들은 저절로 안정될 것이다.

▨ 상편인 도경(道經)의 마지막인 이 장에서는 제32장과 같이 박(樸)—아직 이름이 붙여지지 않은 통나무와 같이 질박한 자연의 도(道)—을 지켜 천하를 다스리는 위대한 공용(功用)을 찬양한 것이다.
 논지나 용어도 제32장과 공통점이 많고, 사상(思想)면에서는 특별히 눈에 띌 만한 주장은 보이지 않는다.
 단지 후세에 노자 철학의 캐치프레이즈(Catchphrase)로 쓰여진 '무위이무불위(無爲而無不爲)'라는 말이 이 장의 첫머리에 보이는 점이 주목된다.
 노자의 '무위이무불위(無爲而無不爲)'는 먼저 천지 대자연의 조화(造化)를 설명하는 말이다. 천지 대자연의 조화는 인간들처럼 어떠한 특정의 목적 의식이나 타산적 의도(打算的意圖)를 가지고 무엇인가를 이루고자 힘껏 애쓰고 요란하게 떠드는 그런 따위는 하지 않는다.
 하늘의 구름은 그대로 표표(漂漂)히 떠서 넓은 하늘을 무심(無心)코 두둥실 떠다니며, 바람은 단지 속삭이듯이 들판을 무심하게 불고, 물은 흐르기만 하면서 땅 위를 무심코 흘러간다. 무엇 때문인가?를 아무리 물어도 구름은 대답이 없고, 무슨 뜻이냐?고 되잡아 물어도 바람이나 물은 아무런 말도 들려주지 않는다.
 그러한 현상은 인간을 기쁘게 한다거나 슬프게 하기 위한 것도 아닌데, 공연히 인간들이 단지 자기의 감정을 이입(移入)시켜 제멋대로 기뻐하기도 하고 슬퍼하기도 한다. 이러한 일은 들판을 달리는 짐승이나, 땅바닥을 기어 다니는 벌레〔蟲〕들을 보고 생각할 때 더욱 절실해진다.
 이 세상의 어느 짐승도 인간에게 잡아 먹히기 위하여 이 세상에 태어나지 않았을 것이며, 벌레 역시 그 무엇 하나 이 세상을 가치 있다고 보아 살아가지는 않는다.

그들은 단순히 생겨났으니까 살아갈 뿐이며, 죽음이 닥쳐오면 그대로 죽어가는 것이다. 천지 대자연의 조화 역시 단지 있는 그대로이며, 스스로 그렇게 되어 있는 것이다.

그러나 거기에서 만물만상(萬物萬象)은 단 일순간이라도 정지함이 없고, 시시각각으로 새로운 양상(樣相)을 전개하여 끊임없이 창조적인 신비가 펼쳐져 가고 있다. 노자는 이와 같은 천지 대자연의 조화 작용의 현묘한 것을 말한 것이다.

또 노자는 그 무위(無爲)의 도―천지 대자연의 조화 작용의 근원에 있는 것―를 터득하여 각성한 인간의 모습으로 설명했다.

인간은 온갖 지혜를 구사하고 갖가지 핑계를 대면서 인간의 의지를 이상화하여 사회의 생활태도를 규범(規範)지었다. 어려운 언어 개념을 날조하고 복잡한 기술이나 기교를 생각해내 찬란히 빛나는 문명을 세우고 호화로운 문화를 만들어냈다.

그러나 그것으로 인하여 인간은 과연 얼마나 행복하게 되었는가? 혹은 인간의 삶〔生〕이 그것 때문에 얼마나 편안하고 충만한 풍요를 누릴 수 있었는가? 거기에는 보이는 것이라고는 허망스러운 관념의 홍수와 천박한 문화의 범람, 그리고 값싼 문명의 퇴폐뿐이 아니었던가?

또는 인간의 정신을 백치화(白痴化)할 정도로 바쁘고 시끄러운 잡담(雜談), 인간의 육체를 미이라(Mirra)화 하는 창백한 박식(博識)과 불모의 요설(饒舌)만이 남지는 않았던가? 노자는 이러한 모든 것을 생명의 쇠약현상(衰弱現象)이라 이해하고, 그것은 도를 각성 못한 탓으로 돌려 교지무지(驕知無知)로 비판하였다.

때문에 그는 인간이 도를 터득하여 자기의 본래 모습으로 돌아갈 것을 경고했다.

본래적 모습으로 복귀하기 위해서는 인간의 작위적인 경영이 모두 일단은 부정(否定)되지 않으면 안 된다.

작위적(作爲的)인 경영을 모두 부정하고 도(道) 즉 천지 조화의 근원인 것에서 자기의 본래적 모습을 볼 수 있을 때, 인간의 있는 그대로의 세계를, 있는 그대로의 세계에서 바라볼 수 있는 안목을 가질 수가 있으며, 아무 일도 하지 않는 천지 조화의 경영에, 자기의 모든 것을 비워(虛)놓고 따라가야 된다는 가르침이다.

그러할 때에 인간은 도(道)와 하나(一致)가 되는 것이며, 도의 무위(無爲)가 그대로 자기의 무위로 됨과 동시에 도의 무위의 자유 또한 그대로 자기의 무위의 자유가 되는 것이다.

결국 도와 하나가 된 인간—무위의 성인(聖人)은 인간적인 작위를 부정하는 무위에 의하여 도와 무위가 하나가 되고, 도와 무위와 하나가 될 때에, 도의 무불위(無不爲)를 자기의 무불위로 하여 체현(體現)하는 것이다.

노자가 말한 도의 무위는 단순한 무위가 아니라 '하는 일이 없는' 무위이며, 성인의 무위 또한 단순한 무위가 아니라 '하는 일이 없는' 무위라고 생각하는 곳에서 우리들은 노자 사상의 유연한 현실성과 강인한 적극성에 괄목할 필요가 있겠다.

노자의 무위(無爲)는 논리적으로는 위→무위→무불위(爲→無爲→無不爲)로 전개되고, '무불위'는 '위'의 부정으로서의 '무위'에서 도출(導出)된다.

실제적으로 그의 사고를 더듬어 보면 '무위'는 천지 조화의 아무 일도 하지 않는 위대함에의 동경에서 출발하여, 그 '무위'에 근거하고, 그 무위를 다시 성인의 무위로서 일체화하여 거기에서 성인의 무불위로 귀결짓고 있는 것이다.

천지 조화의 무불위에서 도의 무위로, 그 무위를 자기의 모습으로 하는 성인의 무위에서 다시 성인의 무불위로 전개하는 것이 노자 사색의 실제적인 프로세스(process)이며 구체적인 모습이었음을 알 수 있겠다.

노자 철학의 근본에 있는 것은 천지 대자연의 세계의 조화에 대한 동경이며 흠모였다. 노자의 도라는 것은 그 조화의 경영을 형이상학화(形而上學化)한 철학 개념에 지나지 않는다.

≪도의 떳떳함은 무위로서 하지 않는 것이 없다. 후왕(侯王)이 만약 능히 지키면, 만물이 장차 스스로 화하게 된다. 화하여 욕심이 일면 내 장차 누르기를 이름 없는 박(樸)으로써 하리라. 이름 없는 박은 또한 장차 욕심이 없고자 한다. 욕심내지 않고 고요한 것으로써 천하 장차 스스로 정(定)해진다.≫

道常[1]無爲 以無不爲 侯王若能守之 萬物將自化[2] 化而欲作[3] 吾將鎭之[4] 以無名之樸[5] 無名之樸 夫亦將無欲 不欲以靜 天下將自定[6]

1) 道常(도상) : 도의 항상 불변의 참모습.
2) 自化(자화) : 스스로 변화 생성하다.
3) 欲作(욕작) : 사욕이 생겨나다.
4) 鎭之(진지) : 욕심을 눌러 가라앉히다.
5) 無名之樸(무명지박) : 말로는 표현할 수 없는 도의 순박함.
6) 自定(자정) : 저절로 잘 다스려지다.

하편(下篇) 덕경(德經)

덕경(德經)
: 이(理)가 하늘에 머물러 있으면
천도(天道)가 되고
땅에 머물러 있으면
지덕(地德)이라고 한다.
첫 구절부터 상덕(上德)을 논하고
덕(德)에 관한 설명을 하고 있어
덕경(德經)이라 한다.
(제38장에서 제81장까지)

제38장 논덕(論德)·처후(處厚)

세상에서 흔히 떠받들고 칭찬하는
인(仁)·의(義)·예(禮)·지(智)는
도(道)가 타락되고 잃어버린 결과로 생겨난 것이다.
그러므로 존경(尊敬)받을 하등의 가치도 없다.
이러한 인·의·예·지의 위에는
덕(德)이 있고, 또 그 위에는 도(道)가 있기 때문이다.

 덕(德)이 뛰어난 사람은 자랑하지 않는다. 그것은 이미 덕을 가지고 있기 때문이다. 덕이 적은 사람은 의식적으로 애써 덕을 잃지 않으려고 한다. 그것은 너무나 덕이 없기 때문이다.
 덕이 높은 사람은 특별하게 아무것도 함이 없어도 저절로 되지 않는 것이 없고, 덕이 낮은 사람은 덕을 행함이 의식적이며 인위적인 데가 있다.
 뛰어나게 어진 사람〔上仁〕은 인(仁)을 행하는 데 의식적으로 하지 않고, 뛰어나게 의로운 사람〔上義〕은 의를 행함에 있어 고의로 하지 않으며, 예(禮)에 뛰어난 사람〔上禮〕은 자기가 예를 지켰는데도 상대가 이에 응해 주지 않으면 억지로 팔뚝을 걷어붙이고 맞선다.
 그렇기 때문에 무위의 도를 잃은 뒤에 덕이 생겨나고, 덕을 잃으면 인이, 인을 잃으면 의가, 의를 잃은 뒤에는 예가 뒤따라 생겨났다.
 대저 예라는 사회 질서의 법규는 충신(忠信)이 엷어진 데서 생겨난 것이며, 이것이 나타난 것은 세상의 어지러움의 시초이다. 또한 남보다 먼저 깨닫는 지혜는 도의 화려한 수꽃이기는 하나, 아무튼 진실이 외면된 어리석음의 시초가 된다.

　이러한 까닭으로 대장부는 도라는 돈후(敦厚)한 곳에 처하고, 가볍고 얄팍한 예를 지키는 곳에 처하지 않는다. 또 도와 같은 진실한 열매를 맺게 하는 곳에 처하고 결코 지식(知識)과 같은 허망하고 화려한 꽃을 피우지는 않는다.

　그러므로 저쪽의 말초적인 인·의·예·지 같은 것을 버리고, 이쪽의 근원적인 도덕의 입장을 취하는 것이다.

　▨ 『노자도덕경』의 하편(下篇)인 이 덕경(德經)의 첫장(章)은 노자의 이른바 덕, 곧 도를 체득한 모습이 어떠한 것인가에 대하여 설명하고 있다.

　『노자도덕경』 가운데 '덕'자가 가장 많이 보이는 이 장은 상편(上篇) 도경(道經)이 '도가도 비상도(道可道 非常道)'의 '도(道)'자에서 시작하는 반면, 이 장은 '상덕부덕(上德不德)'의 '덕'에서 시작하기 때문에 상편을 도경, 하편을 덕경이라 하였다.

　단지 마왕퇴본(馬王堆本)〈갑·을〉에서는 덕경(德經)을 도경(道經) 앞에 놓기도 했기 때문에 그것으로 상편·하편이라 했는데, 전체적으로 살펴 볼 때 타당한 명칭으로 볼 수 없다는 것은 앞에서도 밝힌 바 있다.

　이 장 전체의 논지는 노자의 이른바 덕, 곧 '상덕부덕(上德不德: 無爲之德)'이 유가(儒家)에서 말하는 여러 가지 덕, 곧 인·의·예·지 따위의 '하덕(下德: 有爲之德)'에 비해 우월하다는 것이다.

　하덕(下德)을 다시 '상인(上仁)' '상의(上義)' '상례(上禮)'로 나누어, 유가(儒家)에서의 유의(有義)에 대한 도덕의 하강성(下降性)을 설명하는 중간 논술에서 '상인(上仁)'은 공자(孔子), '상의(上義)'는 맹자(孟子), '상례(上禮)'는 순자(荀

子)에게 각각 해당하는 것으로 생각했다.
 요컨대 이 장의 저작자는 도(道)에서 지(智)까지의 하강적(下降的)인 역사관을 가지고 그것을 도가(道家)의 무위(無爲)에서 유가(儒家)의 무위(無爲)에로, 혹은 무위의 도에서 무위의 덕(德)으로, 무위의 덕에서 유위의 인·의·예·지로 단계적인 격(格)을 붙이고 있다.
 여기에서 노자가 말하는 덕(德)이란 어떤 것인가? 덕(德)의 원의(原義)는 득(得)이며, 덕이란 사람(人間)이 도(道)를 얻었다는 것(得), 또는 인간에 의해 얻어진 도를 부르는 말이라는 것은 이미 밝혔다.
 '도(道)'라는 말이 이미 유가와 도가에서 그 내용을 달리 하는 이상, 덕(德)이라는 말 또한 유가와 도가가 그 내용을 달리 한다.
 유가에서 말하는 '도'는 구체적으로 군자의 도·인륜의 도·인의예지의 도로서, 요컨대 인간의 도·인간이 세운 규범이라고 말하고 있다.
 반면 도가의 '도'는 인간을 초월한 곳, 인간이 세운 규범을 위선 작위로 비판하는 곳에서 찾아낸 '도라 할 수 없는 도', 유구불변인 무위 자연의 근원적인 진리라고 하였다.
 따라서 유가의 덕은 인륜의 도, 혹은 인·의·예·지의 도를 터득한 군자(君子)가 되는 것으로 군자가 된 인간의 모습을 덕이라 부른다.
 이에 대하여 도가의 덕은 인간을 포함한 일체 만물(一切萬物)의 근원인 진리, 즉 무위 자연의 도에 눈을 뜨고, 그 도(道)에 그대로 따르면서 무위 자연이 되는 것으로 무위 자연이 된 '포박(抱樸)' 그대로의 인간 모습을 '덕(德)'이라 불렀다.
 유가에서 말하는 덕과 도가에서 말하는 덕과의 상위점(相違點)은, 인간에게 직면한 인간의 모습을 생각할 것인가? 아니면 인간을 초월한 곳에서 인간의 모습을 생각할 것인가의 차이이며, 작위(作爲)에 의지한 유위(有爲)의 입장에 설 것인가? 아니면 작위를 버리고 무위의 입장에 설 것인가의 차이가 있을 뿐이라고 말을 바꿀 수 있다.

『노자』의 이 장이 도가의 덕을 상덕(上德)으로 높인데 대하여 유가의 덕을 하덕(下德)으로 깎아내려, 인(仁) 이하의 여러 덕을 '위지(爲之)'와 '유위(有爲)'의 범주로 일괄한 것도 그 때문이며, '상덕부덕(上德不德)' '하덕부실덕(下德不失德)'과 작위의 유무로 구별하고 있는 것도 그 때문이다.

그리하여 '무위이무이위(無爲而無以爲)'를 상덕(上德)으로 한다는 이 장의 논술이 '도가도 비상도(道可道 非常道)'라고 한 제1장의 논술과 대응하는 점이, 『노자』의 상권을 도경(道經)으로, 하권을 덕경(德經)으로 한 까닭이라고 말할 수 있겠다.

《상덕은 덕이라 하지 않는다. 이로써 덕이 있다. 하덕은 덕을 잃지 않으려 한다. 이로써 덕이 없다. 상덕은 무위인지라 써 함이 없고, 하덕은 하려고 함으로 써 함이 있다. 상인(上仁)은 하여도 써 함이 없고, 상의(上義)는 하려고 함으로 써 함이 있고, 상례(上禮)는 하여도 응함이 없으면 곧 팔을 걷어 붙이고 나아간다. 그런 고로 도를 잃은 뒤에 덕이 있고, 덕을 잃은 뒤에 인(仁)이 있고, 인을 잃은 뒤에 의(義)가 있고, 의를 잃은 뒤에 예(禮)가 있으니, 대저 예라는 것은 충신(忠信)이 박해져 어지러움의 머리요, 전식(前識)은 도의 화(華)로 어리석음의 시작이다. 이로써 대장부는 그 후(厚)한 데 처하고 그 박(薄)한 데 처하지 않으며, 그 실(實)한 데 거(居)하고 그 화(華)한 데 거하지 않는 고로 저를 버리고 이를 취한다.》

上德不德 是以有德 下德不失德[1] 是以無德 上德無爲 而無以爲[2] 下德爲之 而有以爲 上仁爲之 而無以爲 上義爲之 而有以爲 上禮爲之 而莫之應 則攘臂而仍之[3] 故失道而後德 失德而後仁 失仁而後義 失義而後禮 夫禮者 忠信之薄 而亂之首[4] 前識[5]者 道之華[6] 而愚之始 是以大丈夫 處其厚 不處其薄 居其實 不居其華 故去彼取此[7]

1) 不失德(부실덕) : 의식적으로 덕을 잃지 않으려 하다.
2) 無以爲(무이위) : 작위적인 일을 하지 않다.
3) 攘臂而仍之(양비이잉지) : 완력을 써서 끌어당긴다.
4) 亂之首(난지수) : 어지럽게 되는 시초.
5) 前識(전식) : 남보다 먼저 깨닫다.
6) 華(화) : 꽃. 여기서는 실(實)의 반대로 '겉모양'을 뜻한다.
7) 去彼取此(거피취차) : 저것을 버리고 이것을 취한다는 것으로, 예(禮)와 지혜를 버리고 충신(忠信)과 도(道)를 취한다는 뜻.

제39장 득일(得一) · 법본(法本)

도(道)는 유일한 존재인 것이며 하나〔一〕라고도 한다.
하늘도, 땅도, 신(神)도, 곡(谷)도, 만물도, 만인도
이 하나를 따르는 것만이
그 본래의 성격을 발휘할 수 있다.

옛부터 하나인 도를 터득한 것을 열거한다면, 하늘은 하나인 도(道)를 얻어 맑고, 땅〔地〕은 하나인 도를 터득하여 안정(安靜)되고, 신(神)은 하나인 도를 얻어 영묘(靈妙)하고, 골짜기〔谷〕는 하나인 도를 얻어 생기(生氣)가 넘쳐 흐르고, 만물은 하나인 도를 얻었기 때문에 생육화성(生育化成)한다.
제후 · 왕자(諸侯王者) 또한 이 하나인 도를 터득하여 이것을 법도로 하고 천하를 다스리는 것이다. 이 모든 것은 다 하나인 도가 그렇게 이루는 것이다.
하늘〔天〕이 만일 하나인 도를 잃고 맑음을 얻지 못하면 아마도

장차는 깨어질 것이다.
 땅이 하나에 의하지 않고 안정을 얻지 못하면 아마도 장차는 갈라질 것이다.
 신이 만일 하나인 도를 잃고 신령함을 얻지 못하면 영묘(靈妙)는 아마도 장차 멎을 것이다.
 골짜기가 만일 하나인 도를 잃고 물로 채워짐을 얻지 못하면 아마도 장차는 말라붙을 것이다.
 만물이 만일 하나인 도를 터득하지 못하여 생육화성하지 못하면 장차는 멸종(滅種)할 것이다.
 군주가 만일 하나인 도를 잃고 바르게 다스리는 고귀한 법도를 얻지 못하면 아마도 장차는 나라가 망하여 거꾸러질 것이다.
 그러므로 귀한 것은 천한 것을 기본으로 하여 그 위에 자리하고, 높은 지위는 낮은 지위를 바탕으로 하여 그 윗자리에 서는 것이 도리다.
 때문에 군주는 스스로를 낮추어 고(孤)·과인(寡人)·불곡(不穀)이라고 칭한다. 이것이 바로 천한 것을 그 기본으로 삼는다는 것이 아니겠는가? 그렇지 않은가?
 재화(財貨)를 가득 실은 수레의 수가 많다고 하자. 이것은 너무 흔하면 이미 보물이라 할 수 없다. 참으로 고귀한 것은 호칭 따위는 필요가 없는 것이다.
 여기에서 하나인 도를 체득한 사람은, 어떠한 일에 있어서도 옥(玉)은 보물이기 때문에 내 몸 같이 곱게 다루고, 돌〔石〕은 귀한 것이 아니기 때문에 남 같이 함부로 다루는 차별로써 사물을 보지 않는다.

　▨ 이 장도 하나〔一〕인 도(道)를 체득한 사람들, 결국 앞장에서 말한 상덕(上德)이 있는 사람의 모습을 설명하고, 그것이 중심을 아래로 내려서 안정된 '이천위본(以賤爲本)'의 처세임을 다시 설명했다.

단지 이 장은 상편의 제31장과 같이 옛부터 본문 비판에 관하여 여러 가지 논의가 있었다. 그 상세한 것은 무시하더라도 본문 가운데 낡은 주(注)의 문장 또는 후차적인 해설의 문장이 혼입되어 있는 것은 적어도 인정하지 않을 수 없는 것이다.

특히 구절 가운데 '천무이청 장공렬(天無以淸 將恐裂)'로부터 '후왕무이귀고 장공궐(侯王無以貴高 將恐蹶)'까지의 45자는 그 서술도 평범하고 논리도 단조로운 것으로 보아 분명히 후차적인 해설의 문장이 도입된 것으로 보인다.(그러나 그 대부분은 마왕퇴본〈갑·을〉에 의하여 이미 『노자』의 본문으로 인정되었다.)

영원히 창조 변화하는 구극자(究極者)인 도(道)를 본 노자는 그 구극자와 합일하는 데에서 유한 속의 무한을, 찰나(刹那)에서 영원을, 많은 것 가운데서 하나[一]를 체득한 것이라 본다.

현실 사회의 불행은 특정의 도그마(dogma), 계층, 국가간에 끊임없이 이어질 투쟁, 고뇌, 혼란이 계속되어 오는 것에 기인한다. 현실의 작은 생활문제나 사회문제에 구애됨이 없이 그들 일체의 근원인 구극자의 입장에 서게 되면, 구극자인 도와 하나[合一]가 된다. 그 하나[一]를 얻게 되면, 고뇌나 혼란이나 파탄은 구제된다고 생각했다.

너무나 일체가 현실화 되고, 그 현실의 와중에서 인간을 급기야는 불행에로 몰아넣은 당시의 세태에 대하여 형이상적(形而上的) 사색을 가진 노자는, 인간은 보다 깊은 곳에 눈을 돌려 인간 존재의 근원에 서지 않으면 구제되지 않는다고 생각했다.

형이상학적 사색이라는 것보다는 오히려 체험이라는 쪽이 바람직하다고 할 수 있겠다. 노자에 있어서는 체험이 문제였지 지식(知識) 따위는 문제로 삼지 않았다.

노자는 도를 향함에 있어, 인식하고자 하지는 않았다. 저쪽에 두면 이미 그것은 자기와 대립되는 것으로서 도는 아니다. 노자는 일체에 편만(遍滿)된 전체 생명의 입장에 서고자 했다. 노자는 현실에서 추상(抽象)되고 혹은 유리(遊離)된 형이상적 관념을 말하는 것도 아니었고, 또한 우리들의 저 먼 곳에 있는 신비한 존재를 문제삼는 것도 아니었다.

노자의 도(道)를 파르메니데스(Parmenides)의 하나〔一〕에 비교해 보자. 그러나 파르메니데스의 '하나〔一〕'보다는 차라리 헤라클레이토스(Herakleitos)의 '하나〔一〕'에 많은 유사점이 있다.

만물 유전(流轉)을 설파한 그는 유전 속에서 하나를 찾았다. "일체 만물은 하나에서 온다. 일체에서 하나가 오는 것이다." "신(神)은 밤과 동시에 낮이다. 겨울〔冬〕임과 동시에 여름〔夏〕, 싸움과 동시에 평화, 배부름과 동시에 굶주림이다." "선(善)은 곧 악(惡)과 동일하다."

다시 하나〔一〕를 말한다면 플로티노스(Protinos)의 하나〔一〕가 더욱 가깝지는 않을까?

하나〔一〕는 때에 따라서 신이라 부르며, 때로는 선(善)으로 부르나, 하나〔一〕는 분명히 존재를 초월한다. 하나는 일체의 것을 투시(透視)하여 현재(顯在)한다. 또한 하나는 오는 바 없이 현재한다. "어느 곳에도 없지만 그것이 없는 곳은 없다."라고 했다.

플로티노스는 그러나 많음〔多〕은 하나와 관계하지만, 하나는 많음과 관계가 없다고 했다. 노자의 도는 동시에 하나이면서 많음〔多〕이다. 오고 그리고 다시 가는, 스스로 그렇게〔自然〕 변화운행(變化運行)하는 것이 도(道)이다.

플로티노스의 하나는 불변이다. 플로티노스의 하나〔一〕는 많음〔多〕과 대립한 완전이지만, 노자의 하나〔一〕는 일체의 대립을 포함하고 '약결(若缺)'이며 '약충(若沖)(제45장)'이다.

《옛날부터 하나를 얻은 것은 하늘이 하나를 얻어 써 맑고, 땅이 하나를 얻어 써 평안하고, 신(神)이 하나를 얻어 써 신령하고, 골이 하나를 얻어 써 차며, 만물이 하나를 얻어 써 생겨나며, 후왕이 하나를 얻어 써 천하의 정(正)이 되나니, 그를 이루는 것은 하나이다. 하늘이 써 맑음이 없으면 장차

찢어질까 두려워하고, 땅이 써 평안함이 없으면 장차 발할까 두려워하며, 신이 써 신령함이 없으면 장차 그칠까 두려워하고, 골이 써 차지 않으면 장차 마를까 두려워하고, 만물이 써 생겨나지 않으면 장차 멸할까 두려워하고, 후왕이 써 귀하고 높아지지 않으면 장차 넘어질까 두려워한다. 그런 고로 귀한 것으로써 천한 것의 근본으로 하고, 높은 것으로써 낮은 것의 바탕으로 삼는다. 이로써 후왕은 스스로 이르기를 고(孤)니 과(寡)니 불곡(不穀)이라 칭하나니, 이것이 써 천함을 근본함이 아니겠는가. 안 그런가. 고로 자주 명예를 이루려면 명예가 없어진다. 녹록한 옥 같기를 바라지 않으며, 낙락한 돌 같이 할 따름이다.≫

昔之得一[1])者 天得一以淸 地得一以寧 神得一以靈 谷得一以盈 萬物得一以生 侯王得一以爲天下正[2]) 其致之一也 天無以淸 將恐裂 地無以寧 將恐發[3]) 神無以靈 將恐歇[4]) 谷無以盈 將恐竭[5]) 萬物無以生 將恐滅 侯王無以貴高 將恐蹶[6]) 故貴以賤爲本 高以下爲基 是以侯王自謂孤寡不穀[7]) 此非以賤爲本邪 非乎 故致數譽無譽 不欲琭琭[8])如玉 珞珞[9])如石

1) 得一(득일) : 도(道)를 얻는다. '일(一)'은 음양으로 갈리기 이전의 것으로 도(道)를 뜻한다.
2) 天下正(천하정) : 천하의 법도.
3) 發(발) : 폐(廢)와 같은 뜻으로 무너지다의 뜻.
4) 歇(헐) : 기능이 없어지다. 곧 있으나 마나한 존재가 되는 것.
5) 竭(갈) : 갈(渴)과도 통하여, 물이 마르는 것. 골짜기로서의 존재 조건이 다 없어지는 것.
6) 蹶(궐) : 넘어지다.
7) 孤寡不穀(고과불곡) : 모두 임금이 자기를 낮추어 부르는 말. '고'는 외로운 사람, '과'는 덕이 적은 사람, '불곡'은 복이 없는 사람의 뜻.
8) 琭琭(녹록) : 구슬이 아름답게 반짝이는 모양.
9) 珞珞(낙락) : 돌이 거칠게 구르는 모양.

제40장 거용(去用)・반복(反覆)

도(道)는 모든 존재(存在)에 대한
자연적(自然的)인 조정작용(調整作用)이다.

모든 존재의 운동은 통틀어 무엇인가의 반동(反動)에 의하여 자연스럽게 조정(調整)되어 있으며 그 반동이 도의 운동이다.
　모든 운동의 에네르기는 거의가 무엇인가의 강력함을 가지는데, 그것들의 강함의 한계를 가리키는 약함은 도의 작용이다.
　모든 세상 만물은 무엇인가의 운동 에네르기를 가진 질량(質量)으로서 유(有)에서 생겨나고, 그 유는 도라고 하는 무형(無形)의 것에서 생겨나는 것이다.

　▩ 이 장은 노자 철학의 근본을 이루는 도(道)와 노자의 사고를 특징짓는 '반(反)' '복귀(復歸)' '약(弱)' '유약(柔弱)' '유(有)' '무(無)' 등 여러 개념과의 관계를 짧은 문장으로, 정식적으로 설명하고 있다.
　전반 두 구절은 제16장, 제28장에서 서술한 바 있는 복귀(復歸)의 사상을 운문형식(韻文型式)으로 요약했다. 후반의 두 구절은 제1장의 무명(無名)인 도(道)와 유명(有名)인 천지 만물(天地萬物)과, 제42장의 우주 생성에 관한 논술을 일반적인 형식으로 요약했다. 또 이 장에서 설명하는 '반(反)'과 '약(弱)'의 사상 중 '반(反)', 즉 복귀의 사상에 대해서는 이미 제16장에서 설명하였으므로 '약(弱)'의 사상만 설명하겠다.

노자가 말하는 '약(弱)'이란 본래 여성의 온화하고 유연한 수동의 강인함을 말하는 것이다. 또는 물의 연약함과 불굴의 유연함을 동경하는 사상이기도 하다.

물은 낮은 곳을 좋아하며, 오탁(汚濁)을 싫어하지 않으면서도 남의 더러운 때〔汚〕를 깨끗이 씻기를 잘하고, 사람이 하는 대로 맡겨서 무심히 흐르다가 또 멈추며, 추우면 얼고〔凍〕, 더우면 녹고, 너무나 무심하게 작위함이 없이 존재하기만 한다. 그러나 어떠한 중압(重壓)에도 담담하게 견디며, 모든 강강(剛强)한 것에도 서서히 대처하여 이겨 나간다.

여성 또한 그 비약(卑弱)한 몸으로 유연한 생명력을 간직하고, 항상 수동의 입장으로 처신하면서도 불쾌한 능동성을 모르는 척하면서 받아들인다.

노자는 이러한 모든 것 가운데 허물어지는 것에서 허물어지지 않는 모습을 보았고, '약(弱)'한 것에서 참다운 '강(强)'함을 체관(諦觀)하였다.

노자의 '약(弱)'은 단순한 약함이 아니다. 그것은 '강(强)'을 마음대로 농락하여 얻는 '약'이며, 부드럽게 굳센 것〔剛〕을 제어하는 '약'인 것이다. 노자의 '약'은 역설적인 약이며, 진실한 의미의 '강'을 세속적인 말로써 '약'이라 했을 뿐이다.

그에 있어서는 세속적인 이른바 '강'은 사실 '약'이며, 세속적인 '약'은 실로 '강'한 것이었다. 노자 사고의 가치전도(價値顚倒)를 이러한 것에서 볼 수 있으며, 한 가닥으로 가지 않는 괴벽성을 엿볼 수 있겠다.

앞서 말한 『장자』 천지편(天地篇)에 서술한 태초의 한 기운〔氣〕에 대하여 『구약성서』를 인용하여 이해를 돕고자 한다.

『구약성서』에 "한처음에 하느님께서 하늘과 땅을 지어 내셨다. 땅은 아직 모양을 갖추지 않고 아무것도 생기지 않았는데 어둠이 깊은 물에 뒤덮여 있었고 그 물 위에 하느님의 기운이 휘돌고 있었다.(창세기 1 : 1)"라는 말이 있다.

≪반(反)이란 것은 도의 움직임이요, 약(弱)이란 것은 도의 사용이다. 천하 만물은 유(有)에서 나고, 유는 무(無)에서 난다.≫

反者[1]道之動 弱者道之用[2] 天下萬物生於有 有生於無[3]
1) 反者(반자) : 고요함으로 돌아가다.
2) 道之用(도지용) : 도의 작용.
3) 生於無(생어무) : 무에서 생겨나다. '무'는 허무의 도.

제41장 문도(聞道)・동이(同異)

도(道)와 덕(德)은 범속(凡俗)하게 이해하기는 퍽 어렵다.
있는 것에서 없는 것을 찾는 것이 아니라
없는 것에서 있는 것을 보고, 어두운 곳에서 밝은 것을 보며
크다고 느낄 때는 이미 작고, 아주 밝은 것은 어두운 것과 같으며,
무한대(無限大)한 것은 없는 것과 같고,
아주 큰 네모꼴(四方形)은 그 모퉁이(角)를 찾기 어렵다.
이 모든 이치가 다음에 설명되고 있다.

　뛰어난 선비는 일상 생활에서 도(道)를 듣고 실천하는 도리를 알면 부지런히 힘써 이를 실행한다. 또 다음 가는 선비는 도를 들어도 별로 관심을 나타내지 않고 도가 있으나마나 좋다는 태도를 취한다. 보잘것없는 사람이 도를 들으면 큰 소리로 웃어넘기고 만다. 그러므로 어리석은 사람이 웃어넘기지 않으면 도(道)라고 할 수가 없을 것이다.
　도를 훌륭한 격언에 비유한다면 아래와 같은 것이 있다. 밝은

도는 마치 어두운 듯하다. 참으로 진보하는 도는 얼핏 보면 뒤로 물러서는 것 같다. 참으로 평탄한 도는 얼핏 보면 울퉁불퉁하게 기복(起伏)이 있는 듯하다. 뛰어난 덕은 얼핏 보면 골짜기와 같이 공허하게 보인다. 참으로 흰빛은 얼핏 보면 더러운 검은빛에 물들은 것 같다. 넓고 큰 덕은 얼핏 보면 모자라는 것 같다. 확립된 덕은 얼핏 보면 가냘프고 엷게 보인다. 가식(假飾) 없는 진실은 얼핏 보면 정견(定見)이 없는 것 같다. 무한히 큰 정방형(正方形)은 구석〔隅〕이 없다. 가장 큰 그릇은 만들기가 어려워 늦게 이루어진다. 참으로 큰 소리〔音響〕는 쉽게 들리지 않는다. 대단히 큰 모습은 일정한 형체(形體)로 나타나지 않는다.

도(道)는 너무 작고 은미하여 보이지 않으므로 이름을 규정할 수 없다. 오직 도(道)는 모든 만물을 생성함에 있어 잘 베풀며 또한 왕성케 한다.

▨ 이 장도 또한 앞장의 내용에 이어서 도(道)에 대하여 설명하고 있다. 단 그 설명은 원리적인 것보다는 즉사적(卽事的)이며, 도의 근원적인 모습보다는 인간의 현실 생활에 직면한 도의 구체적인 표현을 문제삼고 있다.

글 가운데 건언(建言)으로부터 인용한 '명도약매(明道若昧)' 이하의 열두 구절은 '광덕약부족 대기만성(廣德若不足 大器晚成)' 등 옛날부터 여러 사람에게 전해져 온 격언적 언어가 많이 포함되어 있고, 노자의 굴절적(屈折的)인 사고, 역설적인 논리가 제시되어 있는 좋은 예(例)다.

이 장을 정리해 보면 제1장에 이어 그 무형무명(無形無名)한 도의 초월적인 성격과 위대한 조화의 역할을 찬미했다. 모든 도와 덕은 하늘과 땅, 음과 양의 관계에 있는 것을 말하고 있다.

'대기만성(大器晚成)' '대음희성(大音希聲)' '대상무형(大象無形)'에서 간추린다면, 작은 그릇은 만들기가 쉬워 빨리 이루어지지만 큰 그릇은 완성에 이르려면 오랜 시간이 걸린다. 큰 우주는 움직이는 소리가 잘 들리지 않듯이 큰 소리는 귀에 잘 들리지 않는다. 아주 큰 물체는 우주 공간처럼 그 형체가 없어 가름할 수가 없다.

이 가운데서 '대기만성'을 생각해 보자. 참으로 큰 인물은 나이가 들어감에 따라 비로소 알게 된다. 마찬가지로 큰 그릇은 빠른 시간에 만들어지지 않으며 조급하게 완성하려면 큰 흠이 있기 마련이다. 젊을 때 두각을 나타내는 사람이 반드시 큰 인물은 아니며, 위대한 재능을 가진 사람일 수도 없다. 남의 눈에 띄지 않고 서서히 자기를 다지는 사람이야말로 장차 큰 사람이 된다.

≪상사(上士)는 도를 들으면 힘써 행하고, 중사(中士)는 도를 들으면 있는 것도 같고 없는 것도 같으며, 하사(下士)는 도를 들으면 크게 웃는다. 웃지 않으면 족히 써 도라 하지 못한다. 그런 고로 건언(建言)에 있다. 밝은 도는 어두운 것 같고, 나아가는 도는 물러나는 것 같고, 편한 도는 얽매인 것 같다. 상덕(上德)은 골짜기 같고, 너무 흰 것은 더러운 것 같고, 넓은 덕은 부족한 것 같다. 건덕(建德)은 구차한 것 같고, 질진(質眞)은 변하는 것 같고, 크게 모난 것은 구석이 없다. 큰 그릇은 늦게 이루어지고, 큰 소리는 희미한 소리이며, 큰 모양은 형(形)이 없다. 도는 숨어서 이름이 없다. 오직 도는 잘 주고 또 이룬다.≫

上士[1]聞道 勤而行之 中士聞道 若存若亡[2] 下士聞道 大笑之[3] 不笑 不足以爲道 故建言[4]有之 明道若昧 進道若退 夷道若纇[5] 上德若谷 大白若辱 廣德若不足 建德若偸[6] 質眞若渝[7] 大方無隅[8] 大器晩成 大音希聲[9] 大象無形 道隱無名[10] 夫唯道 善貸且成[11]

1) 上士(상사) : 학덕이 아주 높은 선비.
2) 若存若亡(약존약망) : 도의 존재가 있는 것 같기도 하고 없는 것 같기도 함.
3) 大笑之(대소지) : 도를 믿지 않고 크게 웃다.
4) 建言(건언) : 입언(立言). 격언(格言). 옛날의 훌륭한 말.
5) 夷道若纇(이도약뇌) : 평탄한 도(道)는 도리어 들쭉날쭉하고 고르지 못한

것 같다.
6) 建德若偸(건덕약투) : 튼튼한 덕은 얄팍함과 같다.
7) 質眞若渝(질진약유) : 소박하고 진실한 것은 변하는 것 같다.
8) 大方無隅(대방무우) : 아주 크게 모진 것은 모퉁이가 없는 것 같다.
9) 大音希聲(대음희성) : 아주 큰 소리는 소리가 너무 작아 들리지 않음과 같다.
10) 道隱無名(도은무명) : 도는 너무 은미(隱微)하여 이름을 붙일 수가 없다.
11) 善貸且成(선대차성) : 잘 베풀어 주어서 만물이 또한 이루어지다.

제42장 충화(沖和)・생성(生成)

모든 것의 근원인 도(道)에서
만물은 어떻게 생성되는가?
만물의 하나인 사람은 도(道)에 알맞은
삶의 모습을 어떻게 실행할 것인가?

허무의 도는 하나다. 이 하나는 만물의 유일한 근원으로서의 유(有)를 발생시켰다. 또 하나가 음과 양 혹은 하늘과 땅이라는 둘〔二〕을 발생시켰고, 둘이 셋이라고 하는 만물(萬物)의 3가지 구성 요소를 발생시켰다.
그 셋에서 만물은 차례차례로 생성되는 것이다. 만물은 각각 음을 업고 양을 안아, 음양이 혼연일체를 이루는 화합된 기운으로써 조화를 이루는 데 따라서 성립되는 구조를 가진다.
이리하여 모든 사물은 서로 대립하는 두 요소의 조화에 의하여 성립되는 것으로 예컨대 누구나 싫어하는 것의 불행은 오직 고(孤)・과(寡)・불곡(不穀)이지만, 가장 행복해야 할 임금은 그것을 자칭의 대명사로 사용하고 있다.
  그 이유는 만물은 어느 것이나 덜어내면 필연코 보태지며, 보태기만 하면 언제인가는 반드시 넘쳐서 줄기 마련이다.
  때문에 임금도 항상 겸손하게 있으면, 오히려 그 지위가 공고해진다. 상식적인 것으로 누구나 다 이렇게 가르치는 것이다. 나 또한 이렇게 가르치는 것으로 난폭하고 힘센 사람은 온당하게 죽지 못하는 것이다. 나는 이것을 으뜸의 가르침으로 삼는다.

  ▨ 이 장 역시 만물을 생성시키는 도를 설명하면서, 그 생성 화육(化育)이나 영위(營爲)나 겸허(謙虛)의 모두가 다 유연함을 따르라는 인간의 '비(卑)'와 '약(弱)'의 처세를 가르치고 있다.
  노자의 도는 늘 허(虛)를 말하고, 충(沖)으로 표현하지만 그 허와 충은 작용이 없는 죽은 허가 아니라 언제나 쉴새없이 움직이는 것이다.
  그러므로 현상계의 배후에 숨어있는 도(道)가 기〔沖氣〕를 얻어 유(有)의 세계로 나타나 만물의 근원자가 되는 것이다. 때문에 하나〔一〕인 이상 그것과 대대(對待)되는 둘〔二〕, 즉 음과 양을 생성시킨다. 음양은 본래 남녀의 원형으로 상대되는 두 기운이다. 음은 정체적(停滯的)이며, 양은 약동적(躍動的)이다.
  이 음양의 두 기운이 합하면 남녀 교합에서 자식이 생겨나듯이 두 기운 가운데 새로운 충기(沖氣)가 생기는 것을 둘〔二〕이 부딪쳐 셋〔三〕을 발생시킨다고 한다.
  대대성(對待性)이란 양자가 서로 호응하는 것을 말한다. 남성이 여성에게 다가서고, 여성이 남성을 기다리는 성질을 일컫는다.
  이 원리는 형이상적으로나 형이하적으로나 다 적용되는 것으로 서로 그 기의 성질이 전혀 상반 대립되면서, 충기(沖氣)로써 조화되어 서로 기다려 맞이한다는 일반적인 원리다. 이렇게 사물과 형상이 서로 잘 화합하여 다시 그 차원을 달리하는 곳에서 제삼의 사물이 탄생하는데 이것을 셋〔三〕에서 만물이 탄생한다고 한다.

천지 자연계에 있어서도 위와 같은 이율대대(二律對待)의 충기원리(沖氣原理)에 따라 생성화육 된다. 만물의 하나인 인간계 역시 이것이 적용된다.

남과 여가 대립해 있다가 충기의 조화로 자식을 낳고, 투쟁과 부쟁(不爭)에서 평화를 낳고, 이율배반에서 이율대대의 원리가 도입될 때, 무위 자연의 세계로 돌아갈 수 있다.

노자도 '강량자 부득기사(强梁者 不得其死)'라 하여 굳센 사람은 반드시 제 명에 죽지 못하고 요절한다는 것을 가르쳤다.

이 장 전체는 도와 만물과의 관계를 원리적으로 설명하는 첫째 부분과 '손지이익 익지이손(損之而益 益之而損)'의 '비(卑)'의 처세술을 설명한 둘째부분과 '각강취약(却剛就弱)'의 '약(弱)'의 처세를 가르친 셋째부분으로 나누어져 있다. 세 부분의 논술은 반드시 서로 긴밀한 일체성은 갖지 않으며, 굳이 말한다면 도라는 공통의 테마로 된 것에 불과하다. 전체로서는 흐트러진 문장들을 뒷날 하나로 끌어 모아 이룩한 느낌이 없지 않다.

또 글 가운데 '인지소오 유고과불곡(人之所惡 唯孤寡不穀)' 운운함은 같은 유의 문장이 제39장에 '후왕자위고과불곡(侯王自謂孤寡不穀)'이라 하여 이미 쓰여 있고, '물혹손지이익 익지이손(物或損之而益 益之而損)'은 이와 똑같은 문장이 『회남자』 인간훈(人間訓)에는 '노자'의 말이라 밝히지 않고 그대로 인용되고 있다.

어느 것이나 도가의 성어적(成語的)인 문장을 수록한 것이라 할 수 있으며, 전체에 걸쳐 다른 장과는 달리 압운(押韻)의 부분이 없는 것을 보면 끌어모아 맞춘 문장임이 확실하다.

'유명(有名)'과 '무명(無名)'은 명칭의 유·무라는 단순한 의미를 포함하여, 우리가 대상 세계에 이름짓는 것, 즉 우리들의 인식 행위 등을 나타냈다. 다시 쉬운 말로 바꾼다면 '유명'이라는 것은 이제 겨우 말을 배워 익히는 어린이가 물건의 이름을 끊임없이 묻고, 또 자기 스스로 물건에 이름을 붙여 '집〔家〕'이라는 작은 우주〔小宇宙〕를 이해해 가는, 그 과정이다.

　통상적인 인식 능력에 의해서는 도저히 포착하지 못하는 결국 '무명'인 것, 그것이 '만물지모(萬物之母)'곧 도(道)다.

　특히 20세기 현대에 들어와서는 전쟁과 살인의 세기라고들 한다. 이 불행은 우리들의 인식 능력의 한계, 즉 자기만이 바르다고 하는 일방적·고정적인 가치 판단에 의한 것은 아니었던가?

　이와 같이 노자의 사상에는 단순하게 본체론(本體論)만으로는 정리할 수 없는 요소가 존재한다. 그것은 장자가 뒷날 궁극에까지 의문을 제기했던 인식의 문제였다. 장자도 노자와 같이 인간의 불행, 세계의 혼란이 인간들의 인식 능력의 한계에 기인한다고 설파하고 있다.

　그리고 장자는 다시 이와 같이 생각할 수밖에 없는 자신의 인식 능력에도 한계가 있음을 알아차렸다. 자신만은 초월했다고 생각하였을 것이지만 결국 자기도 세속의 인식 방법에 의하여 생각했고, 세속적인 언어에 의하여 그 생각한 바를 표명했다.

　이에 대하여 노자도 통상의 인식 능력에 커다란 의문을 느꼈다. 유가가 제창(提唱)한 문명화와 학문의 중시는 오히려 세상을 미망케 하고 도(道)를 왜곡시키지는 않았는가?라고. 거기에서 이 혼미한 세계를 살아가기 위해서는 세속의 인식에 의하여 포착되기 이전의 도의 모습을 바르게 체득하고, 그것을 처세나 정치 등에 응용해야 한다고 생각했다.

　이리하여 노자의 사색은 인식 그 자체에서 서서히 현실적 과제로 옮겨가고 있다. '노자'의 사상이 전체적으로 보면, 처세술·정치론적인 색채를 나타내고 있음은 이 때문이다.

　따라서 노·장의 상위점(相違點)은, 지금까지 생각한 것처럼 본체론·인식론이란 단순한 차이가 아니라, 같은 인식 문제에서 출발하면서 그것을 어디까지 추구하여 최종적으로는 무엇을 구할 것인가에 상위가 있다.

　지금까지 '도(道)'나 '천지(天地)'의 단순한 대칭(對稱)에 지나지 않았던 '무명' '유명'이 여기서는 우주 생성의 비밀을 여는 열쇠로서 중요한 위치를 차지하고 있다.

지금까지 '노자'의 우주관은 존재론적이라고 말하며, 또 그것은 인식론적인 '장자'와 좋은 대조를 이룬다고 생각해 왔다. 틀림없이 노자는 이 장에서 '도생일 일생이 이생삼 삼생만물(道生一 一生二 二生三 三生萬物)'이라고 한 것처럼, 본체로서의 도에서 만물이 단계를 거쳐 자동적으로 흘러나온다고 생각한 것이다.

그러나 '만물'은 '도'에서 자동적으로 생산되는 것이 아니라 그 과정에는 우리들이 세계를 응시하는 눈이 개입되고 있다.

그렇다면 세계를 응시하는 우리들의 눈은 과연 세계를 빠르게 포착하고 있는 것일까? 노자의 말에 귀를 기울여 볼 필요가 있다.

제2장에서 이미 천하의 모든 것은 상대적인 가치 기준에 지나지 않는다는 것을 알았다.

선(善)・불선(不善)과 난(難)・이(易)와 유(有)・무(無), 장(長)・단(短), 그리고 전(前)・후(後) 등은 이 세계를 여러 가지 온갖 상대적인 개념으로 충족시켜 버리지 않았는가?

결국 우리들은 상대적・일방적・고정적인 가치판단에 의하여 세계의 참 모습을 왜곡해서 보고 있는 것이다.

노자가 말하듯이 인간은 푸르고 아름다운 이 지구에 있을 리가 없는 선을 긋고, 제 나름대로의 명분을 세워서 추한 전쟁을 거듭 반복하여 왔다.

≪도는 하나를 낳고, 하나는 둘을 낳고, 둘은 셋을 낳고, 셋은 만물을 낳는다. 만물은 음을 지고 양을 안아, 충기(沖氣)로써 화(和)를 삼는다. 사람이 미워하는 바 오직 고(孤)와 과(寡)와 불곡(不穀)이며, 왕공은 이로써 일컬음을 삼는다. 그런 고로 만물은 혹 덜고 더하며, 혹 더하며 또 던다. 남이 가르치는 바를 나 역시 가르친다. 강량(强梁)한 자 죽음을 얻지 못하니 내 장차 써 가르침의 어버이로 하리라.≫

166　노자도덕경(老子道德經)

　　道生一¹⁾ 一生二²⁾ 二生三³⁾ 三生萬物 萬物負陰而抱陽 沖氣⁴⁾以
爲和 人之所惡 唯孤寡不穀 而王公以爲稱 故物或損之而益 或益
之而損 人之所敎 我亦敎之 强梁者⁵⁾ 不得其死 吾將以爲敎父⁶⁾

1) 道生一(도생일) : 도는 음양 상태로 나누기 이전에서 원시 상태인 태극을 낳
　는다.
2) 一生二(일생이) : 태극은 음・양의 두 기(氣)를 낳는다고 한다.
3) 二生三(이생삼) : 음양인 천지(天地)가 화합하면 그 변화로 인하여 자연계
　가 탄생하며, 이것은 물질의 근원을 낳는다고 한다.
4) 沖氣(충기) : 조화(調和)를 이룬 기운.
5) 强梁者(강량자) : 힘이 세고 강건한 것. 유약(柔弱)의 반대.
6) 敎父(교부) : 가르침의 근본. 부(父)는 바탕.

제43장 편용(偏用)・지유(至柔)

　　물은 무위 자연을 따라
　　그대로 움직이는 것의 전형(典型)이다.
　　그것은 무엇보다도 유약(柔弱)하지만
　　어떠한 견고(堅固)함도 허물어 버린다.

　천하에서 가장 유약한 것은 물이다. 물은 천하에서 가장 견고한
것을 차츰 차츰 허물어 버린다. 굳건한 제방도 천천히 침식하여
무너뜨리고 만다. 물의 유약이 이렇듯 아무런 힘이 없는 것 같지
만 지극히 강하며 무서운 힘도 가지고 있다.
　나는 이 때문에 무엇인가 일을 하기 위해서는 무위(無爲)로 한
다. 허풍스러운 형체를 취하지 않는 자연스러운 실행력(實行力)

으로 하는 것이 유익하다고 생각하는 것이다. 말〔言語〕로써는 표현 못하는 체험에 기초한 실천의 가르침으로서 무위의 유익함은 천하에서 물의 미치는 바 만큼 큰 것이 없을 것이다.

▨ 앞장에서 강강(剛强)을 물리치는 유약(柔弱)의 처세를 결론으로 하였기 때문에 이 장에서는 다시 '물〔水〕'의 지유(至柔)를 상징으로 하는 유약의 처세를 거듭 설명했다. 그것에서 더 나아가 불언(不言)·무위한 삶의 위대한 공용성(功用性)을 찬미하였다. 그러나 글 가운데서 자구(字句) 표현에는 다른 장의 그것과 중복되는 것이 많으며, 사상으로서도 특별하게 새로운 것이 눈에 띄지 않는다.

'천하지지유(天下之至柔)'에서 '입어무간(入於無間)'까지의 세 구절은 아래 두 구에서 '견(堅)'과 '간(間)'으로 운을 밟고 있다. 위의 두 구절은 제78장의 '천하막유약어수 이공견강자 막지능승기무이역지(天下莫柔弱於水 而攻堅强者 莫之能勝其無以易之)'와 같은 유의 논술이다. '지유(至柔)'는 '막유약(莫柔弱)'과 뜻이 같다.

구체적으로는 물〔水〕을 말하고 있다. '치빙(馳騁)'은 제12장에 이미 나왔고 뜻은 제멋대로 구사하는 것으로 풀이했다. 끝으로 한 구절인 '무유입어무간(無有入於無間)'은 '무유(無有)'의 뒤에 '출어(出於)'의 두 자를 더하여 두 구절로 된 원전이 있다.

'무간(無間)'의 '간(間)'은 틈을 말하는 것이며, 유형의 물체라면 스며들 틈이 없는 어느 곳이라도 자유롭게 침입할 수 있는 것을 말한다. 물〔水〕과 같이 상징(象徵)되는 것은 무위의 처세(處世)이며, 그의 위대함을 강조하였다.

≪천하의 지극히 부드러운 것은 천하의 지극히 굳은 것에 달리고, 없고 있음은 무간(無間)에 들어간다. 내 이로써 무위의 유익함을 안다. 말하지 않는 가르침과 무위의 유익은 천하에 미치는 점이 드물다.≫

天下之至柔$^{1)}$ 馳騁$^{2)}$天下之至堅$^{3)}$ 無有$^{4)}$入於無間$^{5)}$ 吾是以知無爲之有益 不言之敎 無爲之益 天下希及之$^{6)}$

1) 至柔(지유) : 지극히 부드러운 것. 곧 물〔水〕.
2) 馳騁(치빙) : 마음대로 달리면서 부리다.
3) 至堅(지견) : 지극히 견고한 것. 곧 돌이나 바위, 쇠 등.
4) 無有(무유) : 눈으로 보이는 형체가 없다.
5) 入於無間(입어무간) : 틈이 없는 데까지 들어가다.
6) 希及之(희급지) : 이에 따를 것이 없다.

제44장 입계(立戒)・지지(知止)

사람에게 무엇보다도
가장 귀중한 것은 자기의 생명이다.
그 생명을 오래 보존하기 위해서는
먼저 집착심을 버리지 않으면 안 된다.

　　명예와 신명(身命) 가운데 어느 쪽이 더 자기와 가까운가 라고 묻는다면 누구나 몸과 목숨이라고 말할 것이다.
　　신명과 재화(財貨)는 어느 쪽이 더 소중한 것인가 라고 물어도 역시 자기의 신명이라고 할 것이다. 때문에 명예도 재화도 신명도 얻을 때와 잃을 때에 어느 것이 더 우환거리인가?라고 한다면 역시 잃는 것이다.
　　그러므로 명예나 재화에 애착이 지나치면 반드시 그것들이 쌓여 소중한 신명까지도 크게 손상하게 될 것이요, 또 명예나 재물을 지나치게 간직하면 반드시 걱정이 많아져 소중한 본성까지도 어느새 없어지게 될 것이라는 도리를 터득하지 않으면 안 된다.
 만족할 줄 알면 치욕(恥辱)받을 일이 없고, 그칠 줄 알면 위태로운 일을 당하지 않는다는 것으로 이렇게 되면 하늘과 땅과 더불어 영원히 오래 갈 수 있다.

 ▨ 이 장은 제33장에서 이미 본 '지족(知足)'의 처세에 대한 설명을 하고 있다. '화(貨)'와 대용되고 있는 '명(名 : 名利의 '명')', 곧 세속적인 명성·명예를 주제로 하여 쓰여진 대목은 이 장이 처음이며, 또 '명'을 귀중하게 숭상하는 유가의 사상과 대비시켜 그것을 거부하는 도가의 사상적인 입장을 명확하게 나타내고 있는 점이 주목된다.
 인간의 명예와 재물에의 집착을 엄하게 꾸짖은 선현(先賢)들의 말은 수없이 많다. 그 가운데서도 "도대체 자신을 감싸고 있는 육체 등은 안중에도 없는 사람이 옷이나 집, 그리고 명예나 영화 등 하잘것없는 패물이나 허식에 마음을 써서 왜 시간을 낭비하는 것일까?"라는 말은 로마 후기스토아의 철인제왕(哲人帝王) 마르쿠스 아우렐리우스(121~180)가 남긴 말이다. 그는 또 명예를 구하는 것이 얼마나 어리석은 일인가를 다음과 같이 훈계하고 있다.
 "아주 높은 곳에서 바라 보라. 수많은 집회(集會)와 의식을, 거센 파도와 태풍 속을 헤매는 항해를, 이 세상에 태어나서 또한 같이 살다가 그리하여 죽어간 많은 사람들의 유위전변(有爲轉變)을, 또한 옛날 다른 여러 사람에 의하여 살아온 인생, 그리고 우리 뒤를 이어 태어나서 살아갈 인생들, 현재 세계 어느 곳의 미개한 곳에서 야만 민족으로 살아가는 인생을 생각해 보라. 얼마만큼의 사람이 당신의 이름을 알고 있을 것인가? 어느 정도의 사람들이 그것을 눈 깜짝할 사이에 잊어버리고 말 것인가? 얼마만큼의 사람들이 아마도 당신을 칭송하면서도 곧바로 당신을 욕하게 될지 생각해 봤는가? 기억도 명성도 그밖의 모든 것이 어떻게 짐작할 수 없을 만큼 만족할 것인가?(자성록에서)"

이 마르쿠스 아우렐리우스는 또 노자와 같이 '자연', 즉 우주를 지배하는 위대한 이법(理法)을 말했고, '덕(德)', 즉 그 '자연'에 그대로 순종하여 그 이법을 즐거이 수용하는 철인(哲人)의 모습을 강조하고 있다. 그의 이러한 '명(名)'과 '화(貨)'에 대하여 갖는 자성(自省)의 말은 노자의 생각과 공통된 영지(英智)를 함축하고 있어 주목을 끈다.

『성서』에 "재물은 한눈 파는 동안에, 날개가 돋아 하늘로 날아가는 독수리처럼 사라지고 만다. 인색한 사람과 한 식탁에 앉지도 말고, 그가 즐기는 음식은 바라지도 말아라. 그것은 네 목에 가시처럼 걸린다.(구약 잠언 23 : 5~7)"라고 했고, 또 『성서』에 "이번에는 부자들에게 한 마디 하겠습니다. 당신들에게 닥쳐올 비참한 일들을 생각하고 울며 통곡하십시오. 당신들의 재물은 썩었고 그 많은 옷가지들은 좀먹어 버렸습니다. 당신들의 금과 은은 녹이 슬었고 그 녹은 장차 당신들을 고발할 증거가 되며 불과 같이 당신들의 살을 삼켜 버릴 것입니다. 당신들은 이와 같은 말세에도 재물을 쌓았습니다.(신약 야고보서 5 : 1~3)"라고 했다.

본래 고대의 중국에 있어서 명예를 소중하게 여긴 것은 유가(儒家)의 사상이었다. 공자는 『논어』 이인편(里仁篇)에서 "부와 귀는 사람마다 원하나 부정으로 얻는 것이면 탐내지 않고, 가난하고 천한 것은 사람마다 싫어하나 도의적인 빈천이면 피하지 않는다. 군자가 인을 잃고 어찌 군자의 명예를 이루겠는가?"라고 했다.

그러나 '예자 충신지박(禮者 忠信之薄)'이라 하여 그러한 것을 부정하고, 또 규범으로 확립된 인효(仁孝)를 부덕(不德)으로 비판한 노자는 명예와 더불어 명예의 성립 기반인 예교사회(禮敎社會) 그 자체를 세속이라 하여 부정했다.

그는 이름과 명예를 갖지 않는 '박(樸)'에서 자기의 모습을 찾았다. 영원히 이름 붙여지지 않는 무명(無名)의 도에, 인간 존재의 가치를 부여하는 세계와 이름이 자기의 존재를 규정하는 유위(有爲)의 세계를 초월하여, 유구(悠久)한 것, 영원한 것, 근원적인 것의 앞에서 오직 홀로 섰다.

그리하여 이름을 초월한, 이름 없던〔無名〕처음에 홀연히 혼자 서서, 이름에 의하여 가치지어지는 것 혹은 가치지어지지 않는 것에 마음 흔들리는 일 없이 세속에 의하여 천대받는 곳에 기꺼이 처신할 수 있게 된 것이다.

마르쿠스 아우렐리우스가 "높은 곳에서 바라보라"면서 "사라져 간 사람들의 유위전변(有爲轉變)을 생각해 보라"고 했을 때, 그도 또한 노자와 같이, 유구하고 영원하고 근원적인 것의 앞에 오직 홀로 서고자 했을 것이며, 그 앞에 홀로 섬으로써 이름 붙여지는 곳에서 해방되어 자유로워지려 했다.

그는 그 유구한 것, 영원한 것, 근원적인 것을 '자연'으로 파악하고 그 자연에 따라 살아가는 모습을 '덕'으로 이해하고 있다. 그의 이러한 사고 자체는 이른바 '자연(Physis)'이나 '덕(Arete)'의 기본이 스토아 철학을 계승한 로고스적인 성격을 강하게 풍기는 점만 제외하면 노자의 그것과 극히 근접한 입장에 처하게 된 것이라 하겠다.

마르쿠스 아우렐리우스의 '자연'이 노자의 '자연'과 유사하다는 것은 저서에서 확인할 수 있다. 그 뿐 아니라 그의 처세의 지혜 또한 노자의 그것과 공통점을 많이 가졌다.

그는 제왕의 귀한 신분에 있으면서 수차의 외침(外侵)에서 몸소 전장의 제일선에 섰다. 뿐만 아니라 그 전장에서 가장 사랑하던 왕비를 병사시켰고, 휘하 장군의 모반으로 고통을 당하였으며 종국에 가서는 자기도 악질(惡疾)로 인하여 진중에서 죽음을 맞는 비극적인 생애를 마쳤다. 그런 그의 '자성(自省)'에서 볼 수 있는 노자적인 사고는 무엇보다 흥미롭게 생각할 수 있다.

이들의 말과 같이 사람은 자연에서 나서 자연에서 살다가 자연으로 돌아간다.

이것이 자연의 철칙인데도 사람만이 유독 그렇지 않다. 인위적인 명예를 구하다가 목숨을 잃어 버린다. 재물을 탐내다가 끝내는 죽음을 걸고 얻은 명예를 잃고, 또 목숨을 잃는다.
　그러므로 노자는 이 장에서 우리에게 지족불욕(知足不辱)의 처세술을 가르쳤다.

《이름과 몸은 어느 것이 더 친하며, 몸과 재물은 어느 것이 나으며, 얻음과 잃음은 어느 것이 병인가. 이런 고로 심히 사랑하면 반드시 크게 쓰고, 많이 간직하면 반드시 후하게 잃는다. 그러므로 족함을 알면 욕되지 않고, 그칠 줄 알면 위태롭지 않아 가히 써 길고 오래할 수 있다.》

　名與身孰親[1] 身與貨孰多[2] 得與亡孰病[3] 是故甚愛必大費[4] 多藏必厚亡[5] 故知足不辱 知止不殆 可以長久
1) 孰親(숙친) : 어느 것이 더 가까운가?
2) 孰多(숙다) : 어느 것이 더 소중한가?
3) 孰病(숙병) : 어느 것이 더 해로운가?
4) 大費(대비) : 크게 소비된다.
5) 厚亡(후망) : 크게 망한다.

제45장 청정(淸靜)・홍덕(洪德)

　　참으로 위대한 것은
　　그 위대한 것이 밖으로 나타나는 것이 아니라
　　오히려 그 모습을 보이지 않는 데 있다.

　참으로 위대한 형성작용(形成作用)은 마치 천지가 무한하게 만물을 형성하고도 아무 일도 하지 않은 것처럼 모자라는 것 같으나 그 형성작용은 쇠퇴하지 않는다. 완전한 충만 상태는 마치 공기가 공간 전체를 꽉 채운 것 같아서 텅 비어 있는 것 같으나 그것의 이용은 무궁무진하다.
 위대한 정직은 단순히 우직함에 그치지 않고 마치 굴곡이 있는 것처럼 보인다. 그 안에는 진정하게 곧은 것이 있다.
 완전한 기교는 너무나 자연스러워서 치졸(稚拙)하게 보이지만 그 이상의 솜씨는 있을 수 없다. 참다운 웅변은 말더듬이 같이 보인다. 그러나 누구도 그보다 설득력을 갖지는 못한다.
 추위와 더위를 극복하는 데는 시끄러우면 추위를 이기기가 쉽고, 조용하게 있으면 더위를 이기기가 쉽다.
 천하를 다스리는 데는, 무위로써 스스로 교화되어 혼란이 없는 깨끗하고 맑으며 조용함이 있다. 이것은 천하를 다스리는 데 당연히 있어야 할 모습의 정상적(正常的)인 상태라고 하겠다.

 ▨ 우리들의 상식적인 사고로는 미(美)와 추(醜), 현(賢)과 우(愚), 선과 악으로 엄격히 구분된다. 아름다움은 결코 추한 것이 될 수는 없고, 현명함은 우직함과 서로 용납되지 않으며, 선과 악은 전혀 다르다.
 혹은 성(成)과 패(敗), 영(盈)과 허(虛)는 서로 대립하고, 곡(曲)·직(直), 교(巧)·졸(拙), 웅변(雄辯)·눌변(訥辯)은 전혀 서로 다른 개념이다.
 그러나 우리들의 인식이나 가치판단은 사상(事象)의 외형에 속기 쉽다. 우리들은 흔히 어리석게 보이는 것을 어리석다고 결정해 버리고, 보기 싫은 추한 것은 추한 것으로만 생각해 버린다. 또는 굽은 것을 보면 언제까지나 곧은 것과 구별하며, 곧은 것은 끝까지 굽은 것이 될 수 없는 것이라 생각한다.
 그러나 무위의 입장, 즉 사물의 있는 그대로의 모습을 있는 그대로의 상(相)으로 빈 마음에서 조관(照觀)하는 입장에 서면 어리석게 보이는 것이 참으로 어리석다고는 한정지을 수 없고, 차라리 참으로 현명함이 도리어 어리석게 보인다.
 소리가 지나치게 크면 인간의 청각에 잡히지 않는 것과 같이, 혹은 삶에 있어서 없어서는 안 될 귀중한 물이 지나치게 풍부하면 세속에서 귀중하게 여기지 않게 되는 것과 같다. 세속에서 보석으로 취급되는 금은이 돌처럼 흔하게 되면 도리어 돌이 희귀해져서 보석 평가를 받게 될 수도 있다.
 상식적인 이해의 한계를 넘어서게 되면 도리어 진상(眞相)과는 판이한 것으로 받아들여지게 된다.
 노자는 이와 같은 상식적인 이해의 한계를 초월한 것을 '크다〔大〕' '높다〔上〕'라고 부른다. 노자가 말하는 '대(大)'와 '상(上)'이란, 인간의 상식적인 인식이나 세속적인 가치판단을 초월한 것을 말한다. 그러한 것을 초월한 곳에 명명(冥冥)·요요(窈窈)하게 실재(實在)하고 있는 그대로의 사상(事象)의 세계로서 무위의 도를 부르는 말이나 다름이 없다.

《크게 이룬 것은 이지러진 것 같으나 그 씀이 해지지 않고, 크게 찬 것은 빈 것 같으나 그 씀이 다하지 않는다. 크게 곧은 것은 굽은 것 같고, 크게 잘 된 것은 서투른 것 같고, 크게 말 잘하는 것은 더듬는 것 같다. 움직이는 것은 추위를 이기고, 고요한 것은 더위를 이긴다. 청정(淸靜)은 천하의 정(正)이 된다.》

 大成若缺 其用不弊[1] 大盈若沖[2] 其用不窮[3] 大直若屈 大巧若拙 大辯若訥 躁勝寒 靜勝熱[4] 淸靜爲天下正[5]
1) 弊(폐) : 해지다. 다하다.
2) 沖(충) : 텅 빈 모양.
3) 不窮(불궁) : 끝남이 없는 것.
4) 靜勝熱(정승열) : 고요함은 더위를 이긴다.
5) 爲天下正(위천하정) : 천하를 바르게 다스리는 것으로 천하의 법도를 삼다.

제46장 지족(知足) · 검욕(儉欲)

갖고자 하는 욕심을 버리고 있는 그대로에 만족함을 알면
이 세상에 서로 다투는 전쟁 따위는 없을 것이다.

천하가 도에 순종하고 있으면 힘세고 빨리 달리는 말은 불필요하게 되며 평화스럽게 농사짓는 데 쓰이게 될 것이다.
천하에 도가 없어지면 전쟁이 일어나 농사를 짓던 말들은 전쟁터에서 다시 사육되고 암컷은 그곳에서 새끼를 낳게 된다.
전쟁이라는 재앙의 모든 원인은 무엇보다도 지배자가 과욕하여 만족할 줄 모르는 것보다 더 큰 것이 없다. 또한 전쟁이 가지는 허물의 큰 원인은 무엇보다도 지배자가 이익을 얻고자 하는 탐욕이 가장 큰 것이다.
탐욕을 버리고 적당하게 만족한 것을 자각하는 것은 중요하다. 또 만족한 것을 아는 만족은 언제나 만족할 수 있는 것이다.

▨ 이 장 역시 제44장과 같이 노자의 '지족(知足)' 철학을 설파하고 있다. 그러나 44장의 '지족'이 우리들 몸의 회복을 중심으로 개인적인 처세를 중요한 관심으로 한데 대하여, 이 장에서는 전쟁과 평화라는 사회적인 문제로 넓혀서 생각했다. 그리고 전쟁을 인간의 재앙 가운데 가장 큰 것으로 하였으며, 또 '지족'의 철학과 연관시킨 것이 하나의 특징이다.

≪천하에 도가 있으면 달리는 말을 물리쳐 써 밭갈이 하고, 천하에 도가

없으면 싸우는 말들은 들에서 낳는다. 죄는 가욕(可欲)보다 큰 것이 없고, 화(禍)는 족함을 알지 못하는 것보다 큰 것이 없고, 허물은 얻고자 하는 것보다 큰 것이 없다. 그런 고로 족함을 아는 넉넉함은 항상 넉넉하다.≫

天下有道 却¹⁾走馬²⁾以糞 天下無道 戎馬³⁾生於郊⁴⁾ 罪莫大於可欲⁵⁾ 禍莫大於不知足 咎莫大於欲得⁶⁾ 故知足之足 常足⁷⁾

1) 却(각) : 되돌리다.
2) 走馬(주마) : 전장(戰場)에서 달리던 말.
3) 戎馬(융마) : 군마(軍馬). 싸움에 쓰는 말.
4) 生於郊(생어교) : 전장(싸움터)에서 새끼를 낳다.
5) 可欲(가욕) : 욕망에 따르는 것.
6) 欲得(욕득) : 얻으려고 욕심을 내다.
7) 常足(상족) : 늘 만족하다.

제47장 천도(天道) · 감원(鑑遠)

도(道)를 체득한 성인은
무위(無爲) 상태에서도 온갖 일을 다 성취시킨다.

중지(衆智)를 모아 모든 정보망을 파악하고 있는 천하의 통치자는 굳이 문 밖에 나가지 않고서도 세상의 일을 알 수 있다. 또 창문으로 엿보지 않고서도 하늘의 운행(運行)을 알 수 있다. 나가는 것이 멀면 멀수록 떨어져 앎(知)이 점점 적어진다고 했다.
그러므로 모든 것의 근본인 도를 파악한 성인은 스스로 가지 않고서도 알고, 스스로 보지 않고서도 사물(事物)의 구별을 밝게 살펴 알며, 스스로 하지 않고서도 이루어냈다.

▨ 이 장에서도 마찬가지겠지만 '노자'에는 기발한 말들이 많으며 그 특색이 있다. 이 장의 표면적인 뜻은 한 발자국도 문 밖을 나가지 않으면서 세상 일을 다 알 수 있고, 창문 밖으로 내다보지 않으면서 천도(天道)를 알 수 있다는 것이며, 문 밖을 나와 멀리 갈수록 사물의 앎이 줄어든다고 했다.

이것은 우리가 상식적으로는 터득하기 힘든 일이다. 노자 특유의 역설적 표현 방식으로 의표를 찌른다.

이 장은 모든 정책적이며 실제적인 정치에 밀착한 해석과, 그와는 반대로 직관적 인식론을 설명하고자 하는 아주 고답적(高踏的)인 철학적 해석의 2가지 견해가 있다.

이 장은 앞장의 '지족(知足)'의 처세와 관련하여 '참다운 지혜' 즉 제16장, 제33장에서 말하는 '명(明)'이, 밖으로부터 구하는 대상적·경험적인 지식이 아니고, 자기의 마음 속에 본래 충족되어 있는 초감성적(超感性的)·초경험적(超經驗的)인 직관의 영지(英知)라는 것을 설명했다.

유가의 학문이 감성적·감각적인 경험의 지식을 중요시하고, 따라서 밖으로부터 구하는 '박식(博識)'을 귀하게 여기는 경향을 현저하게 나타내는데 대하여, 그 '박식'이 인간 마음의 본래적인 순수함을 밖으로 확산시켜서 인간을 감각·지각의 노예, 즉 제12장에서 말하는 '위목(爲目)'의 인간으로 만드는 위험을 경고하는 것이 이 장의 논지다.

중국 철학에는 '밖으로부터 구하는 것'의 위험을 철저하게 경계하는 가르침이 퍽 많다. 그 중에도 노자의 철학이 유럽식 로고스철학 내지는 과학적인 사고의 대극(對極)에 서 있다고 하는 것은 이미 지적했지만, 일반적으로 말해서 중국인의 사고에는 선(禪)이나 육·왕(陸·王 : 陸象山·王陽明)의 유학에서도 알 수 있듯이 내면을 향하여 이(理)를 구하는 경향이 강하다.

과거의 중국은 근대 유럽에서 있었던 과학적인 사고가 충분하게 발달되지 않았다. 따라서 과학기술이 비약적인 진보를 못한 이유의 하나도 여기에서 찾아볼 수 있겠다. 그 공과(功過)들도 포함하여 노자의 철학은 중국인의 폐쇄적·내관적(內觀的), 혹은 신비적·직관적 경향을 초기적(初期的)으로 가장 잘 대표하고 있다.

《문[戶]을 나가지 않고 천하를 알며, 창문으로 엿보지 않고 천도(天道)를 본다. 그 나감이 멀면 그 아는 것이 더욱 적다. 이로써 성인은 가지 않고도 알고, 보지 않고도 이름하며, 하지 않고도 이룬다.》

不出戶[1]知天下 不窺牖[2]見天道 其出彌遠[3]其知彌少[4] 是以聖人不行而知 不見而名[5] 不爲而成

1) 不出戶(불출호) : 문 밖을 나가지 않다.
2) 不窺牖(불규유) : 창문 밖을 엿보지 않다.
3) 彌遠(미원) : 점점 멀어지다.
4) 彌少(미소) : 점점 적어지다.
5) 不見而名(불견이명) : 보지 않아도 밝게 살피다.

제48장 일손(日損)·망지(忘知)

천하를 취하는 데 있어서도
무위(無爲)의 효과는 위대하고 절대적이다.

학문을 하면 지식과 함께 자질구레한 지혜가 나날이 더해 가고, 도를 실천하면 지식은 소화되고 심신에 익혀져 자질구레한 지혜가 나날이 줄어든다.
　줄이고 또 줄이면 결국에는 무위에 이르게 된다. 또 무위는 고의로 하지 않는 자연스런 방법으로 모든 필요한 것이 충분히 이루어지게 된다.
　천하를 취하는 데는 항상 무사(無事)한 방법에 의하는 것이며, 유위에 이르러서는 족히 천하를 취하지 못한다.

　▨ 이 장은 앞장의 '불출호 지천하(不出戶 知天下)' 또는 '기출미원 기지미소(其出彌遠 其知彌少)'에 이어서 세속적인 학문, 즉 제20장에서 말한 '절학무우(絶學無憂)'의 학(學)은 예학(禮學)을 중심으로 한 유가적인 학문의 습득과, 도와 또 노자적인 무위 자연의 진리의 체득은 본질적으로 그 모습이 다르다.
　전자가 나날이 더해 가면서 쌓이는 방향, 따라서 '박(博)'을 귀중하게 생각하는 데 대하여, 후자는 줄이고 줄여서 사라져 가는 '과(寡)' 또는 '요(要)'를 소중히 여기는 것을 분명히 했다.
　또 이 장은 『노자』 전반에 걸쳐서 맥락을 같이 하고 있으며, 그가 가장 강조하는 '무위 자연'의 덕이야말로 모든 것을 이루어 내지 않음이 없다. 특히 이 장에서는 사물을 보는 시각을 크게 둘로 나누어 현상적인 것과 본체론적인 것으로 볼 수 있다. 현상적인 과학을 공부하면 지식은 나날이 더해 가지만 본체론적인 도학(道學)을 익히면 과학적인 사고는 점점 줄어든다.
　노자와 장자는 한결같이 유가의 박학(博學)을 "우리의 생명에는 한이 있으나 지식에는 한이 없다. 한이 있는 것으로써 한이 없는 것을 따르면 위태하다. 위태한 줄 알면서 지식을 추구함은 더욱 위태로운 것이다.(『장자』 양생주편)"라 했다.
　『성서』에도 "이 세상의 지혜는 하느님이 보시기에는 어리석은 것입니다. 성서에 '하느님께서는 지혜롭다는 자들을 제 꾀에 빠지게 하신다.'고 기록되어 있고, 또 '주님께서는 지혜롭다는 자들의 생각이 헛되다는 것을 아신다.'고도 기록되어 있습니다.(신약 고린도전서 3 : 19~20)"라고 기록되어 있다.
　이러한 성현(聖賢)들의 가르침으로 미루어, 인간이 하잘것없는 알음알이를 가지고 세상만사를 보고 판단함이 얼마나 어리석은 짓인지 우리는 깨달아야 한다.

　《배움을 하면 날로 더하고, 도를 하면 날로 던다. 덜고 또 덜어 써 무위에 이른다. 무위이면서 하지 않음이 없다. 천하를 취하되 항상 일이 없는 것으로써 한다. 그 일이 있는 것에 미치면 족히 써 천하를 취하지 못한다.》

　爲學日益 爲道日損[1] 損之又損 以至於無爲 無爲而無不爲 取[2]天下 常以無事[3] 及其有事[4] 不足以取天下
1) 爲道日損(위도일손) : 도를 닦으면 날로 지식이 줄어든다.
2) 取(취) : 다스리는 것.
3) 無事(무사) : 하는 일이 없음. 무위(無爲)와 같은 뜻.
4) 有事(유사) : 유위(有爲). 인위적(人爲的).

제49장 덕선(德善)·무심(無心)

　　성인(聖人)은 천하를 다스리되
　　청탁(淸濁)을 뒤섞어 들어마시는 기개(氣槪)로
　　차별 없이 민중과 접(接)하여
　　사람들을 무지무욕(無知無欲)한 갓난 아이들처럼 되게 한다.

　성인은 변하지 않는 잔잔한 마음을 가지고 있다. 이것은 무심이다. 즉 융통무애(融通無碍)하고 자유자재한 마음으로 주인을 삼고 민중의 마음을 자기의 마음으로 삼는다.
 때문에 성인은 이렇게 말한다. 민중 가운데 선한 사람에 대하여는 나도 이를 선하게 대하고, 선하지 않은 사람에게도 나 또한 있는 그대로의 불선(不善)을 인정하면서 이를 선하게 이끄니 이것으로 결국 성인의 덕은 선한 것이다.
 민중 가운데 신실(信實)한 사람은 내가 신실하게 대하고, 신실하지 않은 사람에게도 나 또한 있는 그대로의 불신(不信)을 인정하면서 그것을 신실하게 대하여 이끈다. 이것으로 결국 성인의 덕은 참다운 신실한 것이 된다.
 성인이 위정자로서, 또는 지배자로서 천하를 다스리는데 있어서는 자기의 고집과 의욕을 거두어 움츠러들게 하여 천하의 민중으로 하여금 도(道)의 마음을 혼돈하게 한다. 민중들은 모두 그들의 귀와 눈을 기울여 성인을 우러러 보지만 성인은 그에 대하여 무심으로 대응하고 이들을 다 유약한 무지 무욕의 갓난아이와 같이 다룬다.

　▨ 이 장은 도의 체득자, 즉 성인(聖人)은 자기를 비우고 일체를 무심으로 받아들일 때, 세속의 입장에서 선(善)하다는 인간이나 불선(不善)하다는 인간도, 또한 신의(信義)를 지키는 인간이나 신실(信實)하지 않은 인간이라도 한결같이 받아들여 무위 자연의 도(道)에 혼일화(渾一化)하는 위대한 인격임을 설명하고 있다.
 『장자』의 대종사편(大宗師篇)에 "그러한 사람은 그 마음을 잊어 버리고 그 이마는 넓고 크다. 엄숙하기가 가을과 같고, 따뜻하기는 봄과 같다. 희로(喜怒)는 사시(四時)와 통하며, 모든 사상(事象)에 적응하여 그 끝을 알 수가 없다. 그러므로 성인은 군사를 일으켜 남의 나라를 멸망시켜도 인심을 잃지 않는다." 하여, 성인의 모습을 노자풍(老子風)으로 표현한 문장을 볼 수 있다.
 본래 성인은 무상심(無常心)하다. 그러므로 민중의 마음을 그대로 수용하여 여론을 존중한다.

그것은 본래 무형한 도로써 체(體)를 삼기 때문이요, 고집된 자기의 마음이 없는 것이다. 민중의 마음으로 자기의 마음을 삼는다. 기쁨과 슬픔도 민중과 더불어 하게 된다.

위의 『장자』에서도 논술한 바와 같이 희로(喜怒)는 사시(四時)와 통하고, 세상 모든 사물에 그대로 적응하는 고로 끝이 없는 것이다. 일체의 차별상에서 벗어나 어느 누구나 진선진미(盡善盡美)하고 진실한 덕의 경지에 도달하게 하며, 도에로 끌어올려 무위 자연의 상태로 혼일시키고 귀의시킨다.

노자가 말하는 성인(聖人)이란 도의 체득자로서 광대무변한 것을 말한다. 이와 같이 광대무변한 것을 자기의 광대무변으로 하여 도의 근원적인 하나〔一〕, 즉 선도 없고 악도 없는 곳에서 일체 만물을 무심으로 받아들인다.

그에게 있어 '도가도(道可道)'는 세속적인 도덕 규범에 의한 절대 불변의 기준이 아니다. '명가명(名可名)'은 인간의 언어에 의한 가치(價値)의 낙인(烙印)으로 상대적인 일면성을 가진다.

그는 이 깨달음〔覺醒〕에 근거하여 세속적인 도덕과 가치관을 초월한 곳, 즉 근원적인 도(道)의 카오스에 자기의 마음을 혼돈화(混沌化)시킴과 동시에 세속적인 가치관에 민감한 반응을 가지는 민중의 이목(耳目)까지를 거기에 돌려 세우고자 한다. 모든 인간의 마음이 근원적인 도의 카오스에서 깨달을 때, 선인(善人)만이 '왕생(往生)' 하는 것이 아니라 불선인(不善人) 또한 '왕생' 할 수 있다는 것이다. 노자의 선·악과 신(信)·불신(不信)이란 것은 세속적인 도덕의 가치관을 초월한 곳에서 '상도(常道)'의 경지를 생각한 것이다.

이 장에서 우리는 성인이 민중을 다스리는 참마음이 어떤 것인가를 짐작하였는데 『성서』에 다음과 같은 말이 있다.

"그러나 이제 내 말을 듣는 사람들아 잘 들어라. 너희는 원수를 사랑하여라. 너희를 미워하는 사람들에게 잘해 주고, 너희를 저주하는 사람들을 축복해 주어라. 그리고 너희를 학대하는 사람들을 위하여 기도해 주어라. 누가 뺨을 치거든 다른 뺨마저 돌려 대 주고, 누가 겉옷을 빼앗거든 속옷마저 내어 주어라. 달라는 사람에게는 주고, 빼앗는 사람에게는 되받으려고 하지 말라. 너희는 남에게서 바라는 대로 남에게 해 주어라. 너희가 만일 자기를 사랑하는 사람만 사랑한다면 칭찬받을 것이 무엇이겠느냐? 죄인들도 자기를 사랑하는 사람은 사랑한다. 너희가 만일 자기한테 잘해 주는 사람에게만 잘해 준다면 칭찬받을 것이 무엇이겠느냐? 죄인들도 그 만큼은 한다. 너희가 만일 되받을 가망이 있는 사람에게만 꾸어 준다면 칭찬받을 것이 무엇이겠느냐? 죄인들도 고스란히 되받을 것을 알면 서로 꾸어 준다. 그러나 너희는 원수를 사랑하고 남에게 좋은 일을 해 주어라. 그리고 되받을 생각을 말고 꾸어 주어라. 그러면 너희가 받을 상이 클 것이며 너희는 지극히 높으신 분의 자녀가 될 것이다. 그분은 은혜를 모르는 자들과 악한 자들에게도 인자하시다. 그러니 너희의 아버지께서 자비로우신 것 같이 너희도 자비로운 사람이 되어라.(신약 누가복음 6 : 27∼36)"

≪성인은 상심(常心)이 없어 백성의 마음으로써 마음을 삼는다. 선한 자 나는 착하다 하고, 선하지 않은 자 역시 나는 착하다 한다. 덕이 선한 것이다. 진실한 자 나는 진실하다 하고, 진실하지 않은 자 역시 나는 진실하다 한다. 덕이 진실한 것이다. 성인은 천하에 있어서 흡흡히 천하를 위해 그 마음을 흐리게 한다. 백성은 다 그 귀와 눈을 쏟는다. 성인은 다 어린아이로 만든다.≫

聖人無常心 以百姓心爲心 善者吾善之 不善者吾亦善之 德善[1] 信者[2]吾信之 不信者吾亦信之 德信 聖人在天下 歙歙[3]爲天下 渾其心[4] 而百姓皆注其耳目 聖人皆孩之[5]

1) 德善(덕선) : 사람의 본성은 본래 착한 것이다.
2) 信者(신자) : 진실된 것. 성실한 것.
3) 歙歙(흡흡) : 두려워하는 모양.

4) 渾其心(혼기심) : 그 마음이 분별 없이 뒤섞인 모양.
5) 皆孩之(개해지) : 모두 갓난아이 같은 상태에 놓아 주다.

제50장 생사(生死) · 귀생(貴生)

　　삶(生)에 집착하면 집착할수록
　　생명의 위험은 가까이 다가오는 것이다.

　인간은 차례차례로 이 세상에 태어났다 저 세상으로 간다. 이것은 만고의 본연의 이치이다.
　또 인간 가운데 살 수 있는 무리는 열에서 셋이 있고, 죽는 입장에 있는 무리도 또한 열에서 셋이다.
　사람은 본래 살 수 있는 입장에 있으면서 일부러 죽음에로 움직여 가는 것이 또한 열에 셋이 있으니, 대저 무슨 까닭인가? 그 사람들이 삶에 있어서 지나치게 집착하였기 때문이다.
　들은 바에 따르면 삶을 잘 다스리는 사람은 험한 육지로 가도 사나운 외뿔들소나 호랑이를 만나는 곳으로 가는 일이 없고, 싸움터에 들어가도 갑옷과 병기를 간수해 싸우는 일을 하지 않는다.
　따라서 이와 같은 사람에게는 외뿔들소도 그 뿔을 던져 들이받지 않고, 호랑이도 그 사나운 발톱을 쓰지 않으며, 무기도 그 칼날을 들이댈 곳이 없다. 대저 그것은 무슨 까닭인가? 그것은 그 사람이 삶의 집착이 지나치지 않아 죽음의 여지가 없기 때문이다.

　▨ 인간에게는 생사에 관한 것 만큼 중요한 일은 없다. 그러므로 동서 고금을 막론하고 이 생사문제를 해결하고자 여러 성현들

이 고민하였고, 그 방법을 제시하여 오늘날 종교라는 이름으로 숙제를 푸는 중이다.

  이 장 역시 인간의 생사문제를 다루는데 하상공본(河上公本)은 '귀생(貴生)'장이라 이름 붙였다. '선섭생자(善攝生者)'라고 하면 실은 세속적인 뜻으로의 '양생(養生)'을 말하는 것이다. 제75장에서 일컫는 '부유무이생위자(夫唯無以生爲者)'와 『장자』달생편(達生篇)에서 말하는 "그러나 형체만 길러서는 결국 생명을 보존할 수 없다면 세속의 일에 무슨 만족할 가치가 있겠는가? 행하기에 족하지 않을 수 없는 것은 육체를 기르는 속념으로부터 떠날 수가 있기 때문이다. 대저 육체를 위하여 허덕이는 것을 면하고자 하면, 세속의 행위를 버리는 것만 같지 못하다."는 것에서, 무욕염담(無欲恬淡)한 생사관(生死觀)의 처세를 설명하는 것이 이 장의 전체 논지(論旨)이다.

  『장자』추수편(秋水篇)에도 이와 비슷한 사상 표현이 많은데 이것은 노자 본래의 문장이 아니라는 견해가 있다.

  이 장에서 우리는 인간의 생사관을 대체로 살펴 보았다. 노자의 생사관은 죽음과 삶을 분명히 구별하고 있으나 장자는 그렇지 않다. 노자는 사람이 산다는 것은 무(無)에서 유(有)로 태어난 것이요, 죽는다는 것은 유에서 무로 돌아가는 것으로 보았다.

  즉 도를 하나의 생명이라고 본다면 생명이 현상계(現象界)로 나오면 바로 생(生)이요, 본 체계로 들어가면 바로 사(死)다. 노자는 생사를 구별하면서도 하나의 본체가 기(起)하고 복(伏)함에 따라 생사로 구별되며, 살아가는 것도 생명의 지속(持續)이며, 죽는 것도 사는 것을 전제로 한 생명의 지속을 위한 것이다. 그러함에도 인간들은 생(生)에만 너무 집착하는 나머지 죽음을 재촉하는 예가 허다하다.

  특히 죽음에 대하여는 여러 종교가 각기 다른 관점을 가지고 있는 데 주목된다. 불교에서는 죽음을 고(苦)로 본 데 대하여 장자는 죽음을 낙천적으로 보았으며, 기독교에서는 죽음을 오히려 영생으로 보았다.

『성서』에는 "…나는 내 마음대로 말하지 않고 나를 보내신 아버지께서 무엇을 어떻게 말하라고 친히 명령하시는 대로 말하였다. 나는 그 명령이 영원한 생명을 준다는 것을 안다. 그래서 나는 무엇이나 아버지께서 나에게 일러주신 대로 말하는 것 뿐이다.(신약 요한복음 12 : 49~50)"라고 되어 있고, 같은 『성서』에 "…나는 부활이요, 생명이니 나를 믿는 사람은 죽더라도 살겠고, 또 살아서 믿는 사람은 영원히 죽지 않을 것이다. 너는 이것을 믿느냐? 하고 물으셨다.(요한복음 11 : 25~26)"라고 되어 있다.

≪생(生)에서 나와 사(死)로 들어간다. 생의 무리가 열에 셋이 있고, 사의 무리가 열에 셋이 있으며, 사람이 사는 데 움직여 죽음의 땅으로 가는 것 또한 열에 셋이 있다. 대저 무슨 연유인가. 그 생이 생으로써 두터움이로다. 대개 듣건대 생을 잘 기르는 자는 뭍으로 가도 외뿔들소와 범을 만나지 않고, 군에 들어가도 갑옷과 병기를 입지 않는다. 외뿔들소도 그 뿔을 던질 곳이 없고, 범도 그 발톱을 둘 곳이 없으며, 병기도 그 날을 쓸 곳이 없다고 한다. 대저 무슨 연유인가. 그 죽을 땅이 없음으로 써다.≫

出生入死[1] 生之徒[2] 十有三 死之徒[3] 十有三 人之生 動之死地[4] 亦十有三 夫何故 以其生生之厚[5] 蓋聞 善攝生[6]者 陸行不遇兕虎 入軍不被甲兵 兕無所投其角 虎無所措其爪[7] 兵無所用其刃 夫何故 以其無死地

1) 出生入死(출생입사) : 무(無)에서 유(有)로 나오면 살고, 유에서 무로 들어가면 죽는다.
2) 生之徒(생지도) : 삶의 도리를 잘 지키는 사람. 제대로 오래 사는 사람.
3) 死之徒(사지도) : 죽음의 도리를 잘 지키는 사람. 살다가 제대로 죽는 사람.
4) 動之死地(동지사지) : 욕심에 움직이면 죽음으로 들어간다.
5) 生生之厚(생생지후) : 삶을 지나치게 살아가려 하다. 즉 자신의 욕망이나 즐거움을 만족시키며 살아가려 하다.

6) 攝生(섭생) : 삶을 유지하다. 편안히 하다.
7) 措其爪(조기조) : 그 발톱으로 할퀴다.

제51장 양덕(養德)·존귀(尊貴)

    도와 덕이 만물을 길러내는 모습은
    현덕(玄德)이라고 표현할 수밖에 다른 방법이 없다.

  만물은 도(道)가 그것을 낳고, 덕(德)이 그것을 길러 보존하며 그 위에서 물체로서 각기 그 꼴을 형성하고, 환경의 정세(情勢)가 거기에서 이루어졌다.
  만물은 한결같이 도를 군주나 부모 같이 존중하고, 덕을 그 은혜와 같이 귀하게 여기지 않을 수 없다.
  도의 존중함과 덕의 귀중함은 대저 누군가(?)가 그것을 명하여 그렇게 되는 것이 아니라 항상 자연스럽게 된 것이다.
  때문에 도가 그것의 만물을 낳고, 덕이 그것을 길러 보존해 가기에 그 작용은 자라게 하여 그것을 길러내고, 안정되게 하여 그것을 두터이하고, 먹여 길러서 보호하고, 낳았으면서도 자기의 사유물로 가지지 않고, 만들었으되 자만하지 않고, 생성시켰으면서도 제멋대로 지배하지 않는다. 이것을 그윽한 현덕(玄德)이라고 한다.

  ▨ 이 장은 노자가 말하는 무위 자연의 도가 일체 만물을 생성 화육시키는 위대한 조화의 역할을 현덕(玄德)으로 찬미했다. 단지 이 논술이 제2장, 제10, 32, 34장과 중복 또는 유사한 부분이 많음에 주의할 일이다.

≪도가 낳고 덕이 기른다. 만물이 모양하여 형세가 이루어진다. 이로써 만물은 도를 높이고 덕을 귀히 하지 않는 것이 없다. 도의 높음과 덕의 귀함은 대개 명령이 없이 항상 스스로 그러하다. 그런 고로 도가 낳고 덕은 기르며, 자라게 하고 길러 주며, 이루게 하고 익게 하며, 기르고 덮는다. 낳아도 있지 않고, 해도 자랑하지 않으며, 키워도 거느리지 않는다. 이를 일러 현덕이라 한다.≫

道生之[1] 德畜之[2] 物形之[3] 勢成之 是以萬物 莫不尊道而貴德 道之尊 德之貴 夫莫之命而常自然 故道生之 德畜之 長之 育之[4] 成之 熟之 養之 覆之[5] 生而不有 爲而不恃 長而不宰 是謂玄德

1) 道生之(도생지) : 무위 자연의 도가 만물을 낳다.
2) 德畜之(덕휵지) : 덕이 만물을 길러내다.
3) 物形之(물형지) : 물질이 형체를 이루다.
4) 長之育之(장지육지) : 길러 자라게 하다.
5) 覆之(복지) : 덮어 주다. 보호해 주다.

제52장 귀원(歸元) · 수모(守母)

도는 만물을 생성시킨 어머니다.
이 어머니의 무위의 가르침에 따라서
관능적(官能的)인 오관(五官)의 탐욕을 그치게 하고
바깥에서 오는 자극(刺戟)을 배제한다.
이것만이 모든 재난으로부터 벗어나는 길이다.

천하의 사물에는 오직 하나인 처음으로서의 도라는 것이 있다.

그것은 천하의 만사 만물을 생성화육(生成化育)시킨 어머니라고 한다. 이미 도가 천하의 어머니라는 것을 얻어서 알면, 만물이 그의 아들이라는 것도 알 수 있다.

도와 만물의 사이는 밀접하여 떼어놓을 수 없는 모자(母子) 관계에 있다. 이미 그 아들임을 자각(自覺)하여 알고, 도를 그 어머니로 소중하게 여겨 돌아가 지킨다면 종신토록 어머니의 애정에 포근히 감싸인 자식과 같이 도(道)의 보호 아래 위태롭지가 않을 것이다.

이 모자 관계는 한 사람의 인간에게 있어서 근원적인 생명과 같은 말초적인 감각기관과의 관계이다. 이 엄격한 세상을 슬기롭게 살아 남아서 천수를 다하기 위하여는, 불필요한 자기의 관능적인 감각기관을 막는다. 또 외계와의 무용(無用)한 접촉의 그 문을 닫아 버리고 생명을 낭비하는 어리석음을 피한다면 종신토록 수고롭지 않다.

그러나 관능적인 감각기관의 그 문을 열어놓고 쓸데없는 자극을 한없이 받아들여 말초적인 일을 더해 가면 종신토록 구원받지 못한다.

아주 작은 것까지 볼 수 있어야 눈이 밝다고 한다. 또한 어떠한 경우라도 유연한 적응성을 지속시키는 것을 강하다고 말한다.

그 밝은 지혜의 빛을 내면으로 작용시켜 근원적인 도를 잘 살펴 만물의 어머니에게로 돌아가면, 일신의 재앙을 뿌리뽑아 남기지 않게 되는 것이다.

이것을 말하여 상도(常道)를 더하여 지킨다 한다.

▨ 노자의 도는 일체 만물을 화육(化育)시키는 위대한 생성자라는 점에서 '천하지모(天下之母)'라 불린다(제25장). 또한 만물의 생멸변화(生滅變化)를 초월한 유구 영원의 실재(實在)라는 점에서는 '상유(常有)'라고도 한다(제1장).

그리고 인간적인 욕망이 무(無)로 돌아갔을 때의 은미(隱微)한 존재라는 점에서는 '가명어소(可名於小)'라 불려진다(제34장).
　이 장에서는 '모(母)'이며 '상유(常有)'이며 '가명어소(可名於小)'인 도의 근원적인 자각, 즉 '명(明)'으로의 복귀가 인간에게 있어 참다운 안락한 삶의 태도임을 설명했다. 이 장의 결론인 '시위습상(是謂襲常)'이 바로 그것이다.
　이 제52장은 제1장, 제34, 35, 43, 76, 78장 등에서도 말하는 바와 같이 중요한 뜻은 도의 아들로서 살아가는 태도, 즉 어머니인 도를 잃지 않고 일생을 살아간다면 일신은 태평 안락할 것이라는 것이다.
　그 골자는 욕망을 억제하는 일, '명(明)' 즉 아주 작은 것도 소홀히 하지 않고 살피는 일(도를 늘 응시하는 것), 유약(柔弱)을 지켜 나가는 일, 언제나 내면 세계의 빛을 작용시켜 절대의 명지(明知)로 돌아가는 것의 처세 철학이다. 이렇게 본다면 노자는 도의 아들이라는 것을 인간의 원점으로 했다.
　그것은 노자의 수기(修己)이다. 자연 세계는 언제나 순환이고, 무위이며, 발전은 있을 수 없다. 인간 세계에는 변천은 있으나 그것도 도에 의하여 규제된다. 인간은 변천이나 발전을 목적으로 한 삶에 있어서의 독립된 가치가 있을 수 없다. 오직 '도의 자식'이란 원점만을 지키면서 안정되게 살아가는 무위 자연의 도의 세계만을 추구한다.
　이 장 전체의 뜻을 미루어 보면, 인간 본래의 선량한 천성(天性)은 온갖 욕심에 가려 흐려져 그 일신을 종국까지 편안히 보존하지 못한다는 뜻이다.
　『성서』에 보면 이를 잘 비유하였다. "씨 뿌리는 사람이 뿌린 씨는 하늘 나라에 관한 말씀이다. 길바닥에 떨어졌다는 것은 마음 속에 뿌려지는 그 말씀을 듣기는 하지만 날쌔게 달려드는 사탄에게 그것을 빼앗겨 버리는 사람들을 두고 하는 말이다. 씨가 돌밭에 떨어졌다는 것은 그 말씀을 듣고 기꺼이 받아들이기는 하지만 그 마음 속에 뿌리가 내리지 않아 오래 가지 못하고, 그 후의 말

쏨 때문에 환난이나 박해를 당하게 되면 곧 넘어지는 사람들을 두고 하는 말이다. 그리고 씨가 가시덤불 속에 떨어졌다는 것은 그 말씀을 듣기는 하지만 세상 걱정과 재물의 유혹과 그밖의 여러 가지 욕심이 들어와 그 말씀을 가로막아 열매를 맺지 못하는 사람들을 두고 하는 말이다…."(신약 마르코복음 4 : 14∼20)"

그리고 같은『성서』에서 "내 말을 잘 들으십시오. 육체의 욕정을 채우려 하지 말고 성령께서 이끄시는 대로 살아가십시오. 육체의 욕망은 성령을 거스르고, 성령께서 원하시는 것은 육정을 거스릅니다. 이 둘은 서로 반대되는 것이기 때문에 여러분은 자기가 원하는 일을 할 수 없게 됩니다. 성령을 따라 사는 사람은 율법의 지배를 받지 않습니다. 육정이 빚어내는 일은 명백합니다. 곧 음행, 추행, 방탕, 우상숭배, 마술, 원수 맺는 것, 싸움, 사기, 분노, 이기심, 분열, 당파심, 질투, 술주정, 흥청대며 먹고 마시는 것, 그밖에 그와 비슷한 것들입니다. 내가 전에도 경고한 바 있지만 지금 또다시 경고합니다. 이런 짓을 일삼는 자들은 결코 하느님 나라를 차지하지 못할 것입니다.(신약 갈라디아서 5 : 16∼21)"라고 말하고 있다.

이것은 인간의 관능적 욕망이 얼마나 자신의 본성을 파괴하는가를 가르쳐 주고 있다.

≪천하가 처음이 있어 써 천하의 어미로 한다. 이미 그 어미를 얻어 써 그 아들을 알고, 이미 그 아들을 알아 다시 그 어미를 지킨다. 몸이 죽기까지 위태롭지 않다. 그 구멍을 막고 그 문을 닫으면 종신토록 지치지 않고, 그 구멍을 열고 그 일을 이루면 종신토록 구하지 못한다. 작은 것을 보고 밝다 하고, 부드러움을 지키는 것을 강하다 한다. 그 빛을 써서 그 밝음으로 되돌아 가면, 몸의 재앙을 남김이 없다. 이를 일러 습상(襲常)이라 한다.≫

天下有始 以爲天下母[1] 旣得其母 以知其子[2] 旣知其子 復守其母 沒身不殆[3] 塞其兌[4] 閉其門[5] 終身不勤 開其兌 濟其事[6] 終

身不救 見小曰明 守柔曰强 用其光[7] 復歸其明 無遺身殃[8] 是謂 襲常[9]

1) 天下母(천하모) : 하나의 어머니인 도(道).
2) 其子(기자) : 도의 아들인 만물과 자연현상을 말한다.
3) 沒身不殆(몰신불태) : 일신이 다하도록 위태롭지 않다.
4) 塞其兌(색기태) : 관능의 원천인 이목구비(耳目口鼻)를 막는다.
5) 閉其門(폐기문) : 관능적인 쾌락의 문을 닫다.
6) 濟其事(제기사) : 관능적 쾌락을 조장시킨다. 욕망에 따라 하고 싶은 일을 하는 것.
7) 用其光(용기광) : 그의 명철(明哲)함에서 발산되는 빛을 써서 현상계를 밝히다.
8) 無遺身殃(무유신앙) : 일신에 재앙을 끼치게 하지 않는다.
9) 襲常(습상) : 일정한 도를 지키고 따른다.

제53장 대도(大道)·익증(益證)

　　대도(大道)는 본래부터 평탄하여
　　거기에 쓸데없는 기교 같은 것은 필요하지 않으며
　　정치도 마찬가지로 담담하게 행하면 무사하고
　　민중에게 엄격히 보이기 위하여 몸치장이나 하는 것은
　　더욱 도에 벗어난 행위이다.

　나로 하여금 개연(介然)히 아는 것이 있어 큰 도를 행하도록 한다면, 다른 것은 거리낌이 없다. 다만 두려운 것은 자신이 사악한 길에 들어설까 우려할 따름이다.

대도는 본래 매우 평탄하다. 그런데 민중들은 지름길인 좁은 길을 좋아한다.
　나라의 조정은 매우 깨끗하고 화려한 데 비하여 민중들이 사는 농촌은 황폐하고 창고는 텅텅 비어 있다. 민중의 위에 군림하는 관원들은 채색한 비단옷을 입고, 날카로운 칼을 차고 다니며, 맛있는 음식을 배불리 먹고, 재물은 쓰고 남을 만큼 축재하여 쌓아둔다. 이것이 바로 도덕의 괴수가 노리는 교만이다. 얼마나 도에서 어긋난 짓인가?

　▨ 본래 노자는 우주를 대상으로 무위 자연의 대도를 말하고 무지 무욕을 설파한 철인이다. 이러한 노자에게 잠깐 유위유지(有爲有知)의 입장에 서서, 대도를 본따 이 세상의 정치를 담당하게 한다면 어떻게 했을 것인가?
　다른 것은 별로 걱정을 하지 않을 것이다. 다만 민중들로 하여금 재화를 독점하겠다는 소유욕(所有欲)과 지배자가 되겠다는 명예욕을 제거하여, 무위무욕(無爲無欲)하게 하는 것을 가장 큰 문제로 보았을 것이다.
　왜냐하면 이 모든 속세의 나라 정치는 대부분 위정자의 유위유욕(有爲有欲)으로 인한 횡포로 마치 강도를 양성하는 한마당 같기도 하기 때문이다.
　결국 노자의 무위는 인간의 고의적인 작위(作爲)를 사위(詐僞)로 부정하는 사상이다. 이 고의적인 작위가 사위로서 부정되는 것은, 작위로 인하여 인간의 본래적인 태도와 마땅히 있어야 할 태도가 왜곡되고 훼손되기 때문이다.
　무위의 사상은 인간의 현실을 위선(僞善)으로, 사회의 현실을 사악에 가득 찬 것으로 보는 데서 성립된 사상이다. 그 사상의 근저에 있는 것은 지금 있는 것에 대한 날카로운 비판과 부정의 정신인 것이다.
　노자의 글 가운데는 이러한 비판과 부정에 대한, 특히 현실의

위정자 계급인 국가 권력의 담당자들을 향한 논술이 여러 군데 보인다.(제9장, 제31장 등)

이 장에서 또한 그들의 부패와 타락을 격렬하게 비난하고, 그들의 사치와 영화를 도둑으로 비유하여 엄하게 규탄했다. 그리하여 위정자에 대한 불신과 정치 현실에 대한 분노를 가장 직설적인 말로 표현한 이 53장의 논술에서, 우리는 노장(老莊)의 무위사상의 근저를 엿보고, 격심한 파토스(pathos)적인 내면성의 일단을 가장 적절하게 살필 수 있겠다.

또한 도시의 문명과 문화에 부정적인 태도를 취하고 그 번영과 사치에 기생하는 지배계급에 대하여도 엄한 비판의 눈을 떼지 않는 노자의 사상은, 군주의 존재나 국가의 행정기구 그 자체마저 부정하는 무정부주의적인 경향을 그 근저에 내포하고 있다. 그러나 노자 자신은 무정부주의자는 아니었다. 『포박자(抱朴子)』에 인용한 포경언(鮑敬言)의 주장은 그 경향(傾向)을 과장한 극단의 예라고 말할 수 있겠다. 그의 주장을 생겨나게 한 싹은 노자 안에도 포함되어 있다고 말할 수 있다.

중국 역사에서 노자를 개조(開祖)로 받드는 도교(道敎)가 농민 궐기나 기성 권력을 타도하는 투쟁에 커다란 영향과 역할을 거둔 예는 적지 않다.

예컨대 후한(後漢) 말기의 황건(黃巾)의 난이 그것이며, 육조시대(六朝時代)의 장로(張魯)의 반란과 손은(孫恩)의 반란 등은 유명하다. 또는 노자의 사상이 소극적인 것이기는 하지만 혁명사상의 일익을 담당한 예도 있으며, 그것이 이상사회를 모색하는 유토피아(Utopia)사상의 원류가 된 예가 얼마든지 있다.

전자의 예로는 청조(淸朝) 말기에 있었던 담사동(譚嗣同)의 혁명사상을 대표적으로 들 수 있겠고, 후자의 경우는 도연명(陶淵明)의 '도화원기(桃花源記)'와 습자진(龔自珍)의 '존은(尊隱)' 등을 들 수 있다.

우리는 노자의 사상이 가지는, 이러한 현실의 정치 권력에 대한 비판, 거짓에 대한 분노의 일면을 간과할 수 없는 것이다.
 뿐만 아니라 '도(道)'를 늘 응시하는 눈은 그대로 반전하여 정치 현실에 주목하게 되고 현상을 예민하게 판단하게 된다. 이러한 현실에서 정치에 대한 격렬한 비판을 가하며 깨달음이 있는 은자(隱者)들은 그런 것들을 부정하고 무위를 주장한다.
 그가 본다면 작위란 인간 본래의 모습을 왜곡하는 원흉과 다름이 없다. 이러한 인식에서 현실 정치에 대하여 예리한 비판과 부정이 싹튼다. 현실에 대한 열렬한 관심이 그로 하여금 위대한 이상주의자로 만든 것도 주목해야 할 것이다.

 ≪나로 하여금 개연히 앎이 있어, 대도를 행하려면 오직 인위적인 것을 두려워해야 한다. 대도는 심히 편하지만 민(民)은 지름길을 좋아한다. 조정은 심히 정결하고, 밭은 심히 거칠고, 창고는 심히 비었는데, 무늬 채색을 입고, 날카로운 칼을 차고, 음식에 물리고, 재화가 남음이 있다. 이를 일러 도둑의 사치라 하는 것이오, 도가 아니다.≫

 使我介然[1]有知 行於大道 唯施[2]是畏 大道甚夷 而民好徑[3] 朝甚除[4] 田甚蕪[5] 倉甚虛[6] 服文綵 帶利劍 厭飮食[7] 財貨有餘 是謂盜夸[8] 非道也哉

1) 介然(개연) : 확실한 모양.
2) 施(시) : 인위적인 시정(施政).
3) 好徑(호경) : 바르지 못한 지름길을 좋아하다.
4) 朝甚除(조심제) : 나라의 조정은 매우 정결하다.
5) 田甚蕪(전심무) : 농촌의 밭이 매우 황폐해 있다.
6) 倉甚虛(창심허) : 나라나 민중의 재정이 텅텅 비어 있다.
7) 厭飮食(염음식) : 맛있는 음식을 싫도록 많이 먹다.
8) 盜夸(도과) : 도둑들의 사치한 것을 말한다.

제54장 수관(修觀)·선건(善建)

참다운 도는 확고하고도 유구하다.
이 도를 터득하여 실천하면
한 몸에서 천하·국가에 이르기까지 안녕 태평할 것이다.

참으로 옳게 확립되어 있는 도는 뽑혀 달아나는 일이 없다. 옳게 몸에 배어 있는 도는 빠져 달아나는 일이 없다.
참다운 덕은 아무것에도 의지하지 않고 영원 불변한 것이다. 이 덕을 닦는 집에는 항상 자손이 번성하고 그 덕에 의하여 언제나 제사를 끊임없이 받들기에 번성한다.
이 덕의 효과는 일신이나, 일가나, 한 고을이나, 한 나라나, 온 천하가 다같이 이 덕을 한번 터득하면 그 공덕에는 거짓이 없다.
또 이 덕은 한 집안을 위하여 닦으면 그 공덕이 넘쳐 흐르고, 이것으로 한 고을을 다스림에 쓰면 그 공덕은 끊임없이 오래 간다.
이것으로 한 나라를 다스리는 데 닦으면 그 은택을 풍요하게 받아들이고, 이것으로 천하를 다스리는 것을 터득하면 온 세상에 고루고루 넓게 은혜로움이 퍼져 나간다.
또 자신의 몸을 잘 닦고 몸이 잘 닦여졌는가 아닌가를 살피고, 한 집안을 가지런히 하고 한 집안이 가지런히 되었는가 아닌가를 살피고, 한 고을을 다스림으로써 한 고을이 평탄한가 아닌가를 살핀다. 한 나라를 다스림으로써 한 나라가 잘 다스려졌는지를 살피고, 천하를 경영함으로써 천하가 태평해졌는지의 여부를 살피는 것이다.

내 무엇으로 온 천하가 태평성대로 될 수 있는가를 알겠는가?
이 보편적인 덕을 닦는 것으로 아는 것이다.

▨ 이 장은 확고하게 체득된 무위 자연의 도를 덕으로 표현하여 한 개인을 참다운 인간으로 완성시킬 수 있을 뿐 아니라, 가정의 질서를 세우고, 향당(鄕黨)의 평화를 유지해 나가는 위에, 다시 국가를 다스리고, 천하를 지배하는 등의 위대한 공덕을 세운다는 것을 설명하고 있다.

처음 두 구절이 제27장과 그 발상을 같이 하고, 끝의 두 구절은 제21장, 제57장과 같은 유의 표현을 쓰고 있으며, 도의 위대함을 설명하는 논술은 『장자』 천도편(天道篇)의 발상과도 같다. '신(身)'에서 '천하(天下)'까지 미치는 도의 공용성(功用性)에 대한 설명은 유가의 '수신 제가 치국 평천하(修身 齊家 治國 平天下)'의 주장을 쉽게 상기시킨다. 『노자』 가운데 유가(儒家)사상의 영향을 가장 현저하게 느낄 수 있는 장이 이 장이며, 따라서 이 장이 정리된 시기도 다른 장에 비해 훨씬 뒤의 것이라 추측된다.

노자의 관심은 언제나 이 난세를 어떻게 해야 살아남을 수 있을 것인가에 있다. 그것은 한 개인의 처세로부터 천하 국가의 경영에까지 이른다.

모든 사람에게 인간으로서의 온당한 삶을 영위시키는 데는 정치가 원만하지 않으면 안 된다. 그렇게 하기 위해서는 도에 의거한 정치를 행하지 않으면 안 된다고 노자는 주장했다. 정치에 관심을 쏟는 것은 유가 역시 마찬가지다. 그러나 그들은 '수신 제가 치국 평천하'라 하여, 어디까지나 상승지향(上昇志向)으로 접근한다.

그러한 점에 있어서 노자는 개인은 개인, 집은 집, 향리는 향리, 나라는 나라, 천하는 천하 끼리의 자율에 맡기라고 역설하므로 거기에 양자의 차이가 있다. '노자'에 의하면 도는 만물을 관찰한다. 때문에 제각기 자기의 도를 깨달아, 그것에 근거하여 행동하면 천하는 평화스러워진다고 보았다.

≪잘 세운 것은 뽑히지 않고, 잘 보듬은 것은 떨어지지 않는다. 자손이 제사하며 그치지 않는다. 몸에 닦으면 그 덕이 곧 참되고, 집에 닦으면 그 덕이 곧 남고, 고을에 닦으면 그 덕이 오래고, 나라에 닦으면 그 덕이 풍족하며, 천하에 닦으면 그 덕이 곧 넓다. 그런 고로 몸으로써 몸을 보고, 집으로써 집을 보며, 고을로써 고을을 보고, 나라로써 나라를 보고, 천하로써 천하를 본다. 내 무엇으로써 천하가 그런 것을 알리오. 이로써다.≫

善建者不拔¹⁾ 善抱者不脫 子孫以祭祀不輟 修之於身²⁾ 其德乃眞³⁾ 修之於家 其德乃餘 修之於鄕 其德乃長⁴⁾ 修之於國 其德乃豊 修之於天下 其德乃普⁵⁾ 故以身觀身⁶⁾ 以家觀家 以鄕觀鄕 以國觀國 以天下觀天下 吾何以知天下之然哉 以此⁷⁾

1) 善建者不拔(선건자불발) : 참으로 바르게 잘 심어진 도는 쉽게 뽑히지 않는다.
2) 修之於身(수지어신) : 도로써 몸을 닦다.
3) 其德乃眞(기덕내진) : 그 덕이 곧 진실하다.
4) 其德乃長(기덕내장) : 그 덕이 곧 영원히 전해진다.
5) 其德乃普(기덕내보) : 그 덕이 곧 널리 퍼져 나간다.
6) 以身觀身(이신관신) : 내 몸에 지닌 덕으로써 올바른 자신을 살필 수 있다.
7) 以此(이차) : '이것〔此〕'은 뽑히지 않고, 벗어나지도 않는 자연적인 덕.

제55장 함덕(含德)·현부(玄符)

어린이의 무심(無心)과 유약(柔弱)은
도에 가장 가까운 존재다.

생명을 보존하여 천수(天壽)를 다하는 것은 도를 터득한 사람이다. 이 도를 터득한 사람이 많은 덕을 지니고 있는 모습은 마치 어린이와 같다. 그 천진난만하며 순수하고 적의(敵意) 없는 모습 때문에 독 있는 벌레도 쏘지 않고, 사나운 짐승도 덤벼들지 않으며, 사나운 날짐승도 채가지 않는다.

어린이의 뼈는 연약하고 힘줄은 유연하나 움켜쥐는 힘은 튼튼하여 한번 잡으면 놓아주지 않는다. 아직 남녀 사이의 교합은 모르지만 성기(性器)인 자지가 온전하다. 이것은 정력이 넘치는 정기(精氣)의 지극함이요, 종일토록 소리내어 울어도 목쉬지 않음은 무리없이 적응하는 조화의 지극함이다.

어떠한 사태라도 무심으로 적응할 줄 아는 평범한 깨달음을 얻은 것을 상도(常道)라 하며, 이 상도를 늘 간직하고 살피는 것을 현명(賢明)이라고 말한다.

억지로 살려고 애쓰는 것을 재앙이라 말하고, 마음이 기운을 부리는 것을 억지〔强〕라 한다.

무엇이든 젊어서 왕성하면 그것을 믿고 무리하기 때문에 곧 늙어 쇠퇴해 버린다. 이를 도에 어긋난다고 말하는 것이며, 이 도를 어기면 일찍 그치게 된다.

▨『노자』안에는 무위 자연의 도를 체득한 사람을 어린이〔嬰兒〕에 비유한 문장이 몇 군데 있다.

노자에 있어서 어린이란 무지무욕(無知無欲)으로 도를 체득하여 무심의 경지에 이른 것을 상징하는 말이기도 하다.

그것은 이미 어른이 된 사람이 시간의 흐름을 거꾸로 돌려서 막 태어난 어린이와 같이 되는 육신의 기적을 실현시키는 것이 아니다. 이는 유지유욕(有知有欲)의 사려분별(思慮分別)을 가진 어른이 그 사려분별에 홀려서 집착하지 않는, 즉 그로부터 해방되어 자유자재하는 태도를 자기 것으로 하는 것을 말한다.

이미 지혜(知慧)와 욕심을 가진 어른이 그 지식과 욕심을 갖지 않은 어린이와 같이 되고자 하는 것이기 때문에 그 어린이의 마음은 이미 단순한 어린이의 마음은 될 수 없다.

　어린이의 마음을 잃어버린 사람이 다시 어린이의 마음을 가지고자 하는 것은 지금 있는 것을 부정하고, 본래 가졌던 모습으로 돌아가는 것이기 때문에 복귀(復歸)라는 말이 있으며, 앎을 끊고 욕심을 버리는 것을 강조했다.

　『성서』에 "나는 분명히 말한다. 누구든지 어린이와 같이 순진한 마음으로 하느님 나라를 받아들이지 않으면 결코 거기 들어가지 못할 것이다.(신약 마르코복음 10 : 15)"라 하여 예수도 무지 무욕한 어린이의 마음을 찬양하였다. 『성서』에는 이와 같은 가르침이 여러 곳에 보인다(마태복음 18 : 3~4, 누가복음 18 : 16~17).

　노자 역시 도의 무위 무욕으로 복귀하기 위해서는 어린이와 같이 되라고 가르쳤다. 어린이와 같이 되라는 노자는, 인지인욕(人知人欲)에 묶여서 운신(運身)의 자유로움이 없는 인간을 다시 도의 세계, 즉 있는 그대로 살아가는 본래적인 자유에로 해방시키고자 하는 것이다.

　노자의 어린아이란, 인간의 마음을 경직화시키는 인지인욕(人知人欲)의 질곡(桎梏)을 파괴하여 구속됨이 없이 행동할 수 있는 무위(無爲)의 자유인을 상징했다.

　이 장은 노자의 이러한 어린이의 모습을 설명하는 문장으로서 옛부터 유명하다. 표현도 극히 소박하고 서술 또한 간결하여 어린이의 생태를 그리는 데 퍽 예민한 관찰을 지적할 수 있다.

　시골[村落]에 은거한 철인 노자의 어린 생명에 대한 깊고 깊은 관찰에서 오는 놀라움을 우리는 이 문장에서 느낄 수 있으며, 그의 풍부한 시적, 그리고 서민적인 모습을 엿볼 수 있다.

　《덕을 머금은 것이 두터운 것은 갓난아이에 비한다. 독 있는 벌레에 쏘이지 않고, 맹수에 채이지 않고, 할퀴는 새에 잡히지 않는다. 뼈가 약하고 힘줄이 부드러우나 잡는 것이 굳세다. 암수의 합침을 알지 못하면서 생식기가 일어나는 것은 정기가 지극한 것이다. 종일 울어도 목쉬지 않는 것은 화(和)

가 지극한 것이다. 화를 아는 것을 떳떳함이라 하고, 떳떳함을 아는 것을 밝음이라 한다. 생(生)을 더하는 것을 재앙이라 하고, 마음이 기운을 부리는 것을 강하다 한다. 만물은 왕성하면 곧 늙나니 도가 아니라 이른다. 도가 아닌 것은 일찍 그친다.》

　含德之厚 比於赤子[1] 毒蟲不螫[2] 猛獸不據[3] 攫鳥不搏[4] 骨弱筋柔而握固 未知牝牡之合而峻作 精之至也 終日號而不嗄 和之至也 知和曰常 知常曰明 益生[5]曰祥[6] 心使氣曰强[7] 物壯則老 謂之不道 不道早已

1) 比於赤子(비어적자) : 갓난 어린이에게 비교하다. 어린이와 같다.
2) 毒蟲不螫(독충불석) : 독 있는 벌레도 물지 않고, 쏘지 않는다.
3) 猛獸不據(맹수불거) : 사나운 짐승도 덤비지 않는다.
4) 攫鳥不搏(확조불박) : 사나운 새도 움켜잡아 채가지 않는다.
5) 益生(익생) : 억지로 삶을 누리려 하다.
6) 祥(상) : '상'은 원래 길한 것이나 여기서는 불상(不祥)으로 풀이한다.
7) 强(강) : 도가에서 강한 것은 부러지기 쉬운 나쁜 것으로 본다.

제56장 현덕(玄德) · 도귀(道貴)

　　항상 무욕(無欲)으로 모든 일을 조심하면서
　　자기를 나타내지 않고 무지 무욕하게 살면
　　이것은 일시적인 훼예포폄(毁譽襃貶)을 초월하여
　　참다운 부귀의 결과를 낳는다.

　인간의 생활 철학이라는 시각에서 보면, 그 원리는 말로써 표현하여 이름지을 수 없는 것이다. 자연의 도를 아는 사람은 말하지 않는다.
 또한 무위의 덕을 말하는 사람은 알지 못한다고 겸손하는 것이 원칙이다.
 인간의 생활은 주체적으로 환경에 적응하는 것에 따라 성립한다. 인간은 스스로 나아간다.
 환경으로서의 객관적인 사태와 융합하기 위하여 필요로 하는 충분한 한도 이외의 것은 그 관능적 탐욕이 발생되는 이목구비의 구멍을 막는다.
 그 감각기관의 문을 닫아 버린다.
 그 바깥을 자극하는 날카로운 기운을 꺾는다.
 그 예리한 것으로 인하여 초래된 분쟁을 해결한다.
 자기의 명석한 지혜의 빛을 대상인 존재와 잘 들어맞게 조화시킨다.
 그 상대의 현실에 합일시키는 것을, 이것들을 말하여 도와의 현묘한 합치(合致)라 한다.
 때문에 이러한 원리는 누구나 친하려 하여도 친할 수 없고, 소홀히 할 수도 없다. 이롭게 하지도 못하고, 해롭게 하지도 못한다. 귀하게 여길 수도 없고, 천하게 여기지도 못하기 때문에 인간의 힘으로는 좌우할 수 없는 것이다.
 이러한 것은 생활을 성립시키는 최고 원리인 것이다. 그러므로 천하에서 가장 귀한 것이 된다고 말한다.

▨ 이 장의 주제는 현동(玄同)이고, 현덕(玄德)이며, 진도(眞道)이다. 이 현동을 특별하게 강조한 것은 기원 4세기경(서진시대)의 노장 학자인 중국의 곽상(郭象)이다.
 이후 이 말은 도가에 있어서 깨달음의 경지를 설명하는 용어로 사용되었고, 육조시대(六朝時代)의 노장학(老莊學)과 도교의 교리 가운데 중요한 의미를 가지게 되었다.

노자 철학이 로고스보다는 카오스를, 지식보다는 인생 그 자체를 소중히 여긴다는 것은 이미 여러 곳에서 서술한 바 있다.

망언망지(忘言忘知), 부지불언(不知不言)의 경지만이 도와의 합일을 실현시킨다. 혹은 도와의 합일을 실현시키기 위하여는 '현지우현(玄之又玄)'한 불언부지(不言不知)의 경지에 서지 않으면 안 된다. 이러한 현동(玄同)의 주장은 카오스 철학으로서의 '노자'의 성격과 그 사고에 강하게 뿌리박은 로고스 경시의 입장을 단적으로 나타내고 있다.

이 장은 첫머리에서 '시위현동(是謂玄同)'까지와 '고불가득이친(故不可得而親)'에서 끝까지의 두 부분으로 나누어 볼 수 있다. 전반부분은 다른 장과 중복되는 어구가 많고, 후반부분은 『장자』에서 그 유사한 문장을 흔히 찾아볼 수 있다.

≪아는 자 말하지 않고, 말하는 자 알지 못한다. 그 구멍을 막고, 그 문을 닫고, 그 날카로움을 꺾고, 그 얽힌 것을 풀고, 그 빛을 부드럽게 하며, 그 티끌을 같이 한다. 이를 일러 현동이라 한다. 그런 고로 가히 친함을 얻을 수 없고, 성김을 얻을 수 없고, 이로움을 얻을 수 없고, 해됨을 얻을 수 없고, 귀함을 얻을 수 없고, 천함을 얻을 수 없다. 그러므로 천하의 귀한 것이 된다.≫

知者[1]不言 言者不知 塞其兌 閉其門 挫其銳[2] 解其紛[3] 和其光 同其塵 是謂玄同[4] 故不可得而親 不可得而疏 不可得而利 不可得而害 不可得而貴 不可得而賤 故爲天下貴[5]

1) 知者(지자) : 자연의 도를 깨달은 사람.
2) 挫其銳(좌기예) : 그 날카로운 기운을 꺾다.
3) 解其紛(해기분) : 그 분쟁을 해결하다.
4) 玄同(현동) : 현묘한 도와 하나가 되다.
5) 爲天下貴(위천하귀) : 천하에서 가장 귀한 것이 되다.

제57장 순풍(淳風)·치국(治國)

작위함이 많을수록 폐해는 증가한다.
천하를 다스리는 데는
무위·무사(無事)·무욕이 가장 좋다.

    정도로써 나라를 다스리고, 기발한 책략으로 군대를 부리며, 그 결과 얻어진 것으로써 무위로 천하를 취하는 것이다. 내 어찌하여 그러함을 아는가? 자연의 도로써 안다.
    대체로 천하에 빈번한 금지사항이 많으면 자유스러운 생활은 방해받아 민중은 점점 가난해지고, 민중에게 편리한 기구가 넘치면 나라의 질서는 이것저것 어지러워진다.
    민중에게 여러 가지 재주가 많아지면 신기한 물건이 많이 나오고, 그 위에 법령이 점점 세밀하게 제정되어 많아지면 그 법을 어기는 도둑이 늘어난다.
    때문에 이러한 이치를 충분히 알고 있는 성인은 다음과 같이 말했다. "나는 자연스럽게 필요한 조치를 취할 뿐 아무 일도 대책적인 정치는 행하지 않지만 민중은 저절로 감화된다. 나는 묵묵히 필요한 일만을 실행한 뒤 평정(平靜)을 즐기고 있어도 민중은 저절로 정상적인 생활을 한다. 또한 나는 평소와 같이 아무 일을 하지 않는데도 민중들은 저절로 풍요로워져서 부유한 생활을 영위한다. 나는 사리 사욕을 버리고 무욕하게 살아 농민들의 생활을 문란하게 하지 않는다. 그러므로 민중 또한 저절로 순박하게 되는 것이다."

▨ 이 장은 제3장, 제19, 37, 48장의 논술과 관련이 있는 것으로 노자의 정치관이 뚜렷하게 서술된 특색이 있다.

이 세계의 참다운 평화를 유지시키고 민중의 궁극적인 행복을 실현시키는 것은, 무위 자연에 입각한 청정무욕(淸淨無欲)의 정치로 인간의 작위가 개입하지 않는 본래 무사(無事)한 지배라는 것을 분명히 했다.

노자에게는 '이기(利器)'란 오히려 사회를 문란하게 할 뿐이고, '법령'은 많고 자세할수록 그 법에 걸려서 죄인만 많아진다고 보았다. 자연 생활의 파괴자는 오로지 '유위(有爲)의 정치(政治)'라고 판단한 노자는 무사정치(無事政治)만이 최상이라고 생각했다.

『성서』에 "법이 생겨서 범죄는 늘어났지만 죄가 많은 곳에는 은총도 풍성하게 많이 내렸습니다. 그래서 세상에 군림하여 죽음을 가져다 주었지만 은총은 군림하여 우리 주 그리스도로 말미암아 모든 사람을 하느님과 올바른 관계에 있게 하고 영원한 생명에 이르게 합니다.(신약 로마서 5 : 20~21)"라고 말하여, 법보다는 무위 무욕으로 세상을 다스리는 하느님께 귀의할 것을 권하고 있다.

《바른 것으로써 나라를 다스리고, 기(奇)로써 군사를 쓰고, 일이 없는 것으로써 천하를 취한다. 내 무엇으로써 그것이 그런 줄을 아는가. 이것으로써다. 천하에 기휘(忌諱)하는 것이 많아 민이 더욱 가난하고, 민에 이기(利器)가 많아 국가가 더욱 어둡다. 사람이 기교가 많아 기이한 물건이 더욱 일어나고, 법령이 더욱 밝아 도적이 많이 있다. 고로 성인은 말하기를 내가 하는 것이 없으면 민이 스스로 화(化)하고, 내가 고요한 것을 좋아하면 민이 스스로 바르고, 내가 일이 없으면 민이 스스로 부(富)하고, 내가 욕심이 없으면 민이 스스로 순박해진다고 했다.》

以正治國 以奇用兵 以無事取天下 吾何以知其然哉 以此 天下

多忌諱[1]而民彌貧 民多利器 國家滋昏[2] 人多伎巧 奇物滋起 法令滋彰 盜賊多有 故聖人云 我無爲而民自化 我好靜而民自正 我無事而民自富 我無欲而民自樸

1) 忌諱(기휘) : 싫어하고 꺼리는 것. 금기사(禁忌事), 금령(禁令)을 뜻한다.
2) 滋昏(자혼) : 혼미한 것이 더해지다.

제58장 찰정(察政)・순화(順化)

　　세상 일반에서 말하는 화복선악(禍福善惡)은
　　모두 상대적인 것에 불과하다.
　　성인은 이러한 순리를 알고 있기 때문에
　　자기의 입장만 옳다하며 남을 억압하지 않는다.

　대범하게 도량이 넓은 정치는 그 민중의 생활 풍습을 순박하게 한다. 반면 그 정치를 철저하게 살펴 밝히면 그 민중의 생활 풍습은 순박성을 잃고 빈털터리가 된다.
　이와 같이 세상의 모든 사물은 상대적인 것으로, 서로 서로가 감응하기 때문에 재앙은 복이 의지하는 원인이 되는 것이고 복은 재앙이 깃드는 곳이다. 누가 그 결과인 궁극을 알 것인가? 때문에 그 종국은 정상일 수가 없다.
　어떤 경우 정상은 되돌아 다른 경우에서 기특한 것이 되고, 어떤 경우의 착한 것은 다른 경우 변하여 요사(妖邪)한 악이 된다. 세상 민중들은 이 상대의 이치에 미혹된 지 진실로 이미 오래되었다. 때문에 이 도리에 밝은 성인은 상대적인 불안정을 초극(超克)하는 태도를 터득했다.

자기는 방정(方正)하면서 그것으로 남을 자르고 베어 방정하게 만들려고 하지 않는다. 자기는 날카롭게 청렴하면서 그것으로 인하여 남을 상처내지 않는다. 자기는 정직하면서 그것을 남에게 내뻗어 방자하게 하지 않는다. 자기는 슬기가 밝게 빛나면서 그것으로 남을 눈부시게 하지는 않는다.

▨ 앞장은 성인의 무위의 도에 근저를 둔 '무사(無事)'의 정치를 설명한 것이요, 이 장에서는 '민민(悶悶)'의 정치를 가르치고 있다. '민민'은 '찰찰(察察)'의 반대어로서 제20장의 '속인찰찰 아독민민(俗人察察 我獨悶悶)'과 연결된다.
'민민'의 정치란 것은, 명쾌한 규범을 세우고 무엇이든 이론 정연하게 행하는 밝고 밝은 '찰찰'의 정치인 지적행위(知的行爲)를 숭상하는 로고스의 지배에 대비되는 말이다.
곧 '요혜명혜(窈兮冥兮)'한 도의 혼돈성, '무상지상(無狀之狀)'인 도의 유암성(幽暗性)을 그대로 '현동(玄同)'하려는 무위의 지배, 즉 카오스의 정치를 말한다.
그 주장의 근저에 있는 것은 말할 것도 없이 명쾌한 것에 대한 불신, '유지(有知)의 세계'가 가지는 상대성, 만물의 근원적인 절대성에 대한 체관(諦觀)이다.

《그 정치가 민민(悶悶)하면 그 민이 순순(淳淳)하고, 그 정치가 찰찰(察察)하면 그 민이 결결(缺缺)하다. 화는 복이 의지하는 바요, 복은 화가 엎드리는 바다. 누가 그 극을 알리오. 그 바름이 없다. 정(正)이 다시 기(奇)가 되고, 선(善)이 다시 요(妖)가 되니, 사람의 헤매임에 그 날이 진실로 오래다. 이로써 성인은 모나도 베지 않고, 깨끗해도 깎지 않고, 곧아도 방자하지 않고, 빛나도 번쩍이지 않는다.》

其政悶悶[1] 其民淳淳[2] 其政察察[3] 其民缺缺[4] 禍兮福之所倚 福兮禍之所伏 孰知其極 其無正 正復爲奇 善復爲妖[5] 人之迷 其日

固久 是以聖人 方而不割⁶⁾ 廉而不劌⁷⁾ 直而不肆⁸⁾ 光而不燿

1) 悶悶(민민) : 어두운 모양. 어리숙한 모양.
2) 淳淳(순순) : 순박한 모양. 소박한 모양.
3) 察察(찰찰) : 까다롭게 잘 살피다. 빈틈없이 잘 살피는 모양.
4) 缺缺(결결) : 불안한 모양.
5) 善復爲妖(선복위요) : 올바른 것이 다시 요사한 것으로 되다.
6) 不割(불할) : 쪼개지 않다. 나누어 구별하지 않다.
7) 廉而不劌(염이불귀) : 청렴하되 상하게 하지 않는다.
8) 肆(사) : 지나치게 뻗는 것.

제59장 수도(守道)・장생(長生)

  무위정치(無爲政治)의 요체(要諦)는
  쓸데없는 일을 하지 않는 것이다.
  작위(作爲)하지 않으면 여분의 노력을 하지 않아도
  도는 자기의 몸에 와 닿는다.
  이것이 곧 덕을 쌓는 것이다.
  위정자가 덕을 쌓으면
  나라는 안태장구(安泰長久)하게 된다.

 위정자가 나라를 장악하여 민중을 다스리고 하늘을 섬기는 데 있어서 정부는 무한하고 바쁜 것이기 때문에 무리를 하지 않는 것이 가장 좋다.
 대저 무리를 하지 않아야 요령 있게 지름길로 곤바른 도리를 체득(體得)한다. 곤바른 도리를 터득해 가는 것은 거듭거듭 후하게 덕을 쌓는 것을 말한다. 거듭거듭 덕을 쌓아가면 무슨 일이든지 되지 않는 일이 없다.
　무엇이든 되지 않는 일이 없게 되면 그 능력의 끝남을 알 수 없고, 그 능력의 끝남을 알 수 없게 되면 가히 나라를 장악하여 보유하게 된다.
　이리하여 나라를 장악하는 근본이 작위하지 않고 허비하지 않는 것으로 가히 나라가 장구할 수 있는 것이다. 이것을 식물에 비유하면 그 뿌리가 깊고 튼튼하여 굳건한 도라 하겠고, 동물에 비유하면 무한히 오래 사는 도라 하겠다.

　▨ 이 장도 앞장과 함께 성인의 무위정치인 '색(嗇)'의 정치에 대하여 설명하고 있다. 이 '색(嗇)'에 대하여는 이미 서술한 바 있는 해설에서 '검(儉)'과 '허심(虛心)'과 더불어 설명하였다.
　'색'이란 본래 곡물을 수장(收藏)하는 뜻으로 쓰인다. 또 자기 것을 자기 것으로 거두어 들이는 것을 뜻하고 있다. 거기에다 낭비를 줄이고 무리함을 끊고 조심스러워진다는 뜻도 가진다. 다시 지독하게 물건을 아끼고 인색한 구두쇠 등의 좋지 않은 말에도 쓰인다. 그리고 '색부(嗇夫)'라는 말도 있는데 이는 '전부(田夫)'를 뜻하는 것이다. 왕필(王弼)은 '색'을 농부로 해석하였고, 이 농부는 본래부터 자급 자족의 농촌 경제를 기반으로 하는 농민들의 검약한 생활을 상징하는 말이다.
　도시의 생활이 사치를 숭상하고 문명의 낭비와도 같은 것이라면 농촌의 생활은 자연에 의존하여 검약과 내핍이 그들 생활의 근본 원리가 되었다.
　특히 노자는 이러한 농촌 생활의 현실 속에서 그들의 검소함과 잘라 끊어버리는 사고, 곧 색의 정치 철학을 전개시키고 있는 것이다. '손지우손(損之又損)'의 과욕(寡欲)의 철학을 말하고 도의 무위 무욕을 인간의 궁극적인 이상으로 하는 노자에 있어서, 잘라 버리는 원리인 '색(嗇)'의 실천은 도의 근원에 복귀하기 위한 최선의 방법이었다.

때문에 그에 있어서의 '색'의 여행(勵行)은 하늘을 섬기며 도에 복종하는 것이며, 거듭거듭 덕을 쌓는 것이며, 치국의 정도(正道)가 되는 것이다. 이 장에서 노자는 '색(嗇)'의 원리와 무위 자연의 정치 철학과의 관계를 간결하게 설명했다.

3세기 위진(魏晋)시대에 살았던 노자 철학의 신봉자이며 그 유명한 죽림(竹林)의 현인인 왕융(王戎, 234~305)은 '색' 철학의 실천자로서도 유명하다.

그는 낙양(洛陽) 제일의 부호이면서도, 밤이 되면 촛불 밑에서 그의 아내와 산판(算板)을 퉁기면서 증빙서류의 계산에 여념이 없었다고 전해진다. 그의 철저한 인색(吝嗇)을 전하는 일화는 5세기에 편찬된 설화집『세설신어(世說新語)』검색편(儉嗇篇)에 자세히 실려 있다.

위진시대에 있어서 노자 철학의 신봉자가 모두 왕융과 같은 인색가는 아니었기 때문에 노자 철학이 반드시 인색과 결부됨은 물론 아니지만, 그 철학 안에 인색과 결부되는 요소가 포함되어 있음을 부정할 수는 없다.

인색(吝嗇)이라고 한다면 같은 동진(東晋)시대의 노자교(老子敎:天師敎)의 신봉자로서 유명한 치음(郗愔)도 '색' 철학을 실천한 축재가로 알려져 있다.

왕융의 인색은 난세의 화근에서 일신을 지키기 위해 권력자에 대한 속임수였다는 견해도 있다. 일신을 지킨다는 의도 역시 노자 철학의 본질적 관심이며, 그것이 노자 철학과 밀접한 관계를 가지고 있는 것은 그에 관한한 확실하다고 보는 것이 좋겠다.

노자의 철학이 인색(吝嗇)의 실천과 어느 정도의 필연적인 관계를 가지는가 하는 문제는 제쳐놓는다 하더라도, 이 철학이 단순한 관념의 유희(遊戲)로서 겉도는 것이 아니라, 현실의 생활 조건에 항상 용의주도한 배려를 가지며, 실천 생활에 대하여 완고한 대처의 힘을 가지는 것을 여기에서는 다시 주목해야 할 필요가 있다.
 '무(無)'를 설하고 '무위(無爲)'를 강조하는 노자의 철학이기는 하지만, 그것은 그 철학이 가지는 '유(有)'와 '유위(有爲)'에 대한 완고한 관심과 강인한 의욕의 역설적인 표현이었다는 일면을 볼 수 있겠다.
 '유(有)'의 세계에 대한 관심의 높음이 그대로 '무(無)'의 세계에 대한 응시(凝視)의 깊이가 되었다. 생(生)에 대한 의욕과 집착이 그대로 생을 부정하는 것에 대한 자각(自覺)의 예민(銳敏)으로 승화되는 일면이 노자 철학에서 지적되고 있다.
 인간의 생에 대한 강인한 의욕이나 생활의 현실에 대한 완고한 대응력을 갖지 않는 노자의 철학은 『포박자(抱朴子)』에서 갈홍(葛洪)이 말하는 '화중지병(畵中之餠)'에 지나지 않는다.

 《사람을 다스리고 하늘을 섬기는 것은 색(嗇) 만한 것이 없다. 대저 색을 일러 조복(早服)이라 한다. 조복을 일러 거듭 덕을 쌓는다고 하며, 거듭 덕을 쌓으면 이기지 못하는 것이 없다. 이기지 못하는 것이 없으면 그 극(極)을 알 수 없고, 그 극을 알 수 없으면 가히 써 나라를 지닐 수 있다. 나라를 지니는 어머니는 가히 써 장구(長久)할 수 있다. 이것을 심근고저, 장생구시의 도라 한다.》

 治人事天 莫若嗇[1] 夫唯嗇 是謂早服 早服 謂之重積德[2] 重積德則無不克[3] 無不克則莫知其極[4] 莫知其極 可以有國 有國之母[5] 可以長久 是謂深根固柢[6] 長生久視[7]之道

1) 莫若嗇(막약색) : 검소한 것만 같지 못하다. 검소한 것이 무엇보다 중요하다.
2) 重積德(중적덕) : 거듭 무위의 덕을 두텁게 쌓아 나간다.
3) 無不克(무불극) : 이기지 못하는 것이 없다. 즉 되지 않는 것이 없다는 뜻.
4) 莫知其極(막지기극) : 모든 것을 극복하고 끝없이 이겨 그 끝을 알지 못한다.
5) 母(모) : 근본. 중적덕(重積德)을 가리킨다.
6) 深根固柢(심근고저) : 뿌리가 깊고 굳건한 것. 근(根)은 가는 뿌리, 저(柢)

는 굵은 뿌리.
7) 久視(구시) : 오래도록 보다. '장생구활(長生久活)'로 풀어 오래 산다는 뜻.

제60장 거위(居位) · 치국(治國)

　　도의 영묘(靈妙)한 작용은 귀신의 영묘함을 능가한다.
　　나라를 다스리는 데 있어서도 도에 의거하는 것이 가장 좋은 것이다.

　큰 나라를 다스림에는 작은 생선을 삶는 것과 같이 조심스럽게 손질을 한다.
　도로써 천하에 임한다면, 혹 귀신이 있다 하더라도 그 귀신도 사람들이 숭앙할 만한 영묘한 작용을 하지 못한다. 그 귀신이 영묘하지 못한 것이 아니라 그 귀신의 영묘한 작용이 있었더라도 그것이 민중을 상해(傷害)하지 못한다.
　다시 말한다면 귀신의 영묘한 작용이 민중을 상해하지 못할 뿐 아니라, 무위의 도를 터득한 성인의 정치도 역시 민중을 상해하지 못한다.
　대저 귀신과 성인 쌍방이 민중에게 상해를 입히지 못하므로, 귀신과 성인과의 은덕이 서로 교분하여 민중에게 돌아오는 결과로써 그 나라가 다스려지게 되는 것이다.

　　▨ 이 장도 노자의 정치에 대한 사상을 논술한 것이다. 이른바 '약팽소선(若烹小鮮)'은 무위의 정치이며, '소선(작은 고기)'에 비유한 것은 앞장의 '색(嗇)'과 같이 농촌 전원의 풍취가 물씬 느껴진다. 그러나 '대국(大國)'이라는 말은 이 장에서 처음으로

보이며, 이 장에서의 대국을 다스리는 정치론이 다음에 설명될 소국과민(小國寡民)의 정치사상과 어떠한 관계를 가지는가에 대하여는 문제가 남는다.(제80장 참조)

귀신에 관한 이야기는 성서에도 여러 곳에 보이지만 노자가 말하는 귀신과는 그 개념을 달리한다. 그러나 깊이 살펴 음미하면 도를 체득한 성인(聖人)과 귀신을 대응해 놓고『성서』를 본다면, 여기에서 영묘(靈妙)한 작용을 볼 수 있다.

『성서』에 "일흔 두 제자가 기쁨에 넘쳐 돌아와 '주님 저희가 주님의 이름으로 마귀들까지도 복종시켰습니다.' 하고 아뢰었다. 예수께서 '나는 사탄이 하늘에서 번갯불처럼 떨어지는 것을 보았다. 내가 너희에게 뱀이나 전갈을 짓밟는 능력과 원수의 모든 힘을 꺾는 권세를 주었으니 이 세상에서 너희를 해칠 자는 하나도 없다. 그러나 악령들이 복종한다고 기뻐하기보다도 너희의 이름이 하늘에 기록되는 것을 기뻐하여라.' 하고 말씀하셨다.(신약 누가복음 10 : 17~20)"라는 말이 있다.

≪큰 나라를 다스리는 것은 작은 생선을 삶는 것 같다. 도로써 천하에 다다르면 그 혼이 신령하지 않다. 그 혼이 신령하지 않은 것이 아니라 그 신령함이 사람을 상하지 않는다. 그 신령함이 사람을 상하지 않을 뿐만 아니라 성인 역시 사람을 상하지 않는다. 대저 둘이 서로 상하지 않는 고로 덕이 사귀어 돌아간다.≫

治大國 若烹小鮮[1] 以道涖天下[2] 其鬼不神[3] 非其鬼不神 其神不傷人[4] 非其神不傷人 聖人亦不傷人 夫兩[5]不相傷 故德交歸焉

1) 若烹小鮮(약팽소선) : 작은 생선을 삶는 것과 같이 번잡한 인공을 가하지 않는 정치를 행해 나간다는 뜻.
2) 以道涖天下(이도이천하) : 도로써 천하에 임한다.
3) 不神(불신) : 신묘한 힘을 발휘하지 않는다.
4) 神不傷人(신불상인) : 신령스러움은 사람을 상하게 하지 못한다.

5) 兩(양) : 신묘한 힘을 지닌 귀신과 백성들을 다스리는 성인.

제61장 위하(爲下)・겸덕(謙德)

　　힘 있는 사람이 자기를 낮추어 겸손함으로써
　　전체의 균형이 이루어져 평화가 유지될 수 있는 것이다.

　크고 작은 나라들이 대립 항쟁하는 지금의 세계 정세 아래에서는 큰 나라는 겸손하여 아래쪽에 선다고 말한다.
　그 이유는 천하의 모든 만물의 모임에 있어서 암컷은 항상 평정(平靜)하게 있으면서 수컷을 이기기 때문이다. 결국 조용한 것으로써 몸을 아래에 두고 겸손하여 수컷을 이기게 된 것이다.
　그러므로 큰나라가 작은나라의 아래에 처하면 작은나라의 복종과 신뢰를 얻게 되고, 작은나라가 큰나라의 아래에 처하면 큰나라의 보장과 보호를 취하여 나라를 보존하게 된다.
　전쟁의 참화를 피하기 위하여는, 어떤 때는 큰나라가 아랫자리에 처함으로써 작은나라의 보존을 취하고, 또는 어떤 경우는 작은나라가 아랫자리에 처하여 큰나라에 복종함으로써 실은 안전보장을 취하는 것이다.
　현 세계에 큰나라나 작은나라나 다같이 생존하기 위하여 바라는 것은, 큰나라는 남의 나라를 병합하여 그의 민중을 기르려 하는 데 지나지 않고, 작은나라는 남의 나라의 세력 아래에 받아들여져서 섬기며 오래오래 보존하며 지내는 데 불과하다.
　그래서 대체로 큰나라와 작은나라인 양자는 각각 그 바라는 바를 충족시키는 것이다.

큰나라일수록 마땅히 겸손하여 아래로 처신해야 하는 것이다.

▨ 이 장 역시 노자의 정치론을 말한 것이다. 무위 자연의 도가 운행되는 세계에서 강대국가와 약소국가의 관계는 상호 부정의 이율배반적 관계가 아니라 상호긍정의 이율대대(二律待對)의 관계가 성립된다. 19세기까지만 하더라도 우리의 세계는 상호부정의 투쟁상태였으나, 제2차 세계대전 이후 점점 융합 화해의 세계에로 지향되고 있다.

노자의 정치론은 그 원론(原論)으로 제62장에서의 민중의 삶, 제27장·제49장에서 설명한 무차별포용(無差別包容), 그리고 제2장·제77장에서 말하는 균형(均衡)의 이론으로써 사회적 격차의 해소를 들 수 있다. 무위의 정치론으로는 제58장의 재난(災難)과 무욕(無欲)의 요청, 제78장과 제38장에서의 유약(柔弱)의 실천철학 등이 있다. 그리고 권력정치(權力政治)의 배제를 제73장·제74장에서 가르치고 있다.

《대국은 하류다. 천하의 사귐이요, 천하의 암컷이다. 암컷은 항상 고요함으로써 수컷을 이기고, 고요로써 아래하는 것을 삼는다. 그런 고로 대국으로서 소국에 아래하면 곧 소국을 취하고, 소국으로서 대국에 낮게 하면 대국을 취한다. 고로 혹 내림으로써 취하고 혹 낮게 함으로써 취한다. 대국은 사람을 아울러 기르고자 함에 지나지 않고, 소국은 들어가 사람을 섬기고자 함에 지나지 않는다. 대저 둘이 각각 그 하고자 하는 바를 얻는다면, 큰 것이 마땅히 내려야 한다.》

大國者下流 天下之交[1] 天下之牝 牝常以靜勝牡 以靜爲下 故大國以下小國 則取小國[2] 小國以下大國 則取大國 故或下以取 或下而取 大國不過欲兼畜人[3] 小國不過欲入事人[4] 夫兩者 各得其所欲 大者宜爲下

1) 天下之交(천하지교) : 모든 물이 골짜기에서 만나는 것과 같이 천하의 모든

것이 다 한 곳에 모인다.
2) 取小國(취소국) : 작은나라의 민심을 얻는다.
3) 兼畜人(겸휵인) : 모든 나라를 합하여 민중을 먹여 살리다.
4) 欲入事人(욕입사인) : 큰나라에 들어가 그 나라의 사람을 섬긴다.

제62장 도오(道奧)·위도(爲道)

만물의 근원인 도의 작용은
무한히 광대하며 그 효용은 짐작할 수가 없다.

  도는 만물의 근원이다. 그러므로 착한 사람이나 악한 사람이나 다같이 없어서는 안 될 것으로서 선인(善人)에게는 보배가 되고 그렇지 않은 불선인(不善人)에게도 그 도의 덕으로 일신을 보존하는 바가 된다.
  도를 전하는 훌륭하고 아름다운 말은 그것을 진언(進言)함에 따라서 누구든지 존귀한 신분을 얻을 수 있고, 그것을 실행함에 따라서 누구든지 남에게 은혜를 베풀 수 있는 것이다. 그러므로 도의 경지에서 본다면 착하지 않다고 어찌 버릴 수 있을 것인가?
  한 국가에 있어서 천자(天子)를 받들어 세우고 삼공(三公)인 태사·태부·태보를 두어 정치를 행하는 데는 한 아름드리의 큰 구슬과 사두마차 같은 호화로운 보화를 바쳤다 하더라도 천하를 이롭게 하는 점에서는 차라리 앞에 무릎을 꿇고 앉아 천하 만물의 근원인 도에 대해 진언(進言)하는 것보다는 못하다.
  옛부터 이 도를 귀하게 여긴 까닭은 무엇인가? 나쁜 사람도 무엇이든지 이 도를 지켜서 구하면 얻어지고, 비록 죄가 있어도 이 도에 의하여 벗어날 수 있다고 말하지 않았는가? 때문에 도를 천하에서 가장 귀하게 여긴 것이다.

▨ 이 장에서는 도가 만물을 차별 없이 흡족하게 포용하며, 그 근원인 궁극자라는 것이다. 때문에 만물의 선·불선마저 구별하지 않고 허심으로 받아들여 아무것도 버리지 않는다. 아무것도 버리지 않기에 정치의 원리로서는 최상이며, 만인의 행복을 실현시키는 최고의 가치임을 분명히 했다.
 이 장 역시 제4장·제27장·제49장과 밀접한 관련이 있으며, 끝맺음의 '고위천하귀(故爲天下貴)'는 제56장의 끝맺음과 똑같다.
 이 장을 살피면 우선 『성서』의 여러 대목이 떠오른다. 『성서』를 보면 "거룩한 것을 개에게 주지 말고 진주를 돼지에게 던지지 말라. 그것들이 발로 그것을 짓밟고 돌아서서 너희를 물어 뜯을 지도 모른다. 구하라, 받을 것이다. 찾으라, 얻을 것이다. 문을 두드려라, 열릴 것이다. 너희 중에 아들이 빵을 달라는데 돌을 줄 사람이 어디 있겠느냐? 생선을 달라는데 뱀을 줄 사람이 어디 있겠느냐? 너희는 악하면서도 자기 자녀에게 좋은 것을 줄줄 알거늘, 하물며 하늘에 계신 너희 아버지께서야 구하는 사람에게 더 좋은 것을 주시지 않겠느냐.(신약 마태복음 7 : 6~11)"고 하셨다.

≪도란 만물의 오(奧)로 착한 사람의 보배요, 착하지 않은 사람의 몸을 보존하는 바다. 아름다운 말로써 높은 것을 살 수 있고, 아름다운 행실로써 사람에게 더할 수 있다. 사람이 착하지 못함에 어찌 버릴 수 있으리오. 고로 천자를 세우고 삼공을 두면, 비록 공벽(拱璧)으로써 사마(駟馬)를 앞세워 하는 일이 있어도 앉아서 이 도를 진상(進上)하는 것만 같지 못하다. 옛날에 이 도를 귀한 것으로써 여긴 바 무엇인가. 구함으로써 얻고 죄로써 면한다 말하지 않는가. 그러므로 천하의 귀한 것이 된다.≫

道者 萬物之奧[1] 善人之寶 不善人之所保[2] 美言可以市尊 行可

以加人³⁾ 人之不善 何棄之有 故立天子 置三公⁴⁾ 雖有拱璧⁵⁾以先
駟馬 不如坐進此道⁶⁾ 古之所以貴此道者何 不曰以求得 有罪以
免邪 故爲天下貴

1) 道者萬物之奧(도자만물지오) : 도는 만물을 두루 다 싸서 안은 그 근원의 근
   원에 있는 것이다.
2) 所保(소보) : 몸을 보존하는 것을 말한다.
3) 加人(가인) : 남에게 영향을 미치다.
4) 置三公(치삼공) : 옛날 가장 높은 벼슬자리인 태사(太師)·태부(太傅)·태
   보(太保)의 삼공을 말한다.
5) 拱璧(공벽) : 커다란 구슬을 두 손으로 받쳐 드는 것.
6) 坐進此道(좌진차도) : 무릎꿇고 앉아 천자에게 도에 관한 이치를 진언한다.

제63장 은시(恩始)·무난(無難)

　　큰 일을 이룩하기 위해서는 자연스럽게
　　한 걸음 한 걸음 착실하게 나아가지 않으면 안 된다.

　무엇이든 고의로 저지름이 없이 하고, 무슨 일이든 무사(無事)
로 처리하며, 온갖 사물의 자연스러운 맛을 취미로 한다. 일의 큰
것은 작은 것에서 비롯되고, 많은 것은 적은 것에서 생긴다. 뿐만
아니라 덕으로써 원한을 갚는 것을 평소에 수련하면서 체득하며
자연에 대응한다.
　어려운 일을 처리하는 경우에도 쉬운 것부터 도모하며, 큰 일을
성취시키는 경우에도 작은 일부터 해 나간다.
　왜 그래야 되는가 하면, 세상의 아무리 어려운 일이라도 반드시

쉬운 일이 쌓여 거기에서 시작되고, 아무리 큰 사건이라도 반드시 작은 사건이 쌓이고 쌓이는 것에서 이루어지기 때문이다.
 성인은 평소의 생활에 있어 작은 한 걸음 한 걸음을 소중하게 여기며 결국 단숨으로 큰 일을 손대지 않는다. 그러므로 능히 큰 것을 성취시킨다.
 대저 가볍게 승낙하면 반드시 믿음성이 적고, 쉬운 것만 골라서 많이 하면 반드시 크게 어려움이 따른다. 성인은 오히려 어려운 것 같이 신중을 기하기 때문에 결국에는 어려움을 당하지 않는다.

▨ 이 장은 다른 장과 같이 도의 작용과 성인의 삶의 태도를 설명하고 있다. 노자에 있어서의 도는 항상 현상계의 사물을 반대 방향으로 전환·반복케 한다. 무위는 유위가 되고, 무사(無事)는 유사(有事)가 되는 것이다.
 때문에 무위무사(無爲無事)의 성인의 담담한 모습은 자기에게 집착함이 없이, 위대하면서 면밀신중(綿密愼重)한 인생 태도를 늘 가진다는 것을 설명했다.
 무위의 안일함이 아무것도 하지 않고 태만하게 빈둥거리며 도식(徒食)하는 것과는 다르다는 것을 입증하는 자료다.
 특히 이 장의 '보원(報怨)'은 앞에서도 설명하였다. 이것은 모든 종교가 그렇듯이 원한을 갚는 데 있어서는 서로가 생각을 달리하고 있음을 엿볼 수 있다.
 우선 부처는 인간에게 원한 따위는 버리라고 가르친 반면, 노자는 그 원한을 버리라고 하지 않고 덕으로써 갚으라 했다. 석가는 역시 번뇌로부터의 해탈(解脫)이라는, 개인을 주체로 한 깨달음을 피안(彼岸)으로 보았다. 그러나 노자는 원한의 멸각(滅却)을 부자연한 행위로 생각했다.
 한편 상대적인 존재로서 이 세상에 생활하고 있는 끼리의 사회적·정치적 사이에서 가장 큰 일이나 태도로 생각했다.
 이에 대하여 공자는 어떤 입장을 취하였는가? 그는 『논어(論

語)』헌문편(憲問篇)에서 밝힌대로 '이직보원(以直報怨)'이라
하여 "자기의 정직으로 원수를 갚는다." 하였다.
 정직만으로 원수인 상대를 어떻게 대응하겠는가. 정직과 정직
은 서로 통하여 융합할 수 있지 않은가. 그러한데도 상대가 자기
잘못을 깨닫고 뉘우치지 않을 때 분쟁의 해결은 정직만으로 될 수
있는가. 만일 정직의 표명(表明)을 뒤로 하여 결론을 넘기고 말
았을 때, 이것 역시 범인들의 일반적인 속성에 지나지 않는다.
 기독교의 구약에 있는 '눈에는 눈으로, 이에는 이로'를 마치 상
대가 해를 끼쳤으면 그에 상응하는 보복을 하라는 것 같이 세상
에서는 보편적으로 그렇게 의미를 붙여 동양적인 사고와 대조적
으로 보는 경우가 있으나 사실은 그렇지만은 않다.
 『신약성서』에 "여러분 중에는 악을 악으로 갚는 사람이 하나도
없도록 하고, 언제나 서로 남에게 선을 행하도록 힘쓰십시오. 또
모든 사람에게 선을 행하십시오.(데살로니가 전서 5 : 15)"라 하여,
'보원이선(報怨以善)'으로서 노자의 '보원이덕(報怨以德)'과
같은 사상 표현을 하고 있는 것이다. 결국 예수 이전의 율법시대
와 구분해야 할 것으로 생각된다.

 ≪무위를 하고, 무사를 일로 하고, 무미를 맛으로 한다. 작은 것을 크게 하
고, 적은 것을 많게 하고, 원한 갚기를 덕으로써 한다. 어려운 것을 그 쉬운
데서 도모하고, 큰 것을 그 세밀한 데서 한다. 천하의 어려운 일은 반드시 쉬
운 데서 일어나고, 천하의 대사는 반드시 세밀한 데서 일어난다. 이로써 성
인은 마침내 큰 것을 하지 않는 고로 능히 그 큰 것을 이룬다. 대저 가벼운
승낙은 반드시 믿음이 적고, 쉬운 일이 많으면 반드시 어려움이 많다. 이로
써 성인은 오히려 어려워하는 고로 마침내 어려움이 없다.≫

 爲無爲 事無事[1] 味無味[2] 大小 多少 報怨以德 圖難於其易 爲
大於其細 天下難事 必作於易[3] 天下大事 必作於細 是以聖人
終不爲大 故能成其大 夫輕諾必寡信 多易必多難 是以聖人猶

難之⁴⁾ 故終無難⁵⁾矣
1) 事無事(사무사) : 없는 일을 일로 삼는다.
2) 味無味(미무미) : 행동에서 느끼는 맛이 없는 것을 맛보다.
3) 必作於易(필작어이) : 쉬운 일에서 반드시 생겨난다.
4) 猶難之(유난지) : 모든 일을 어렵게 여기다.
5) 終無難(종무난) : 마침내는 어려움을 당하지 않는다.

제64장 수미(守微)·보물(輔物)

일의 성취를 위해서는
무위(無爲)·무욕(無欲)으로 자연의 질서에 따라
착실하게 한 걸음 한 걸음 나아가지 않으면 안 된다.

 안정되어 있는 것은 유지하기 쉽고, 아직 그 징조가 나타나지 않은 것은 처리하기 쉽다. 그 연약한 것은 깨뜨리기 쉽고, 그 작은 것은 흐트러지기 쉽다.
 또한 필요가 없을 때는 앞을 꿰뚫어 보아 처리하고, 아직 어지러워지기 전에 장래를 생각하고 수습하여 다스린다.
 아름드리 나무도 털끝 만한 싹에서 나오고, 높은 누각도 한 삼태기의 흙을 쌓는 데서 시작되고, 천리길도 첫 한 걸음으로부터 시작되는 것이다.
 이렇듯 평상시의 신중한 노력이 필요하다는 도리를 무시하고, 어떠한 사물이든지 단숨에 잘하려고 하면 실패하고, 성과를 올리려고 집착하면 잃어 버린다.
 그러므로 성인은 무리한 일을 하지 않기에 실패하지 않으며, 사물에 집착하지 않으므로 잃지 않는다.
　그러나 일반 세상 민중은 일을 함에 있어 항상 성취할 무렵에 실패하는 예가 많다. 이것은 도리를 모르기 때문이다. 끝까지 근신하기를 처음 시작할 때와 같이 한다면 실패하는 일이 없을 것이다.
　이러한 까닭에 성인이 바라는 바는 탐욕이 아닌 것에서 머물고, 얻기 어려운 재화(財貨)는 귀하게 여기지 않는다. 배움이 아닌 배움을 배워 세상 민중들이 지식이나 총명을 자랑하는 지나친 잘못을 소박한 상태로 되돌려, 만물이 있는 그대로 있도록 도와 감히 인위적으로 억지를 부리지 않게 한다.

　▨ 이 장 또한 앞장과 같이 무위의 성인의 신중한 인생 태도를 설명하고 있다. 노자의 무위사상의 근저에 깔려 있는 것은 인생의 화패(禍敗)에 대한 날카로운 응시이며, 이 세속적인 경영이 허물어지기 쉬움을 체험한 고통인(苦痛人), 인생의 온갖 풍상(風霜)을 겪고 풍부한 영지(英知)를 연마한 철인의 모습을 방불케 한다. 특히 글 가운데는 격언(格言)이나 속담 같은 것이 그대로 인용되고 있는 것이 주목된다.
　결국 이 장은 노자의 실천적인 처세훈으로 받아들여야 할 것으로 생각된다.
　이 장과 같은 사상표현을 『성서』에서도 여러 대목에서 발견할 수 있다. 『성서』에 다음과 같이 말하여 노자의 무위 자연에 이어 '합포지목 생어호말…천리지행 시어족하(合抱之木 生於毫末…千里之行 始於足下)'의 사상과 맥락을 같이 한다.
　"예수께서 또 말씀하셨다. 하느님 나라를 무엇에 견주며 무엇으로 비유할 수 있을까? 그것은 겨자씨 한 알과 같다. 땅에 심을 때는 세상의 어떤 씨앗보다도 더욱 작은 것이지만 심어 놓으면 어떤 푸성귀보다도 더 크게 자라고 큰 가지가 뻗어서 공중의 새들이 그 그늘에 깃들 만큼 된다.(신약 마르코복음 4 : 30~32)"
　'위자패지 집자실지(爲者敗之 執者失之)'에 대칭되는 말로

『성서』 구약 창세기 11 : 3~8의 말도 있다.

《그 편안함은 지니기 쉽고, 그 싹트지 않은 것은 꾀하기 쉬우며, 그 연한 것은 풀리기 쉽고, 그 미소한 것은 흩어지기 쉽다. 있지 않은 것에서 하고, 어지럽지 않은 것에서 다스린다. 아름드리 나무도 털끝에서 생기고, 9층 대(臺)도 쌓은 흙에서 일어나며, 천리의 길도 발 아래서 시작된다. 하는 자 패하고, 잡는 자 잃는다. 이로써 성인은 하는 일 없는 고로 패하는 일 없고, 잡는 일 없는 고로 잃는 일 없다. 민(民)이 일을 좇아 항상 거의 이룬 것에서 패한다. 끝을 조심하기를 처음 같이 하면 곧 일에 패함이 없다. 이로써 성인은 욕심 없음을 욕심으로 하고, 얻기 어려운 재화를 귀히 여기지 않으며, 배우지 않는 것을 배워 뭇 사람의 지나친 바를 돌이키고, 만물로써 자연을 도와 감히 하지 않는다.》

其安易持 其未兆易謀[1] 其脆易泮 其微易散[2] 爲之於未有 治之於未亂 合抱之木[3] 生於毫末[4] 九層之臺 起於累土[5] 千里之行 始於足下 爲者敗之 執者失之 是以聖人無爲故無敗 無執故無失 民之從事 常於幾成[6]而敗之 愼終如始 則無敗事 是以聖人欲不欲 不貴難得之貨 學不學 復[7]衆人之所過 以輔萬物之自然而不敢爲[8]

1) 未兆易謀(미조이모) : 아직 징조가 나타나기 전에는 도모하기 쉽다.
2) 微易散(미이산) : 미약하고 작은 것은 흩어지기 쉽다.
3) 合抱之木(합포지목) : 굵기가 한 아름의 큰 나무.
4) 毫末(호말) : 터럭의 끝. 터럭 같이 아주 작은 씨앗. 싹(芽).
5) 累土(누토) : 한 삼태기의 흙을 쌓다.
6) 幾成(기성) : 거의 이루어지다. 성취에 가깝다.
7) 復(복) : 근본적인 것으로 되돌리다.
8) 不敢爲(불감위) : 감히 억지로 하지 않다. 인위적으로 하지 않다.

제65장 선도(善道)·현덕(玄德)

세상의 모든 나라를 다스리려면
민중을 무지한 상태로 둘 필요가 있다.
이것은 또 도에 순종하는 것이기도 하다.

 옛날 훌륭하게 정(政)의 도를 실천한 사람은 그 정도(政道)로써 민중을 총명하게 만들려 하지 않고, 민중을 장차 그 도로써 어리석게 만들려 했다.
 민중들을 다스리기 어렵다는 것은 그들이 지혜가 많기 때문이다. 그러므로 지혜를 숭상하여 그것으로써 나라를 다스리는 것은 나라의 해독이 되고, 지혜를 존중하는 것으로써 나라를 다스리지 않는 것이 나라의 복이 된다.
 이 2가지를 아는 것이 정치의 법칙이다. 능히 이 법칙을 아는 것을 이른바 현덕(玄德)이라 한다.
 현묘한 덕은 깊게 침투하고 멀리 퍼져 모든 사물을 근원으로 되돌린다. 그리하여 마침내 도와 합치되게 하는 데 이른다.

 ▨ 이 장은 옛부터 우민정치(愚民政治)를 주장하는 것이라고 물의를 빚어오기도 하였다. 흔히 일컫는 우민정치와는 그 맥이 다르다.『노자』전체를 잘 읽어 보면 노자가 주장하는 '우(愚)'란 '현(賢)'이며, '무지(無知)'는 '참앎〔眞知〕'의 역설적 표현이다. 즉 '우(愚)'라는 것은 '무지(無知)'를 뜻하며, '진(眞)'을 지켜서 '자연'에 순종하는 것을 말한다.

무위 자연의 도와 일체가 된 무지 무욕의 사회의 실현을 궁극적인 이상으로 하는 노자적 성인의 '현덕(玄德)'의 정치를 이 장에서 설명하고 있다.

인간에게 있어서 참다운 행복이란 슬기로운 지혜〔賢知〕를 숭상하고, 교활한 재주로 서로 다투며, 남을 중상하여 깎아내리고, 자기를 이기려는 남과 대립하고 투쟁하는 사회에 의하여 유지(維持)되는 것이 아니다.

그 대립과 투쟁의 근원에 있는 인간 존재의 본래적인 진실에의 각성을 가지고 '대현(大賢)'이 어리석음〔愚〕과 같으며, 우(愚)는 곧 도를 아는 '무지'를 꿰뚫은 현덕(玄德)이다.

현덕의 사회만이 인류에게 항구적인 평화와 행복을 줄 수 있음은 명백한 사실이라는 것이 이 장에서의 논지이다.

여기에서 주의할 점은 노자가 말하는 우민의 '우(愚)'이지, 결코 '유위(有爲)의 우(愚)'가 아니라는 것이다. 노자는 '진지(眞知)'를 상식적인 말로 '무지(無知)'라 불렀으며, '진현(眞賢)'을 세속적인 말로 '우(愚)'라고 했다.

≪옛날 옳게 도를 하는 사람은 써 민을 밝게 하는 것이 아니고 장차 어리석게 한다. 민이 다스리기 어려운 것은 그 지혜가 많음으로 써다. 그런 고로 지혜로써 나라를 다스리는 것은 나라의 적(賊)이요, 지혜로써 나라를 다스리지 않는 것은 나라의 복이다. 이 둘을 아는 것 또한 계식(稽式)이다. 항상 계식을 아는 이것을 일러 현덕이라 한다. 현덕은 깊고 멀다. 물(物)과 더불어 반(反)한다. 그런 뒤에야 대순(大順)에 이른다.≫

古之善爲道者[1] 非以明民[2] 將以愚之 民之難治 以其智多 故以智治國 國之賊[3] 不以智治國 國之福 知此兩者 亦稽式[4] 常知稽式 是謂玄德 玄德深矣遠矣 與物反矣 然後乃至大順[5]

1) 善爲道者(선위도자) : 도를 체득하여 잘 행하는 사람.
2) 明民(명민) : 백성을 현명하게 만든다.

3) 國之賊(국지적) : 나라를 해치는 도둑.
4) 稽式(계식) : 법칙, 법도, 표준을 말한다.
5) 大順(대순) : 위대한 도에 합치하여 순종하다.

제66장 강해(江海)·후기(後己)

> 큰 강과 넓은 바다는
> 가장 낮은 곳에 자리하고 있기 때문에
> 세상의 모든 냇물을 모은다.
> 성인은 민중 앞에서
> 항상 머리 숙여 겸손하기 때문에
> 민중의 지지를 얻는다.

긴 강과 큰 바다가 능히 많은 골짜기의 왕이 될 수 있는 까닭은 그것이 온갖 골짜기보다 충분히 낮은 곳에 있기 때문이다. 그러므로 모든 골짜기의 물은 낮은 곳에 자리한 강과 바다로 흘러가서 많은 골짜기의 왕자가 된 것이다.

그러므로 성인이 민중의 윗자리에 서고자 한다면 반드시 고(孤), 과(寡), 불곡(不穀) 등으로 일컫는 겸허한 말을 써서 민중의 신망을 한 몸에 모으는 것 같이 굽히고, 민중의 앞자리에 서서 이끌고자 생각하거든 반드시 민중의 이익을 먼저 생각하고 자기의 일은 뒤로 돌려야 한다.

그럼으로써 성인은 민중의 윗자리에 서 있어도 민중이 부담스러운 무게를 느끼지 않으며, 민중의 앞에 서도 민중은 해롭게 여기지 않는다. 때문에 세상 사람이 즐겁게 그를 군주로 추대하여 싫어하지 않는다. 그것은 그가 민중과 능력을 다투지 않기 때문이며, 세상 사람이 그 누구도 그와 경쟁할 수 없게 된 까닭이다.

▨ 이 장은 제8장에서와 같이 물[水]에 비유하는 부쟁(不爭)의 덕을 설명하고 있다. 글 중의 어구(語句)도 제7장·제22장·제32장 등과 중복·유사한 점이 없지 않으며, 사상표현 또한 대동소이하다. 단지 후세 무위의 성인을 설명하는 말로써 쓰여진 '천하막능여지쟁(天下莫能與之爭)'은 이 장에서만 보이는 것이 특징이다.

이 장의 사상표현과 유사한 말로서 『성서』에 "누구든지 자기를 높이는 사람은 낮아지고 자기를 낮추는 사람은 높아진다.(신약 마태복음 23 : 12)"라고 했다. 이는 누가복음(14 : 11)에도 있는 말이다.

≪강과 바다가 능히 백곡(百谷)의 왕이 되는 것은 그것이 아래 있기를 잘함으로 써다. 고로 능히 백곡의 왕이 된다. 이로써 민의 위가 되고자 하면 반드시 말로써 내리고, 민의 앞이 되고자 하면 반드시 몸으로써 뒤에 한다. 이로써 성인은 위에 처해도 민이 무겁다 하지 않고, 앞에 처해도 민이 해롭다 하지 않는다. 이로써 천하가 떠받들기를 즐겨하고 싫어하지 않는다. 그 다투지 않는 까닭으로써 천하에 능히 더불어 싸울 사람이 없다.≫

江海所以能爲百谷[1]王者 以其善下之 故能爲百谷王 是以欲上民[2] 必以言下之 欲先民 必以身後之 是以聖人 處上而民不重[3] 處前而民不害 是以天下樂推而不厭[4] 以其不爭故天下莫能與之爭[5]

1) 百谷(백곡) : 모든 골짜기의 물.
2) 欲上民(욕상민) : 백성들의 위에 서고자 하다.
3) 處上而民不重(처상이민부중) : 윗자리를 차지하고 있으나 백성이 이를 부담스럽게 여기지 않는다.
4) 樂推而不厭(낙추이불염) : 즐거이 추대하고 싫증을 내지 않는다.
5) 莫能與之爭(막능여지쟁) : 그와 더불어 감히 다투지를 못한다.

제67장 삼보(三寶)・지지(持之)

자애(慈愛)한 사랑, 근검한 아낌,
겸손하고 조심성 있는 처신이
곧 세상을 지배하는 제일의 비결이다.

천하의 사람들이 다 나의 도를 아무 지적도 없이 크기는 하지만 똑똑하지 못하다고 말한다.
대저 오직 크기 때문에 현상계에 있는 만물 하나 하나와는 똑똑하게 꼭 같을 수는 없는 것이다. 만일 같았다면 오래전 옛날부터 도(道)는 작은 존재가 되어 있었을 것이다.
나에게는 2가지 보배가 있다. 나는 그것을 소중하게 지니고 있다. 첫째는 자애(慈愛)한 사랑이요, 둘째는 낭비하지 않는 검소한 아낌이요, 셋째는 천하의 민중들 앞에 감히 나서지 않음이다.
인자하기 때문에 남의 고통을 자기 희생으로 감수하면서 남을 구원할 수 있다. 이것은 진실한 용감이라고 할 수 있다.
검소하기 때문에 무엇이든 필요에 따라 여력의 축적을 다할 수 있고, 그러한 의미로 은혜를 널리 베풀 수 있다.
천하의 사람들 앞에 감히 나서지 않기 때문에 만민의 임금이 될 수 있는 것이며, 모든 관리의 으뜸이 된 것이다.
그러니 이제 인자한 사랑을 버리고 장차 용감해지려 하고, 검소함을 버리고 장차 널리 베풀려 하며, 남의 뒤에 처하는 입장을 버리고 남의 앞자리에 서려 한다면 결국 패하고 말 것이다.
대저 한 나라의 군주가 민중을 사랑하여 자비한 사랑으로써 민중의 신망을 얻어 싸우면 곧 이기고, 그것으로써 지키면 견고하다. 세상 모두가 그 사람의 편이 되는 것은 하늘이 그 나라를 도와 줄 것이므로 결국에는 자비한 사랑으로써 나라를 지키게 된다.

▨ 이 장은 '유약겸허(柔弱謙虛)'라 일컫는 '노자' 류의 처세철학을 정리하기 위한 것이었다. 여기서 '자(慈)'는 유가에서 말하는 '인(仁)'에 가까우며, 불가(佛家)의 '자비(慈悲)'와 같은 뜻이며, '검(儉)'은 제59장의 '색(嗇)'과 같은 뜻이기도 하다.

여기에서 우리가 분명하게 짚고 넘어가야 할 일은 중국 춘추전국시대의 사상가들이 누구를 상대로 자기의 논설(論說)을 펼쳤는가 하는 점이다. 당시는 현세와 틀려서 사상이나 문화의 수요자나 공급자는 그 어느 분야나 지도적 계급의 사람들로서, 이른바 그들을 사대부(士大夫)라 불렀다. 사대부란 한 나라의 가신(家臣)이었으며, 어느 누구나 그 나라의 정치에 참여하는 사람이었다. 물론 참여하는 분야나 방법에는 여러 가지 차이가 있겠으나 그들의 최대 관심사는 어떻게 하면 민중을 잘 다스려 나라를 태평성대로 이끄느냐에 있었다.

또한 그들 사상가는 자기가 주장한 언론이 군주에게 인정되어 채용되는 것을 기대하고 활동했다. 그들의 언설(言說)은 상황에 따라서 군왕이나 재상(宰相)을 향한 진언(進言)의 형식을 취하고 있었다.

노자의 경우도 이러한 당시의 사회(社會) 속의 한 사람인 이상, 사대부나 군왕(君王)을 상대하여 설파(說破)했고, 관심은 정치를 떠날 수 없었던 것이다. 물론 그가 정치가가 아니고 일반인의 한 사람이었다 해도 그의 상대는 정치가였다. 그러므로 거기에는 일반인이 가진 공통의 괴로움이나 문제가 제기되고 있는 것이다.

결국 도는 당시의 정치가들이 가진 특수한 심정이나 고뇌에 답하고자 하는 부분과 훨씬 일반적인 의문이나 문제에 대하여 답하고자 하는 부분이 있었다.

그것은 우리들에게 있어서는 고전의 기본 뜻이라고 할 수도 있다. 그러나 사상(思想)의 공급자도 수요자도 당시의 사대부였으며, 사상의 표현방법, 발상방법 등 여러 가지 점 역시 정치적 경향이 강하게 풍기고 있다. 이 장도 역시 한 나라의 정치에 깊은 관심을 가진 것으로 되어 있다.

끝으로 이 장과 사상표현을 같이 하여, 남을 구원하는 사람이 곧 하느님의 구원을 받는다는 『성서』를 인용한다. "사랑하는 형제 여러분, 우리가 이런 말을 하지만 여러분은 더 좋은 구원의 축복을 받고 있다는 것을 우리는 확신합니다. 하느님은 불의한 분이 아니시므로 여러분이 지금까지 성도들에게 봉사해 왔고, 아직도 봉사하면서 당신(하느님)의 이름을 위해서 보여준 선행과 사랑을 결코 잊지 않으십니다. 우리는 여러분 각 사람이 희망을 성취하기까지 끝내 같은 열성을 보여 주시기를 바랍니다. 게으른 자가 되지 말고 믿음과 인내로써 하느님께서 약속해 주신 것을 상속받는 사람들을 본받으십시오.(신약 히브리서 6 : 9~12)"

≪천하가 다 이르되 내 도는 커서 어질지 않은 것 같다고 한다. 대저 오직 큰 고로 어질지 않은 것 같다. 만일 어질면 그 작은 것이 오래리라. 내게 삼보(三寶)가 있어 지니고 소중히 한다. 첫째는 사랑이요, 둘째는 검소요, 셋째는 감히 천하의 앞이 되지 않음이다. 사랑하는 고로 능히 용감하고, 검소한 고로 능히 넓고, 감히 천하의 앞이 되지 않는 고로 능히 기장(器長)을 이룬다. 이제 사랑을 버리고 또 용감하려 하고, 검소를 버리고 넓어지려 하고, 뒤를 버리고 또 먼저 하려 하면 죽으리라. 대저 사랑이란 싸움으로써 이기고, 지킴으로써 견고하다. 하늘이 장차 구하려 하고 사랑으로써 지킨다.≫

天下皆謂 我道大似不肖[1] 夫唯大故似不肖 若肖[2] 久矣其細矣 夫我有三寶 持而保之 一曰慈 二曰儉 三曰不敢爲天下先 慈故能勇 儉故能廣 不敢爲天下先故能成器長[3] 今舍慈且勇[4] 舍儉且廣 舍後且先[5] 死矣 夫慈 以戰則勝 以守則固 天將救之 以慈衛之[6]

1) 不肖(불초) : 어리석다. 부모를 닮지 못해 똑똑하지 못하다는 말에서 유래됨.
2) 肖(초) : 똑똑하다. 현명하다.
3) 器長(기장) : '기(器)'는 능력 있는 사람, 유용한 인재의 뜻으로 능력 있는 사람들의 우두머리, 모든 관리의 으뜸, 즉 임금을 말한다.
4) 舍慈且勇(사자차용) : 인자한 사랑을 버리고 장차 용감해지려 하다. '사(舍)'는 사(捨)와 같은 뜻으로 '버리다'의 뜻.
5) 舍後且先(사후차선) : 뒤로 물러서는 겸손을 버리고 다시 앞서려 한다는 뜻.
6) 以慈衛之(이자위지) : 인자함으로써 자기 몸을 지키다.

제68장 배천(配天)·부쟁(不爭)

  참으로 강한 사람은 남과 다투지 않는다.
  다투지 않고 상대를 자기 지배 아래에 두는 것이 최상이다.

  참으로 훌륭한 무사는 함부로 무용(武勇)을 날리지 않는다. 참으로 잘 싸우는 사람은 가볍게 함부로 성낸 기색을 남에게 보이지 않는다. 참으로 적을 잘 이겨내는 사람은 정면으로 남과 더불어 적과 싸우지 않는다. 참으로 훌륭하게 사람을 쓰는 사람은 겸손하게 자기의 몸을 굽혀 남의 아래에 처하는 것이다.
  이러한 것을 말하여 '다투지 않는 덕'이라 하고, 이를 일러 '사람의 힘을 잘 이용한다'고 한다.
  또한 이러한 것을 일러 '하늘의 도리에 알맞는다고 하는 것으로 옛날의 도의 극치'라고 하는 것이다.

  ▨ 이 장은 제52장의 '수유왈강(守柔曰強)', 제73장에서 나오

는 '부쟁이선승(不爭而善勝)' 등의 논술과 연관하여 인간을 참다운 강자로 만드는 것으로써 '유약부쟁지덕(柔弱不爭之德)'에 대하여 설명했다.

글 가운데 '부쟁'이란 말은 지금까지 제8·22·66장 등에 흔히 보였고, '선용인자위지하(善用人者爲之下)'는 앞장의 '불감위천하선(不敢爲天下先)'과 같은 사상표현이다. 여기에서는 특히 '무(武)' '전승(戰勝)'을 연관시켜 설명한 점이 주목된다.

특히 노자는 큰 나라에 필요하다는 간절한 요청으로 '부쟁지덕(不爭之德)'을 설명했다. 그는 무위 자연의 도는 광대무변하고 그 작용은 인간의 모든 영역에서 무상(無上)의 공용(功用)을 발휘하므로 하찮은 인위적 작용[有爲]은 억지로서 한결[恒久]같지 않으며, 언젠가는 무위 자연의 저절로[自然] 된 무위[柔弱]를 이겨낼 수 없다는 것을 설명했다.

노자의 시대에는 긴 역사 가운데 끊임없이 진행되어 온 국가의 대국화(大國化)로 여러 작은 나라의 병합운동은 대국을 더욱 강대화하였고, 대국과 소국과의 사이에 끊임없는 항쟁을 지속시키는 형세를 가중시켰다.

이러한 정세의 해결책으로 여러 가지 구상이 나타났다. 그 중에서도 노자의 것은 다른 제자백가(諸子百家)와는 달리 독자적인 특징을 가졌는데, 물론 그것의 사상 기본은 무위 자연의 도였던 것이다.

《옳게 선비된 자는 무력이 없고, 잘 싸우는 자는 성내지 않고, 잘 적을 이기는 자는 함께 하지 않고, 잘 사람을 쓰는 사람은 아래가 된다. 이를 일러 다투지 않는 덕이라 하고, 이를 일러 사람의 힘을 쓴다 하며, 이를 일러 하늘에 짝한다고 한다. 이것은 옛날의 극(極)이다.》

善爲士者 不武[1] 善戰者 不怒 善勝敵者 不與 善用人者 爲之下 是謂不爭之德 是謂用人之力 是謂配天[2] 古之極[3]

1) 不武(불무) : 무력을 사용하지 않는다.
2) 配天(배천) : 하늘의 도리와 일치한다.
3) 古之極(고지극) : 옛날부터 내려온 도의 극치이다.

제69장 용병(用兵)·무행(無行)

병법(兵法)에 있어서도 도의 근원은
무심무욕(無心無欲)과 무위 자연에 불과하다.

 용병(用兵)의 오묘한 비결을 가르치는 말에는 내가 주도권을 잡지 않고 저쪽에서 먼저 시작하게 하여 이에 응하는 입장을 취하고, 무리하게 감히 한 치를 나아가려 하지 않고 한 자쯤 많이 물러난다고 했다.
 이러한 태도를 취하면 상대는 공격하는 일이 없을 것이다.
 이렇게 하는 것을 안 나가는 듯하면서도 나가고, 보이지 않는 팔을 휘두르고, 보이지 않는 무기를 잡고 없는 적을 꺾어 누른다고 했다.
 또한 같은 용병의 병법에는 재앙 있는 적을 가벼이 여기는 것보다 더 큰 화근이 없다고 했다. 적을 가볍게 생각하면 전쟁이 일어나는 결과가 되며, 아마도 나의 보배를 잃게 될 것이다.
 그러므로 "군사를 일으켜 서로 싸우면 비애(悲哀)한 정을 품고 전쟁을 피하려 하는 사람이 이긴다."고 했다.

 ▨ 앞장에서는 부쟁(不爭)의 덕은 잘 싸우는 무용(武勇)의 세계에 있어서도 위대한 진리성을 가진다고 설명했다.

이 장에서는 이와 연관해 용병의 비결이 '감히 주동이 되지 않고 피동적 입장이 되어' 저쪽에서 먼저 시작하게 해놓고 부득이 대응하는 입장, 먼저 나아가는 것보다는 오히려 물러서는 것을 요지로 삼는 것, 적을 가벼이 보지 말 것, 전쟁 그 자체를 인류의 최대 참사로 슬퍼하는 마음가짐을 근본으로 여길 것 등을 설명했다.

이것은 전쟁의 비참함을 진실로 자각하여 전쟁의 비통함을 뼈저리게 느끼고 될 수 있는 한 희생을 피하고자 하는 유도자(有道者)가 궁극적인 승리를 거둔다는 진리를 설명하고 있다. 결단코 전쟁은 평화의 수단에 지나지 않아야 한다.

그래서 노자는 이 장에서 말한 바와 같이 '불감위주이위객(不敢爲主而爲客)'이라 한 이상 절대적인 비전론자(非戰論者)는 아니고 부득이한 전쟁은 인정한다고 볼 수 있다.

궁극적으로 무위 자연에 입각한 수동적인 방위 전쟁을 인정하는 데 노자사상의 중요성이 있는 것은 아니다. 무위(無爲)의 도에 의하여 전쟁이라든지 무기를 사용하는 것들을 초극(超克)하고자 하는 것이다.

병법(兵法) 전략가는 전쟁 그 자체의 본질이 살상(殺傷)에 있는 데 반하여, 노자는 대결·싸움, 무력·무기 등 그 자체의 무용론을 설득하는 데 있다.

또 한 가지 용병전략가(用兵戰略家)가 마음 깊이 새겨 둘 것은 결코 적을 경멸하거나 멸시하는 것, 그 이상의 재앙보다 더 큰 것은 없다는 것을 명심(銘心)할 것을 노자는 강조했다.

《군사를 쓰는 데 말이 있기를 내 감히 주인이 되지 않고 객이 되며, 감히 한 촌(寸)을 나아가지 않고 자(尺)를 물러난다고 했다. 이를 일러 행함이 없는데 행하고, 팔이 없는데 걷어붙이고, 병기가 없는데 잡고, 적이 없는데 찌른다고 한다. 화(禍)는 적을 가벼이 여기는 것보다 큰 것이 없다. 적을 가벼이 하면 거의 내 보배를 잃는다. 그런 고로 군사를 들어 서로 더하면 슬퍼하는 자 이긴다.》

用兵¹⁾有言 吾不敢爲主而爲客²⁾ 不敢進寸而退尺 是謂行無行³⁾ 攘無臂⁴⁾ 執無兵 扔無敵⁵⁾ 禍莫大於輕敵 輕敵 幾喪吾寶⁶⁾ 故抗兵相加⁷⁾ 哀者⁸⁾勝矣

1) 用兵(용병) : 병법(兵法).
2) 爲客(위객) : 손님처럼 피동적으로 행동하다.
3) 行無行(행무행) : 행렬 없이 행군하다. 가지 않지만 결국은 간다는 뜻.
4) 攘無臂(양무비) : 팔을 휘두르지 않고 그 효과를 얻는다.
5) 扔無敵(잉무적) : 적의(敵意)가 없는 적과 싸우지 않고 적을 무찌른다. 적의가 없는 적과 싸운다는 뜻.
6) 幾喪吾寶(기상오보) : 우리의 보배, 즉 생명과 재산, 국토 등을 잃게 된다.
7) 抗兵相加(항병상가) : 군사를 일으켜 서로 공격을 가한다. '항(抗)'은 거(擧)와 뜻이 같다.
8) 哀者(애자) : 슬퍼하는 사람.

제70장 지난(知難)・회옥(懷玉)

진실한 도를 체득한 사람은 세상 사람에게
그 위대함을 자신이 나타내려 하지 않는다.

내 말은 퍽 간단 명료해서 알기 쉽고, 행동은 몹시 평범하여 행하기 쉽다. 그러나 세상 천하에 내가 말하는 참뜻을 능히 아는 사람이 없고, 나와 같이 능히 행하는 사람도 없다.
나의 말에는 주된 근본이 있고, 행하는 일에는 중점이 있다. 오직 그것이 무지무욕(無知無欲)으로 자연 그대로이기 때문에 현명하여 무리하기 쉬운 세상 사람은 나를 알지 못한다.

나를 알지 못하는 사람이 적은 것은 그만큼 내가 귀중한 것이다. 그러므로 성인은 굵은 삼베옷을 입어 밖으로 보기에는 눈에 뜨지 않으나, 마음 속에는 귀한 구슬과 같은 밝은 덕을 품은 사람과 같은 것이다.

▨ 이 장에서는 성인의 허정(虛靜)·유화(柔和)·자검(慈儉)·부쟁(不爭) 등의 덕을 안으로 지니고서 남의 앞에서는 알려지기를 바라지 않는 지극한 모습을 말하고 있다.
 세상 사람들은 유욕(有欲)·명리(名利)·조동(躁動)에 미혹되어 쉬운 도를 보지도 행하지도 알지도 못한다.
 이 장은 '심이지(甚易知)' '심이행(甚易行)'의 진리의 말, 즉 무위 자연의 도를 설하는 노자를 세간이 몰이해(沒理解)하는 데 대한 반성과 고고(孤高)의 탄식을 기록하고 있다.
 자기가 말하는 무위의 진리가 세상 사람들에게 받아들여지지 않고 비웃음을 받게 되어 세속에 대하여 한탄한 것으로 제41장, 제67장 등에도 나타나고 있다. 또 각성한 고독자로서의 우수(憂愁)는 제20장에도 나타나 있는데 이 장에서도 오직 홀로 자기의 길을 지켜 나가는 선각(先覺)한 철인의 우수와 고독을 말했다.
 여기에서 다시 노자 철학의 진면목을 살필 수 있겠다. 노자는 결코 유(有)에 대한 지식이 아니고 무에 대한 슬기이기 때문에 세상 사람들은 노자를 이해하지 못한다.
 노자를 이해하는 사람이 적은 만큼 노자는 귀한 존재로 역사를 타고 내려온 것이다. 때문에 성인은 겉으로 보면 어리석은 사람 같지만 속으로는 현명하다. 이것은 마치 걸레같이 남루한 베옷을 입고 있으나 안으로 귀중한 옥을 가슴에 품고 있는 것과 같다.
 『성서』에서는 "그러나 야훼께서는 사무엘에게 '용모나 신장을 보지는 말라, 그는 이미 내 눈 밖에 났다. 하느님은 사람들처럼 보지 않는다. 사람들은 겉모양을 보지만 나 야훼는 속마음을 들여다 본다.'라고 이르셨다.(구약 사무엘 상 16 : 7)"라고 하여, 이 장의 이해를 한결 돕고 있는 구절이 있다. 『성서』에는 이 밖에도 이와 비슷한 것을 많이 볼 수 있다(신약 마태복음 22 : 16, 사도행전 10 : 34).

≪내 말은 심히 알기 쉽고 심히 행하기 쉬우나, 천하에 능히 알 사람 없고 능히 행할 사람 없다. 말에 종(宗)이 있고 일에 임금이 있으니 대저 오직 아는 것이 없는지라 이로써 나를 알지 못한다. 나를 아는 자 드물고 나를 본받는 자 귀하다. 이로써 성인은 굵은 베옷을 입고 구슬을 품는다.≫

吾言甚易知[1] 甚易行 天下莫能知 莫能行 言有宗[2] 事有君[3] 夫唯無知 是以不我知 知我者希[4] 則我者貴 是以聖人 被褐懷玉[5]

1) 甚易知(심이지) : 아주 이해하기 쉽다.
2) 言有宗(언유종) : 말에는 근원이 있다.
3) 事有君(사유군) : 모든 일에는 주재자가 있다. 즉 통솔자가 있다.
4) 知我者希(지아자희) : 나를 아는 사람은 드물다. 나를 본받는 사람은 드물다.
5) 被褐懷玉(피갈회옥) : 굵은 베옷을 입고 있지만 구슬을 품고 있다. 즉 겉보기는 형편 없지만 속에는 도를 지니고 있다는 것을 뜻한다.

제71장 불병(不病)・지병(知病)

자기의 무지를 자각하는 것
이것이 성인(聖人)의 모습이다.
또한 자기가 현명한 체하는 것을 자각 못하면
그것이 가장 어리석은〔愚〕사람이다.

알면서도 모르는 체하는 것을 자각하는 것, 이것을 최상으로 한다. 모르면서 아는 체하면 병이다.
　대저 병을 병으로 자각하여 알 때에 그것은 병이 아니다.
　성인(聖人)의 병이 아님은, 병을 병으로 자각하기 때문에 병이 아닌 것이다.

　▨ 이 장은 특히 노자의 철학을 간결하게 그 성격을 표현하였다고 말할 수 있겠다. 또 중국 민족의 고래로 내려온 특성이라고도 할 수 있다.
　이와 대조적인 표현으로서는 『논어(論語)』 위정편(爲政篇)에서 공자는 "유야, 안다는 것이 무엇인지 아는가? 아는 것을 안다고 하고, 모르는 것을 모른다고 하는 것이 바로 아는 것이다." 하여, 알아도 모르는 체하는 것이 곧 아는 것이라는 노자의 가르침과는 반대되는 개념으로 말하였다.
　공자의 '지(知)'는 '박학(博學)'을 전제로 한 데 반하여, 노자는 이 박학의 지식을 부정하고 근원적인 진리로서 도에의 복귀를 설명했다. 노자의 도에의 복귀란 자기의 무지를 자각하는 것이다.
　'자기 자신의 무지를 알라'라고 가르친 것은 희랍의 철인 소크라테스(Sokrates)였다. 그보다 먼저 노자는 참으로 안다는 것은 '지지(知之)'에 있는 것이 아니라 '부지지(不知之)'에 있다고 가르쳤다.
　노자는 공자의 지식론을 한층 더 깊이 있게 한 것이라고 할 수 있다. 이 지(知)에 대하여는 『성서』에도 여러 곳에서 말하고 있다. 특히 『성서』 신약 고린도전서 1 : 19~24에서 가르친 지혜를 읽음으로써 노자의 지식론을 이해하는 데 도움이 될 것이다. "성서에도 '나는 지혜롭다는 자들의 지혜를 없애 버리고 똑똑하다는 자들의 식견을 물리치리라.'는 말씀이 있지 않습니까? 그러니 지혜로운 자가 어디 있고 학자가 어디 있습니까? 또 이 세상의 이론가가 어디 있습니까? 하느님께서 이 세상의 지혜가 어리석다는 것을 보여 주시지 않았습니까? 세상이 자기 지혜로는 하느님을 알 수 없습니다. 이것이 하느님의 지혜로운 경륜입니다. 그래서 하느님께서는 우리가 전하는 소위 어리석다는 복음을 통해서 믿는 사람들을 구원하시기로 작정하셨습니다. 유다인들은 기적을 요구하고, 그리스인들은 지혜를 찾지만 우리는 십자가에 달리신 그리스도를 선포할 따름입니다. …하느님께서 하시는 일이 사람의 눈에는 어리석어 보이지만 사람들이 하는 일보다 지혜롭고, 하느님의 힘이 사람의 눈에는 약하게 보이지만 사람의 힘보다 강합니다."

≪알면서 알지 못한다는 것은 상(上)이요, 알지 못하면서 안다는 것은 병이다. 대저 오직 병을 병이라 하는지라, 이로써 병이 되지 않는다. 성인은 병들지 않으니 그 병으로써 병이라 하기에 이로써 병들지 않는다.≫

知不知[1] 上 不知知[2] 病 夫唯病病[3] 是以不病 聖人不病 以其病病 是以不病

1) 知不知(지부지) : 알아도 모르는 척하는 것.
2) 不知知(부지지) : 모르면서 아는 체하다.
3) 病病(병병) : 병폐. 결점. 잘못. 병을 병으로 여기다.

제72장 외위(畏威)·애기(愛己)

위정자(爲政者)가 스스로를 잘 알고
겸허한 태도로 민중과 접촉하는 것이
이 세상을 평화롭게 하는 유일한 방법이다.

민중이 통치자의 위광(威光)을 무시하고 두려워하지 않으면 사회 질서는 붕괴되고 큰 위험이 따르게 된다.

그것은 민중이 그 땅에 안주하지 못하게 되고, 그 생업에 만족하지 못하기 때문이다. 그 원인은 통치자가 가렴주구(苛斂誅求)에 싫증을 내지 않았기 때문에 민중의 생활이 만족하지 못한 것이다.

성인은 스스로 자기의 분수를 알고, 스스로 자기의 공로를 나타내지 않고, 스스로 자기의 생명을 사랑하지만 자기를 스스로 소중하게 여겨 귀하게 자처하지 않는다. 이것은 말하자면 저쪽을 버리고 이쪽을 취하는 것이다.

▨ 이 장은 다음 제74장과 같이 민중에게 위력을 가지고 형벌로 다스리는 법가적(法家的)인 유위(有爲)정치를 비판했다.

문장의 형식도 제74장과 유사하고, 이 장이 '민불외위(民不畏威)'를 머릿글로 쓴 데 대하여, 제74장은 '민불외사(民不畏死)'를 첫구절로 썼고, 제74장이 형벌을 가장 큰 상처로 경계하면서 논술을 맺은 반면, 이 장은 형벌정치를 버리고 무위정치를 택한 것으로 결론지었다.

법가적인 위력의 정치에 대한 비판은 제17장에서 이미 일반적인 서술을 보았으나, 여기서는 더 한층 구체적으로 설명했다.

≪민이 위엄을 두려워하지 않으면 곧 큰 위엄이 이른다. 그 거(居)하는 곳에 친함이 없고, 그 사는 곳에 배부름이 없다. 대저 오직 배부르지 않는지라 이로써 싫어하지 않는다. 이로써 성인은 스스로 알고 스스로 나타내지 않으며, 스스로 사랑하고 스스로 귀하다 하지 않는다. 고로 저를 버리고 이를 취한다.≫

民不畏威[1] 則大威[2] 至 無狎其所居[3] 無厭其所生 夫唯不厭[4] 是以不厭[5] 是以聖人 自知不自見 自愛不自貴 故去彼取此[6]

1) 威(위) : 권위. 하늘의 위엄. 또는 통치자의 권위.

2) 大威(대위) : 큰 환란. 천벌.
3) 無狎其所居(무압기소거) : 백성의 거처나 행동을 속박해서는 안 된다는 뜻.
4) 不厭(불염) : 스스로 싫어하는 것이 없다.
5) 不厭(불염) : 남이 그를 싫어하지 않는 것.
6) 去彼取此(거피취차) : 저것을 버리고 이것을 취한다. '피(彼)'는 자견(自見), 자귀(自貴)이고, '차(此)'는 자지(自知), 자애(自愛)이다.

제73장 천망(天網)·임위(任爲)

하늘의 작용은 아무 일도 하지 않는 것 같으나
실은 모든 것을 꿰뚫어 보고 있다.
누구도 이 하늘이 쳐놓은 그물〔法網〕에서
벗어나 도망칠 수 없다.

하늘은 과감하게 제멋대로 행동하면 죽이고, 과감한 행동을 하지 않으면 살린다고 말한다.
이 제멋대로 하느냐, 않느냐의 2가지는 인간에 있어서 하나는 유리하고 하나는 유해하다.
하늘이 인간의 제멋대로 한 행동을 미워하는 것은 누가 그 까닭을 알겠는가? 그러므로 성인은 그 행동에 있어 이를 신중하게 여기는 것이다.
하늘의 도는 다투지 않아도 잘 이기고, 말하지 않아도 잘 감응하고, 부르지 않고 스스로 오게 하여 평안한 태도로 일을 잘 꾸민다. 하늘의 법망(法網)은 넓고 커서 성긴 듯하나 모든 불법(不法)을 놓치는 일이 없다.

▨ 앞장에서는 '위(威)'를 쓰는 형벌정치(刑罰政治)가 무위의 정치에는 미치지 못한다고 비판했다.

다음 장(제74장)은 군주의 형륙(刑戮)의 집행을 '희유불상기수의(希有不傷其手矣)'라 하여 경계했다. 이것을 참조한다면 이 장은 이것과 연관하여 인위적인 형륙보다는 자연의 재단(裁斷)에 맡기는 무위(無爲)의 정치를 행하는 것이 바람직하다는 것을 논술한 문장이다.

이 장과 연관된『성서』구절에 "법이 생겨서 범죄는 늘어났지만 죄가 많은 곳에는 은총도 풍성하게 내렸습니다. 그래서 죄는 세상에 군림하여 죽음을 가져다 주었지만 은총은 군림하여 우리 주 예수 그리스도로 말미암아 모든 사람을 하느님과 올바른 관계에 있게 하고 영원한 생명에 이르게 합니다.(신약 로마서 5 : 20~21)"라고 하여 '용어감즉살(勇於敢則殺)'과 '용어불감즉활(勇於不敢則活)'을 이해하는 데 도움을 주었다.

≪감히 하는 데 용맹하면 죽이고, 감히 못하는 데 용맹하면 산다. 이 둘은 혹 이롭고 혹 해롭다. 하늘이 미워하는 것을 누가 그 까닭을 알리오. 이로써 성인도 오히려 어려워한다. 하늘의 도는 다투지 않아도 잘 이기며, 말하지 않아도 잘 대답하며, 부르지 않아도 스스로 오며, 천연히 잘 꾀한다. 하늘의 그물은 회회(恢恢)하여 성기어도 잃지 않는다.≫

勇於敢則殺 勇於不敢則活 此兩者 或利或害 天之所惡[1] 孰知其故 是以聖人猶難之[2] 天之道 不爭而善勝 不言而善應[3] 不召而自來 繟然[4]而善謀 天網恢恢[5] 疏而不失[6]

1) 天之所惡(천지소오) : 하늘이 미워하는 것. 용감히 남과 다투는 것을 말한다.
2) 猶難之(유난지) : 오히려 이를 어렵게 여긴다.
3) 善應(선응) : 잘 응하다. 대상 세계에 잘 대응해 나가는 것을 말한다.
4) 繟然(천연) : 느슨한 모양. 느릿느릿 태평한 모양.
5) 天網恢恢(천망회회) : 천지 만물을 감싸고 있는 하늘의 망은 광대하여 그 사

이가 넓다.
6) 不失(부실) : 만물을 감싸 주면서 하나도 빠뜨리거나 잃지 않다.

제74장 제혹(制惑)·사살(司殺)

민중의 생명과 재산을 통제하는 정치는
위정자(爲政者)의 자의(恣意)에만 맡겨 두는 것은 아니다.
하늘의 도에 벗어난 정치가 있어서는 안 되기 때문이다.

민중이 억압을 당할대로 당하면 마침내는 죽음을 두려워하지 않게 된다. 민중이 죽음을 두려워하지 않게 되면 불영(不逞)을 금할 수 있겠는가? 이 때는 세상을 통치할 수 없기 때문에 민중을 궁지에 더욱더 처넣는 비열한 정치를 하게 된다.
 그와 반대로 민중이 안락한 생활과 즐거운 생업을 꾸려 나가게 하고 항상 죽음을 두려워하게 만들어 놓는다면 그 때는 나라의 치안을 혼란하게 하는 범법자가 나오더라도 그를 잡아 죽이는 것으로써 사회의 안녕과 질서를 보전할 것이다. 이런 경우에 누가 감히 마음대로 사람을 죽일 수 있을까?
 죽인다는 것은 누구나 마음대로 하는 것이 아니라 항상 하늘이라는 인간의 생사를 맡아 다스리는 이가 있어 죽이는 것이다.
 대저 생사를 맡아 다스리는 하늘을 대신하여 마음대로 죽이는 이를 큰 목수를 대신하여 나무를 자른다 한다. 도대체 큰 목수를 대신하여 도끼질하는 사람치고 손을 상하지 않는 일은 드물다.

 ▨ 민중이 죽음을 두려워하지 않는 까닭은 무엇인가? 사나운

짐승이나 땅 속에 사는 미물도 죽음을 두려워하는데, 하물며 만물의 영장(靈長)인 인간이 죽음을 두려워하지 않을 때는 당연한 연유가 있을 것이다.

민중을 다스리는 통치자가 악법과 학정을 거듭할 때 이를 견디지 못한 민중은 스스로 목숨을 끊는 희생을 감수하거나 악법에 대항해 죽음을 자초한다. 이럴 때 위정자는 어떻게 대처해야 하는가?

제72장에서는 '위(威)'를 써서 형벌정치를 비판했고, 제73장에서는 죄인을 놓치지 않는 하늘의 재제(裁制), 즉 '천망(天網)'에 대하여 설명하였기 때문에, 이 장에서는 또 형륙(刑戮)을 쓰는 권력의 정치를 비판했다.

권력자가 하늘의 재제에 맡기지 않고 인위적인 재제를 제멋대로 휘둘러 민중을 위협하는 형벌의 도끼를 사용할 때, 그것으로 인하여 다치는 상해(傷害)는 오히려 권력자 자신이라는 것을 경계하는 논지이다.

≪민이 죽음을 두려워하지 않으면 어찌 죽음으로써 두렵게 하리오. 만일 민이 항상 죽음을 두려워하며 기이한 일을 하는 것은 내 잡아 죽일 수 있으나 어찌 감히 하리오. 항상 죽임을 맡은 자가 있어 죽인다. 대저 죽임을 맡은 자를 대신하여 죽이는 것을 일러 대장(大匠)을 대신하여 깎는다 한다. 대저 대장을 대신하여 깎으면 그 손을 상하지 않을 사람이 드물다.≫

民不畏死 奈何以死懼之 若使民常畏死而爲奇者[1] 吾得執而殺之孰敢 常有司殺者[2]殺 夫代司殺者殺 是謂代大匠[3]斲[4] 夫代大匠斲者 希有不傷其手[5]矣

1) 爲奇者(위기자) : 기이한 행동을 하는 자. 즉 올바르지 못한 행동을 하는 자. 사악한 짓을 하는 사람. 범죄자.
2) 司殺者(사살자) : 사람의 죽음을 맡아 다스리는 사람. 즉 인간의 생사를 맡은 하늘 또는 하늘의 도를 말한다.
3) 大匠(대장) : 뛰어난 목수.

4) 斲(착) : 나무를 깎는 것. 목수 일을 하는 것.
5) 希有不傷其手(희유불상기수) : 손을 상하지 않는 사람이 거의 없다.

제75장 탐손(貪損) · 귀생(貴生)

　　통치자가 민중으로부터 착취하지 않고
　　무심무위(無心無爲)의 정치를 실행하면
　　민심은 안정되어 다스리기도 쉽다.

　민중이 굶주리는 것은 그 위에 자리한 통치자인 군주가 많은 세금을 거두어 들여 사치하고 윤택한 생활을 하기 때문에 민중은 굶주리게 된다.
　민중을 다스리기 어려운 것은 그 통솔자로 앉아 있는 군주가 인위적으로 다스리기 때문에 민중도 잔꾀를 부리게 되는 까닭으로 다스리기 어렵게 된다.
　민중이 또한 목숨을 가볍게 여기는 것은 그 위정자가 윗자리에 앉아 자기만의 삶을 두터이 하려 애쓰기 때문이다. 이런 까닭에 민중은 도외시 당하고 자포자기 하여 목숨을 가벼이 여기게 된다.
　이와 같이 통치자인 군주가 자기의 생명과 생활만 생각하기 때문에 민중에게 반항하게하고 오히려 자신의 생명을 위태롭게 한다.
　대저 오직 삶에 대하여 인위적으로 하지 않는 것, 이것이 오로지 삶을 귀하게 여기는 것보다 현명하다.

　　▨ 이 장은 인간의 안락한 삶을 해치는 3가지의 반자연(反自然)을 말하고 있다.

그것은 위정자들이 자신의 사치를 위하여 모든 민중으로부터 가혹한 수탈을 일삼는 것이요, 또 그들 통치자들이 무위의 정치에 안주하지 않음으로써 다가오는 여러 가지의 부작용이다.

그것은 곧 작위(作爲)와 억지·간섭, 그리고 민중 자신의 지나친 생명에 대한 애착이나 자의식(自意識)으로 인하여 이러한 것들이 스스로의 화를 자초한다고 경고하였다.

그것이 요컨대 '부지족(不知足)'하는 것, 즉 억제할 수 없는 욕망이 가져오는 죽음에 이르는 병이라고 설명하고 있다.

인간이 보다 좋게 살기 위해서는 오히려 삶의 사슬을 끊고 그 굴레를 벗어나는 일이다. 이렇게 함으로써만이 비로소 삶의 본래적인 안락을 얻어 인간 사회의 항구적인 평화가 실현된다.

부정매개(不定媒介)의 논리, 즉 참다운 의미로서 삶을 긍정(肯定)하기 위하여는 오히려 삶의 부정을 개입시키지 않으면 안 되는 노자의 역설적인 논리로서, 인간의 욕망에 대하여 설명하는 것이 이 장의 논리이다.

이 장을 3가지로 정리해 보면 그 하나가 위정자의 수탈로 인한 민중 생활의 불안정이다. 그 둘째가 위정자의 간섭과 억압으로 인한 학정이 민중의 인심을 이반(離反)시킨 것이요, 끝으로 위정자는 민중의 욕망을 자극하여 서로 다투는 경쟁심을 격화(激化)시켜 놓았다는 것이다.

현재도 세계 곳곳에서 독재자의 이러한 위정이 자행되고 있음을 비춰볼 때 새삼 노자의 정치 처세훈에 귀기울이지 않을 수 없다.

『성서』 구약시대에도 역시 통치자의 수탈이 격심하여 민중의 괴로움이 극도에 달하였다.

『성서』에서 민중은 다음과 같이 부르짖는다. "'살아 보겠다고 목에 풀칠이라도 해야겠다고 우리도 아들 딸을 잡혔다.' 하는 사람이 있는가 하면, '흉년이 들어 입에 풀칠이라도 해야겠어서 우리는 밭도 포도원도 집도 모두 잡혔다.' 하는 사람도 있고, '황제에게 세금 낼 돈이 없어서 우리는 밭도 포도원도 모두 잡혔다.' 하

에게 세금 낼 돈이 없어서 우리는 밭도 포도원도 모두 잡혔다.' 하며 외치는 사람도 있었다. 한 겨레인데 저희 살이나 우리 살이나 무엇이 다르냐?….(느헤미야 5 : 2~5)"고 하였다.

≪민의 굶주림은 그 위에서 세금을 많이 먹음으로 써다. 이로써 굶주린다. 민이 다스리기 어려운 것은 그 위에서 함이 있음으로 써다. 이로써 다스리기 어렵다. 민이 죽음을 가벼이 하는 것은 그 위에서 생을 구하는 것이 두터움으로 써다. 이로써 죽음을 가벼이 한다. 대저 오직 생으로써 하는 일이 없는 자는 이것이 생을 귀히 여기는 것보다 어질다.≫

民之饑 以其上食稅之多 是以饑 民之難治 以其上之有爲[1] 是以難治 民之輕死[2] 以其上求生之厚[3] 是以輕死 夫唯無以生爲[4] 者 是賢於貴生

1) 有爲(유위) : 인위적인 지혜와 술책으로 백성을 못살게 군다.
2) 輕死(경사) : 죽음을 가볍게 여긴다.
3) 生之厚(생지후) : 지나치게 삶을 풍족하게 살려고 한다.
4) 無以生爲(무이생위) : 삶을 위하여 지나치게 애쓰지 않는다.

제76장 계강(戒强)·유약(柔弱)

유연(柔軟)한 것은 장기적으로 보아
참다운 생명력의 발휘다.
굳세고 경직(硬直)한 것은 현실에서 보기에 굳건하고 확실한 것 같으나
장차는 쇠퇴하여 죽어가는 것이다.

곧 굳어지고 만다. 만물에 대하여 말하면 풀과 나무도 태어나서는 부드럽고 연약하지만 죽을 때는 말라 딱딱해진다.
 그러므로 억세고 굳은 것은 죽음의 무리들이고, 부드럽고 연약한 것은 삶의 무리들이라고 일컬어지고 있다.
 군대도 무력이 강하기만 하면서 유연한 태세를 취하지 않으면 이기지 못하고, 나무도 강하고 굳기만 하면 꺾인다.
 강하고 큰 것은 오히려 패하여 밑에 깔리고, 부드럽고 연약한 것이 오히려 언젠가는 승리를 얻어 윗자리에 오르기 마련이다.

 ▨ 이 장은 제43장의 일부와 제50장의 일부, 제78장의 일부분 등의 논술과 관련하여 '부드럽고〔柔〕', '연약한〔弱〕' 것이 생명 보존의 근본 원리이며, 인생 만사 '유약(柔弱)'의 처세에 철저한 사람이 궁극적인 승리를 얻는다는 것을 설명하고 있다.
 여기서도 우리들은 '유(柔)'를 말하고 '약(弱)'을 설명하는 노자의 궁극적인 관심이 '생지도(生之徒)'가 되는 것에 있고, '처상(處上)', 즉 최종적인 승리에 있다는 것에 주의해 보아야 할 것이다.
 노자의 처세의 소극적인 적극성이 굴절한 삶에 의욕을 품도록 해주는 장이라 할 수 있다.

 ≪사람이 살아서는 유약하고 그것이 죽어서는 견강하다. 만물과 초목이 살아서는 부드럽고 연약하고 그것이 죽어서는 마르고 단단하다. 그런 고로 견강한 것은 죽음의 무리요, 유약한 것은 삶의 무리다. 이로써 군사가 강하면 곧 이기지 못하고 나무가 강하면 곧 부러진다. 강대한 것은 아래에 처하고 유약한 것은 위에 처한다.≫

 人之生也柔弱 其死也堅强 萬物草木之生也柔脆[1] 其死也枯槁[2] 故堅强者死之徒 柔弱者生之徒 是以兵强則不勝[3] 木强則兵[4] 强大處下 柔弱處上[5]

1) 柔脆(유취) : 부드럽고 연약하다.
2) 枯槁(고고) : 물기가 말라 단단하고 뻣뻣하다.
3) 兵强則不勝(병강즉불승) : 군사의 무력이 너무 강하면 상대를 이기지 못한다는 뜻.
4) 木强則兵(목강즉병) : 나무가 강하여 억세면 결국 잘린다.
5) 柔弱處上(유약처상) : 부드럽고 약한 것은 위에 위치한다. 곧 나뭇가지나 잎은 항상 위에 위치한다.

제77장 천도(天道)·보손(補損)

　　힘 있는 사람이 약한 사람을 돕는 것이
　　하늘의 이법(理法)인 도이다.
　　이것을 실행하는 것은 성인이다.

　하늘의 도는 활을 메기는 것과 같다.
　활을 메기려면 높은 것은 아래로 누르고 낮은 것은 위로 들어올리고, 남음이 있는 것은 이를 덜고 모자라면 이를 보충한다.
　결국 하늘의 도는 남는 것을 줄이고 모자라는 것을 보충하지만, 이것에 대한 사람의 도는 그렇지 않다. 오히려 부족한 것을 덜어내어 남음이 있는 사람을 받든다.
　누가 대저 하늘의 도와 같이 남은 것으로 세상 천하를 받들 수 있을 것인가? 그것은 오직 도를 체득한 사람뿐이다.
　이런 까닭으로 도를 터득한 성인은 민중을 통치하면서도 자기의 권세를 믿고 의지하지 않으며, 공을 이루고서도 그 지위에 머물러 자랑하는 태도를 취하지 않는다. 그는 자기의 현명함을 남에게 나타내려 하지 않는다.

▨ 이 장은 '천지도 손유여이보부족(天之道 損有餘而補不足)'이라는 구절로 옛날부터 유명한 문장이다. 노자는 도의 앞에 서는 천하 만물의 모든 존재가 다 평등하다고 생각했다.
　도는 일체 만물을 생성화육하고 그 일체 만물을 일체 만물로서 존재케 하는 근원적인 하나[一]이며, 그로 말미암아 '식모(食母)' '천하지모(天下之母)' 등으로 불렀다.
　어머니가 자기 자식에 대해 어느 자식이나 똑같이 평등의 사랑을 가지는 것과 같이, 도(道) 또한 만물에 대해 차별하는 일 없이 인간을 존중하고 금수(짐승)를 천하게 여긴다든가 조수(鳥獸)를 소중히 여기고 초목을 천하게 여기는 그런 일은 하지 않는다.
　『성서』에도 여러 곳에 이와 같은 종류의 사상 표현이 있다.
　특히 『신약성서』에 "지금 여러분이 넉넉하게 살면서 궁핍한 사람들을 도와 준다면 그들이 넉넉하게 살게 될 때에는 또한 여러분의 궁핍을 덜어 줄 것입니다. 그러면 결국 공평하게 되지 않겠습니까? 이것은 성서에 '많이 거둔 사람도 남지 않았고 적게 거둔 사람도 모자라지 않았다.' 라고 기록된 그대로입니다.(고린도후서 8:14~15)"라 하여 노자가 본 소유관(所有觀)과 일치하는 면이 없지 않다.
　그리고 같은 『성서』 구약 사무엘 상 2:7~8에는 "땅바닥에 쓰러진 천민을 일으켜 세우시며 잿더미에 뒹구는 빈민을 들어 높이 셔서 귀인들과 한 자리에 앉혀 주시고 영광스러운 자리를 차지하게 하신다." 하여 하늘의 도는 공평무사한 것을 말하고 있다.
　하물며 하늘의 도가 이와 같거늘, 사람 위에 사람을 만들거나 사람 밑에 사람을 만들어서 태어날 때부터의 차별을 두는 따위는 결코 하지 않는다.
　인간이 인간의 언어로써 가난한 사람, 부(富)한 사람, 아름답다거나 못났다는 등, 그리고 선인(善人)과 불선인(不善人), 현명한 사람과 어리석은 사람이라 부르는 것들은 도 앞에서는 하나의 존재일 뿐이다.

즉 일물(一物)이며 한결같이 하나의 존재로서 존재할 뿐이며 인간으로서 살아가는 균등한 몫〔分〕을 가지는 것이다.

현실의 인간 사회에서는 인간의 '도에 대한 일물로서의 평등'은 깡그리 무시되고 있다. 현실 사회에서 인간은 귀천(貴賤)이라는 계급이 붙여졌고, 현우미추(賢愚美醜)로 가치지어 지고, 부자와 빈자의 차별이 격심하며, 강자와 약자는 항상 대립한다.

뿐만 아니라 강자는 약자를 학대하고, 부는 빈을 착취하며, 귀천은 서로 시기하고 멸시할 뿐 아니라 현자(賢者)는 우자(愚者)를 깔본다. 한편으로 남아 돌아가는 부(富)를 가진 사람은 끝없이 사치와 향락을 추구하는 반면에, 먹을 것을 먹지 못하고 입을 것을 입지 못하여 굶주림에 죽어가는 많은 인간들이 집이 없어 거리를 방황하며 기아와 병고에 허덕이고 있다.

노자는 이러한 인간 사회의 현실을, 당연히 있어야 할 인간 사회의 모습을 상실한 것으로 하늘의 도에서 벗어난 부자연한 것으로 보았다.

그는 현실 사회의 귀천 그 자체나, 빈부 그 자체의 존재마저도 근본적으로 부정하지는 않았다.

그러나 여유 있는 사람이 부족한 사람에게 채워 주지는 못할 망정 오히려 모자라는 사람의 것 마저 빼앗아 자기의 부를 더해 가는 부자와 귀자(貴者)의 '사(奢)'와 '심(甚)'을 천도(天道)에 어긋나는 것으로 보고 엄하게 규탄하고 있다.

노자가 '유여자(有餘者)'를 엄하게 규탄하는 문장은 제12·31·53장 등에서도 볼 수 있다. 또 가진 사람의 '사(奢)'와 '심(甚)'을 도둑의 영화(榮華)로 규탄하는 그의 위정자 비판이, 군주의 존재마저도 부정하고, 그 통치 기구의 전체를 민중에게는 유해 무익한 것으로 매도하는 과격한 무정부주의적 사상을 뒷날에 낳게 하였다고 하는 것은 이미 말한 바 있다.

252 노자도덕경(老子道德經)

이 장 역시 그러한 정치비판과 함께 노자의 사회비판, 즉 가난한 자, 억눌린 자, 부족한 자를 본체만체하는 인간 사회의 왜곡된 반자연에 대한 분노와 규탄을 쓴 논설로 뒷날 사회주의적인 지향을 가지는 중국인들에게 커다란 영향을 끼친 것은 부인하지 못한다.

역사적으로는 노자를 교조(敎祖)로 추앙한 한말(漢末)의 초기 도교(장노〈張魯〉의 오두미도〈五斗米道〉)가 의사(義舍)라는 무료 숙박시설을 설치하여 의미(義米)・의육(義肉)을 그곳에 저장하고, 전란시대에는 '갖지 않은 자・가난한 자・억압받는 자'를 구원하는 사회 구제사업을 실천한 것을 노자가 말하는 '천지도(天之道)'의 충실한 실천으로 보았으며, 새롭게는 현재 중국의 사회주의 혁명의 달성이라고도 할 수 있다.

《하늘의 도는 그것이 활에 화살을 메기는 것과 같다. 높은 것은 누르고 낮은 것은 올린다. 남음이 있는 것은 덜어 부족한 것에 보탠다. 하늘의 도는 남음이 있는 것을 덜어 부족한 것에 보탠다. 사람의 도는 그러하지 않다. 부족한 것을 덜어 써 남음이 있는 것에 바친다. 누가 능히 남음이 있음으로써 천하에 바치는가. 오직 도 있는 자이다. 이로써 성인은 하고도 자랑하지 않고, 공을 이루어도 처하지 않으며, 그 어진 것을 나타내려 하지 않는다.》

天之道 其猶張弓[1]與 高者抑之 下者擧之 有餘者損之[2] 不足者補之 天之道 損有餘而補不足 人之道則不然 損不足以奉有餘 孰能有餘以奉天下 唯有道者 是以聖人 爲而不恃[3] 功成而不處[4] 其不欲見賢[5]

1) 其猶張弓(기유장궁) : 그것은 마치 활의 활줄을 잡아당기는 것과 같다.
2) 有餘者損之(유여자손지) : 지나치게 남는 것은 덜어낸다.
3) 爲而不恃(위이불시) : 이루어 놓은 업적을 자랑하지 않는다.
4) 功成而不處(공성이불처) : 이루어 놓은 공로에 해당하는 지위에 머무르려 하지 않다.
5) 不欲見賢(불욕견현) : 자신의 현명함을 드러내어 자랑하지 않는다.

제78장 수덕(水德)・임신(任信)

도의 속성의 하나로 유약(柔弱)을 들 수 있다.
그 유약한 모습은 물(水)에 가장 잘 나타나 있다.

천하에서 물보다 더 유연하고 취약(脆弱)한 것은 없다. 견고하고 완강한 성곽을 공격하는 데는 물보다 더 뛰어난 것은 없다. 그것은 그 무엇으로도 이 물의 성질을 바꿀 수 없기 때문이다.
약한 것이 강한 것을 이기고 부드러운 것이 굳센 것을 이긴다는 것은 세상 천하에 모르는 사람이 없으면서도 또한 그것을 능히 실행하는 사람이 없다.
그러므로 성인은 말하기를 한 나라의 통치자로서 나라 안의 욕된 일을 한 몸에 맡아 다스리는 것을 군주라 하고, 천하의 통치자로서 여러 나라의 재앙을 한 몸에 맡아 다스리는 것을 제왕이라 한다.
참으로 올바른 말은 마치 반대개념처럼 나타난다고도 말할 수 있다.

▨ 이 장은 유약의 덕(德), 즉 유연한 처세의 위대함을 물(水)에 비유하여 설명했다. 이 유약은 노자의 실천 철학(인생 철학)에 있어서 욕망의 자제와 더불어 나란히 존중되고 있다.
또한 그것이 도의 본성인 이상, 무위 자연의 도에 입각한 정치에서 하나의 안목이 되는 것을 당연한 일로 보고 그가 이 장에서 이야기한 것이다.

뿐만 아니라 '약지승강 유지승강(弱之勝强 柔之勝剛)'이란 도리도 권모술수적인 응용을 설명한 것이라 말할 수 있다.

간혹 『노자』가 음모의 글이라고 비판받는 것도 이러한 시각에서 보기 때문이다.

이 장의 논지(論旨)는 제76장과 유사하여 '유약(柔弱)' '견강(堅强)'의 단어들이 두 장에서 공통되고 있다. 제76장이 그것을 일반적인 처세훈으로 설명하고 있는 데 반하여 이 장에서는 주로 왕자(王者)의 덕으로서 설명하고 있는 점이 다르다.

끝 구절의 '정언약반(正言若反)'은 노자의 역설적 논리를 가장 단적으로 설명하는 말이지만 뒷날 역설 논리를 말하는 것으로 흔히 쓰이게 되었다.

≪천하에 물보다 유약한 것이 없으나 건강한 것을 공략함에 이를 능히 이길 것이 없음은 그것을 무엇으로 바꿀 것이 없음으로 써다. 약한 것이 센 것을 이기고, 부드러운 것이 단단한 것을 이기는 것은 천하에 알지 못하는 사람이 없으나 능히 행하는 사람이 없다. 이로써 성인은 말한다. 나라의 때〔垢〕를 받는 이것을 사직(社稷)의 주인이라 이르고, 나라의 상서롭지 못한 것을 받는 이것을 천하의 왕이라 이른다. 바른 말은 뒤집힌 것 같다.≫

天下莫柔弱於水 而攻堅强者 莫之能勝 以其無以易之[1] 弱之勝强 柔之勝剛 天下莫不知 莫能行 是以聖人云 受國之垢[2] 是謂社稷[3]主 受國之不祥 是謂天下王 正言若反[4]

1) 無以易之(무이역지) : 어느 것도 물의 본성을 바꿀 수는 없다.
2) 受國之垢(수국지구) : 나라의 욕된 것, 더러운 것을 맡아 다스리다.
3) 社稷(사직) : '사(社)'는 나라의 땅신, '직(稷)'은 나라의 곡식신. 옛날에 임금은 반드시 이 두 신에게 제사지내 나라의 부국을 빌었다. 후세에 '조정'이나 '국가'를 상징하는 말로 쓰이게 되었다.
4) 正言若反(정언약반) : 옳은 말은 진실과는 반대인 것처럼 들린다.

제79장 사계(司契)·화원(和怨)

사람은 관용으로 모든 일을 헤아리지 않으면 안 된다.
그것이 하늘의 도에 따르는 것이기 때문이다.

큰 원한이 이미 품어져 있는 것은 아무리 잘 풀어 줄지라도 반드시 그 뒤에는 얼마인가의 원한이 남기 마련이다. 그러한 것을 어찌 좋다고만 할 수 있겠는가? 그것보다도 처음부터 원한을 맺지 않는 것이 상책이다.
성인은 거래하기 위해 만든 어음을 받아놓기만 하고 그것을 남에게 독촉하지는 않는다. 때문에 남에게 원한 사는 일이 없다. 덕 있는 관리는 어음만 만들고 그것을 보류하며, 덕 없는 관리는 세금 거두기에 힘쏟는다고 세상 사람은 말한다. 그것은 사람의 인정이다.
하늘의 도는 사사로운 친소(親疎)가 없어서 편애(偏愛)하지 않고 항상 착한 사람의 편을 들 뿐이다.

▨ 사람은 남을 헤아리는 착한 사람이 되는 것이 중요하다. 특히 이 장 끝의 두 구절 '천도무친 상여선인(天道無親 常與善人)'은 옛날부터 내려오는 유명한 성어(成語)이다. 결론적으로 이 장의 논지는 인위적인 경영이 아무리 위대하게 보이더라도 하늘의 도에 그대로 순종한 무위 자연의 처세에는 미치지 못한다는 것이다.
사람은 모든 것을 하늘의 이법(理法)에 맡겨서 눈 앞의 얄팍한 공리(功利)에 사로잡히지 않고, 보다 큰 계산으로 무리하지 않는 삶을 영위해야 한다는 것을 밝히고 있다. 제73장의 '천망회회 소이부실(天網恢恢 疎而不失)'의 논지와 그 사상표현이 같다.
 그리고 농민의 수확을 현물로 거두는 '철(徹)'이라는 세법(稅法)과 현물 거래를 떠나 신용으로 이룩되는 '계(契)'의 어음 제도로, 눈 앞의 공리를 추구하는 유위(有爲)의 처세와 긴 안목으로 하늘의 이법에 의지하는 무위의 처세를 비유적으로 설명하고 있는 곳에서 그 발상의 묘(妙)를 볼 수 있다.
 글 속에 있는 '보원이덕(報怨以德)'은 『논어』 헌문편(憲問篇)에서 "어떤 사람이 물었다. '원수를 은덕으로 갚는다면 어떻겠습니까?' 공자가 대답하기를 '원수를 은덕으로 갚는다면 은덕에 대해서는 무엇으로 갚겠는가? 원수는 강직으로써 갚고 은덕은 은덕으로 갚아야 한다.' 라고 하였다."라고 말한 공자의 사상표현과 상이점을 단적으로 표명하고 있다.
 그는 천지의 자연에 인간적인 유정(有情)을 이입하고 그것을 인위적으로 규범화하는 유가(儒家)의 작위를 거부하였으며, 천지 자연의 무위무욕(無爲無欲)을 더럽히는 것을 두려워했다.
 '천도(天道)', 즉 천지의 도는 그저 그대로 있는 것이요, 인간과 같이 목적의식이나 공리적(功利的) 이해타산을 가지지 않는다. 그것은 만물을 생육시켜 놓고도 주재하지 않으며, 위대한 화성(化成)의 공이 있어도 자기의 위대함을 전혀 의식하지 않는다.
 '천도'는 만물에 대해 인간적 애증의 감정을 가지지 않고 만물의 생멸(生滅)에 무관심하며 무감정이다. 때문에 '만물위추구(萬物爲芻狗)'이며, 결국은 '무친(無親)'이다. 친숙함도 소홀함도 없는 무정이며 무위이다. 그 무정, 무위는 인간의 생각이 미치지 않는 곳에서 '천연선모(繟然善謀)'하며, '천망회회 소이부실(天網恢恢 疎而不失)'이다. 인간은 단지 그것의 '상유(常有)'함을 모르고 한정된 인간의 눈으로 보이는 것에 웃고 우는 데 불과하다.
 이렇게 볼 때 위에서 지적한 여러 논술 중 노자가 말한 '천도무친(天道無親)'은 조금도 모순되지 않는다. 인간적인 유정을 끊음으로써 천도의 있는 그대로의 존재로서 불변하는 진리를 보전하면서 일체의 인간적인 허망에서 초탈한다고 노자는 늘 생각했다.

≪큰 원한을 풀어도 반드시 남은 원한이 있다. 어찌 그것으로써 잘한 것이라 하겠는가. 이로써 성인은 좌계(左契)를 잡아 사람에게 꾸짖지 않는다. 덕이 있는 사람은 계를 맡고, 덕이 없는 사람은 철(徹)을 맡는다. 하늘의 도는 친함이 없어 항상 선인(善人)에 편든다.≫

和大怨 必有餘怨 安可以爲善[1] 是以聖人 執左契[2] 而不責[3] 於人 有德司契[4] 無德司徹[5] 天道無親 常與善人

1) 安可以爲善(안가이위선) : 어찌 가히 그것으로써 잘한 것이라 하겠는가. '안(安)'은 어찌, 어떻게의 뜻.
2) 執左契(집좌계) : 좌계를 가지고 있다. 옛날에는 물건을 빌려 주는 계약의 증거로 계부(契符)를 만들어, 그것을 '좌계(左契)'와 '우계(右契)'로 쪼개어 하나는 빌려 주는 사람, 하나는 빌리는 사람이 보관했다.
3) 不責(불책) : 독촉하지 않는다.
4) 有德司契(유덕사계) : 덕이 있는 사람은 계부의 한편을 보관하기만 한다.
5) 無德司徹(무덕사철) : 덕이 없는 사람은 세금 거두기에만 힘쓴다.

제80장 독립(獨立)·불사(不徙)

문명의 이기(利器)로 인한 공해에 오염된 세계를 버리고,
순박한 작은 촌락(村落)의 세계로 돌아가야만
이상적인 사회를 볼 수 있을 것이다.

작은 나라는 민중들은 적다. 또 민중에게 뛰어난 문명의 이기

(利器)가 있어도 사용하지 못하게 한다.

민중이 돈독한 인정과 순박한 풍습을 가지게 한다. 죽음을 중하게 여기도록 하며, 고향에 안주(安住)하고 멀리 떠돌지 못하게 한다.

이와 같이 하면 비록 배나 수레가 있어도 타고 다닐 필요가 없다. 비록 무기가 있어도 이를 펴서 쓸 곳이 없다.

또한 민중이 태고의 옛날로 다시 돌아가 문명과 문자 따위는 버리고 새끼줄을 묶어 뜻 표시를 하게 한다. 그곳의 음식을 달게 먹고, 그곳의 옷을 잘 입고, 그들의 집에서 편안히 살고, 그 고장의 풍습을 즐겁게 여기도록 한다.

그렇게 되면 이웃 나라의 생활 상태를 보고, 그 이웃 나라의 닭이나 개 짖는 소리가 서로 들려도 민중들은 늙어 죽을 때까지 허정(虛靜)하게 살며, 번거롭게 넘보며 서로 왕래하지 않는다.

이것이 잘 다스려진 세상의 모습이다.

▨ 이 장은 노자의 이상향을 단적으로 표현하고 있다. 그의 이상사회는 일견 나라라고는 하지만 지역은 좁고 인구는 적으며, 나라라고 부르기보다는 부락공동체라 부르는 것이 알맞다.

이 부락공동체는 될 수 있으면 원시사회에 가까운 자연 상태를 보존하기 위하여 문명의 이기(利器) 따위는 사용하지 않는다. 또한 지식이나 기술 등은 무용(無用)이라 하여 물리치고, 다른 고장으로의 이사는 물론 그곳과의 왕래마저도 거부한다.

민중은 그 이상촌(理想村)에 출생하여 그곳에서 죽고, 죽을 때까지 자기의 고장을 떠나지 않는 완전하게 외부로부터 폐쇄된 사회이다.

그 폐쇄성은 도연명(陶淵明)이 그리는 이상사회인 도화원경(桃花源境)의 시와 유사하다. 도연명이 이상향(Utopia)을 읊은 시를 보면 노자가 추구한 이상향을 연상할 수가 있을 것이다.

이와 같이 노자가 그리는 소국과민(小國寡民)의 이상사회는 그의 정치이상을 구체적인 형태로 나타내는 유토피아적 성격을 강하게 띠고 있다. 그것만으로도 그의 인간과 인간 사회에 대한 생각을 가장 응축(凝縮)한 형태로 표현하였다 말할 수 있다.

그에 있어서 첫째의 관심사는 인간의 안락한 생활이었다.

소위 말하는 문명의 이기(利器)는 인간의 순수한 노동을 경감시켰다.

생활은 비록 편리하고 풍요하고 호화롭게 즐기도록 하였지만 동시에 퇴폐와 낭비, 나태와 방종을 가져왔으며, 생명의 쇠퇴현상과 내면의 천박화(淺薄化)를 초래하였다.

또한 무기의 발달은 적을 무찌르는 것에는 효과를 거둘지 모르나 그와 같은 효과는 자기가 당하는 데도 사용될 것이다.

지식의 진보는 인간을 총명하게는 할 수 있을 것이지만 그 총명은 동시에 음흉한 교지(狡智)를 낳아 인간이 인간을 멸망시키는 대립과 투쟁으로 전개(展開)되어 갔다.

노자가 가장 두려워한 것은 쓸데없는 지식이나 기술의 발달이 인간의 안락한 생활을 방해하는 것이며, 자연스런 순박성이 문명의 교지(狡智)와 경박(輕薄)에 의하여 파괴되는 것이었다.

세속에서 말하는 지혜자(知慧者)는 이해타산으로 모든 것을 측량하고, 인간을 인간으로서 존중하지 않으며, 자기 밖의 모든 것을 자기의 속물시(俗物視)한다.

그들의 말은 훌륭하지만 입 밖에 나와 버리면 그것으로 끝난다. 그들의 자화 자찬하는 문명이란 인간의 성실함을 물질화로 바꿔놓았고, 인간의 마음을 물량화(物量化)해 가는 데 지나지 않는다.

노자는 그들의 자화 자찬하는 문명은 인간의 안락한 생활을 무익하게 할 뿐 아니라 유해하고 위험한 것이라고 경계했다.

때문에 그는 자기의 이상사회를 이른바 문명의 오염에서 격리하여 그 이상사회를 주차(舟車)도 사용하지 않는, 다른 지역과 왕래도 없는 폐쇄된 원시의 촌락공동체(村落共同體)로 구상하였다.

노자의 이상사회는 인간에 있어서 가장 소중한 것으로, 인간이 인간으로서의 친숙과 온정(溫情)이 감돌고 모든 인간이 안락하게 자기 삶을 보존할 수 있는 소박하고 천진난만한 생활을 그 첫째로 구상하였다.

　노자의 이상사회가 원시적인 촌락공동체를 모델로 한 소국과민이었다면, 그것은 『노자』의 글 중에 흔히 나온 '대국' 또는 '천하' 등과는 어떤 관계를 가지는 것일까? 거기에 대하여는 노자 자신의 명확한 설명은 없지만, 이 2가지 사이에는 시기적인 격차를 생각할 수가 있다.

　그 관계를 사상으로서의 본질이라는 점에서 생각한다면, '대국'이거나 '천하'이거나 아마도 이러한 원시적인 촌락공동체를 단위로 하는 집합체로 생각한 것이 틀림없다.

　마치 유가에서 가부장이 이끄는 대가족을 사회의 기초적인 단위로 하고, 그 확대된 것으로서 국가다 천하다 라고 생각한 것처럼, 노자도 역시 원시적인 촌락공동체를 단위로 하여 그 집합체로서의 대국이다 천하다 하여 생각한 것인지도 모를 일이다.

　단지 그 대국이나 천하는 통치자는 있어도 제각기 공동체의 자치에 맡기고, 그들 공동체는 서로 독립하여 남을 침범하지 않으며, 또 남으로부터 침범당하지도 않음은 물론, 통치자 또한 통제나 간섭을 가하지 않는다.

　예컨대 남비〔鍋〕 안에서 삶아지는 많은 작은 고기〔小鮮〕가 젓갈〔箸〕질을 당하지 않고, 제각기 자기의 모습을 보존하는 것(제60장)을 생각하게 된다.

　유가에서도 성인은 인위적인 규범으로 사회의 질서를 세우고 집〔家〕에서 마을〔鄕〕, 마을에서 나라, 나라에서 천하로 중앙집권적인 통치의 체제를 구축한 데 반하여, 노자의 성인은 어디까지나 무위무사(無爲無事)로써 단위공동체의 자치에 맡기고, 자기는 그저 그 대표자로서의 자리에 있으면서도 항상 남의 뒤에, 남의 아랫자리에 머무는 데 지나지 않았다.

한초(漢初)에 조삼(曹參)이 행한 청정무위(淸淨無爲)의 지배를 노자가 바라는 성인(聖人)정치의 구체적인 모습으로 이해할 수 있겠다.

노자에 있어서 대국과 소국의 차이, 소국과 천하의 차이는 양적인 것이지 결코 질적인 것은 아니었다고 생각된다.

'소국과민(小國寡民)'은 노자의 무위정치의 중핵(中核)을 이루는 문장이라고 생각되는 것이다.

≪작은 나라 적은 백성에 열과 백의 그릇이 있어도 쓰지 못하게 하고, 민으로 하여금 죽음을 중히 여겨 멀리 옮기지 않게 한다. 비록 배와 수레가 있어도 타는 바가 없고, 비록 갑옷과 병기가 있어도 벌리는 바가 없다. 사람으로 하여금 다시 새끼줄을 맺어 쓰게 하고, 그 먹는 것을 달게 여기고, 그 의복을 아름답게 여기고, 그 거하는 것을 편안하게 여기고, 그 풍속을 즐기게 한다. 이웃 나라가 서로 바라보고, 닭과 개소리가 서로 들려도 민이 늙어 죽음에 이르도록 서로 가고 오지 않는다.≫

小國寡民[1] 使有什伯之器[2]而不用 使民重死[3]而不遠徙 雖有舟輿 無所乘之 雖有甲兵 無所陳之 使人復結繩[4]而用之 甘其食 美其服 安其居 樂其俗 隣國相望 鷄犬之聲相聞 民至老死 不相往來

1) 小國寡民(소국과민) : 작은 나라의 적은 국민. 노자가 바라는 이상향(理想鄕)이다.
2) 什伯之器(십백지기) : 보통 사람의 100배나 10배의 재주를 가진 인재(人材). 혹은 뛰어난 무기.
3) 重死(중사) : 죽음을 중히 여기다. 있는 그대로의 소박한 삶을 중히 여기다.
4) 結繩(결승) : 새끼줄에 매듭을 지어 의사표시를 하는 결승문자로 원시적인 소박한 생활을 말한다.

제81장 현질(顯質) · 부적(不積)

진리는 상식을 초월한 점이 있다.
성인의 행위는 그러하다.

진실한 말은 아름답지만은 않고, 아름다운 말은 진실성이 없다. 참으로 선량한 사람은 말에 능하지 못하고, 말에 능한 사람은 참으로 선량하지는 않다. 참으로 깊게 아는 사람은 박식하지 못하고, 박식한 사람은 참으로 깊게 알지 못한다.

이와 같이 진리는 얼핏 보아 역설적이다. 하지만 성인은 자기 것으로는 쌓아두지 않으며, 이미 가진 것은 자신을 위하여 두지 않는다. 이미 가진 것은 남을 위하여 쓰지만 그 결과는 자연히 내 것은 더욱 있게 되고, 이미 가진 것을 남에게 베풀어 주지만 그 결과 또한 저절로 내 것이 더욱 많아진다.

결국 하늘의 도〔天之道〕는 세상만사에 이로움을 주고 아무것에도 해롭게 하지 않으며, 성인의 도 역시 남을 위하여 모든 일을 함에 있어 베풀기만 하고 그 공을 다투지 않는다.

▧ 이 장은 지금까지 말한 무위(無爲) 자연의 삶의 태도, 즉 '상덕(上德)' 또는 '상선(上善)'에 대하여 그 논술을 속담 풀이로 요약하고 있다. 이것들은 한결같이 약한 사람이 어지러운 세상을 살아가는 데 필요한 처세의 영지(英知)이다.

노자는 이러한 속담적으로 요약된 체험적 진리의 말을, 자기의 무위의 가르침에 공감하는 사람들에게 일상적으로 실천해야 할 구체적인 지표로서 제시했다.

　동시에 자기의 저술인 『노자』를 세속 학자들의 저술과 같이 미사여구로 꾸미지도 않았고, 웅변적인 논증도 갖지 않았으며, 박식을 펴고 진리를 독점하지도 않았다.

　남에게 도전하는 전투적인 것도 아닌, 요컨대 무위 자연의 진리를 말하기에 알맞은 '정언(正言)' '신언(信言)'으로 표현한 것을 암시할 따름으로 그의 『도덕경(道德經)』을 매듭짓는 문장으로 했다.

　노자가 이 최후의 장에서 요약한 무위 자연의 삶의 태도는 곧 상덕(上德)의 '불미(不美)' '불변(不辯)' '불박(不博)' '부적(不積)' '부쟁(不爭)'은 말을 바꾸어 '박(樸)' '눌(訥)' '무지(無知)' '무욕(無欲)' '유(柔)'라고 할 수 있다. '유'는 '부쟁'이란 말로 이 장의 최후에 쓰여 있어 『노자』 전체를 매듭짓는 점이 우리를 주목하게 한다.

　여기에서 '부쟁'이 '불위' 혹은 '무위'로 맺어지지 않고 '유위'로 맺어져 있는 점을 우리는 우선 주목해 두자. 이미 자주 말한 바와 같이 노자의 '무위'는 '유위'하기 위한 '무위'이며, '무위이불위'인 것이다.

　그것은 아무 일도 하지 않고 두 손 묶고 누워 있는 태만을 말하는 것이 아니라 인간이 어떻게 하면 참다운 의미로서 할 수 있을 것인가가 궁극적인 관심이었다.

　그가 '박(樸)'을 말했고, '눌(訥)'을 설명했으며, 또 무지·무욕을 강조한 것도 그것 때문이었다.

　노자의 무위(無爲)는 인간이 지금 하고 있는 일이 참다운 일이 아니라고 반성되는 것이다. 참다운 것이 아닌 것은 부정하고, 참다운 '위(爲)'로 돌아서는 곳을 찾는 것이 참다운 '유위'에의 사색이며 실천이다.

　때문에 그는 이 장의 최후에 '유위'하여 '부쟁'하는 성인의 도를 설명하고, 그 무위가 사실은 참다운 의미로서의 유위라는 것을 분명히 하고 있다.
　노자의 무위는 흔히 오해하고 있듯이 가만히 두 손 놓고 무기력하게 게으름 피우는 것을 말하는 것이 아니다.
　그것은 도를 터득한 사람의 참다운 작위(作爲)를 설명하는 말이며, 인간이 지금 하고 있는 일이 참다운 '유위'가 아니라는 것을 반성하고 이를 부정하는 사고이다.
　인간의 세계에는 참이 아닌 '유위'가 범람하여 그로 인한 다툼이 충만하고 있다. 인간은 그 다툼 속에서 남을 속이며 해치고 있고, 끝내는 자기마저 속아서 다치게 된다.
　속임은 다시 속임을 당하고, 다툼은 다시 새로운 다툼을 낳아서 경쟁, 분쟁, 항쟁, 논쟁, 투쟁, 전쟁 등 여러 가지 종류의 다툼으로, 본래 안락해야 할 인간 사회를 아수라(阿修羅)의 생지옥으로 떨어뜨리고 있다.
　인간이여!! 왜 서로 다투는가? 싸워서 도대체 무엇을 얻겠다는 것인가? 그래서 싸움이 끝난 다음에는 어디로 갈 것인가?
　노자는 다툼이 충만한 인간 사회의 이러한 현실을 도에 각성하지 않는 사람들의 어리석은 만용이나 폭주로 보고, 인간 본래의 근원으로 돌아갈 것을 모르기 때문에 오는 비참한 혹익(惑溺)으로 보았다.
　그의 무위의 철학은 '무불위'인 천지조화의 작용에 대한 동경(憧憬)을 바탕에 두었다. 그의 부쟁(不爭)의 처세 또한 다툼이 충만한 인간 사회의 현실에 대한 응시에 깊이 지탱되고 있다.
　인간이 서로 다투지 않기 위해서는 다툼의 근원이 되는 것을 제거하지 않으면 안 된다.
　노자는 인간 사회의 다툼의 근원인 인간의 지나친 '지(知)'와 '욕(欲)'의 방자함을 그대로 두는 한, 인간 사회에서 전쟁을 없애는 일은 나무에서 고기를 낚는 것과 같다고 보았다.
　'지(知)'와 '욕(欲)'의 방자함을 억제하기 위해서는 모든 인간의 가치 전환을 필요로 하고 있다.

인류가 그 역사 속에서 가치 있다고 규정지은 것이 과연 참다운 가치가 있는 것인지? 아닌지? 그리고 그 가치 기준을 어디에다 두고 가치 있다고 한 것인지? 그것을 지금 다시 한번 근원적으로 따져 볼 필요가 있는 것이다.

그러기 위하여는 인간을 초월한 것, 인간의 생사를 초월한 것, 그리고 인간경영의 성패를 초월한 것 등 일체 만물의 유위전변(有爲轉變)을 포함하여 유구(悠久)한 영원 불변의 도를 가만히 응시할 필요가 있다.

그가 본 성인은 그 응시를 갖는 데 있다. 때문에 그는 응시하는 위에 서서 자기의 '위(爲)'를 행하면서 남과는 다투지 않는다.

남과 다투지 않는 것이 그의 '위(爲)'의 근본이며, 다투지 않기 위하여 지와 욕을 버린다.

때문에 그는 찰찰(察察)한 웅변을 사양하고 눌눌(訥訥)한 과묵을 택하였고, 문명의 화려함을 버리고 촌락의 질박(質樸) 속으로 찾아 들었다.

노자의 성인이 바라는 '위(爲)'는 모두 다툼이 없는 곳에서 나와 다투지 않는 곳으로 돌아가는 것이다.

노자에 있어서 부쟁(不爭)이란 무위 자연의 도의 근원적인 모습인 것과 동시에 그 도를 터득한 성인의 근원적인 모습이다. 그가 설명하는 '덕(德)' 또한 이 부쟁을 궁극적인 관심으로 하여 거기에서 도출된 것이다.

우리는 『노자도덕경』의 하권인 덕경(德經)을 이 '부쟁'이란 짧은 말로써 『노자』 81장의 논술을 마감하는 뜻을 이와 같이 풀어 본 것이다. 나는 이제 유성론(唯性論)이란 단어로 부쟁(不爭)에 답하고 '유수부쟁선(流水不爭先)'으로 이 장을 맺는다.

《진실한 말은 아름답지 않고, 아름다운 말은 진실하지 않다. 선한 자는 변(辯)이 없고, 변(辯)을 잘하는 자는 선하지 않다. 아는 사람은 넓지 않고, 넓은 사람은 알지 못한다. 성인은 쌓지 않는다. 이미 남을 위함으로써 내가 더욱 있게 되고, 이미 남에게 줌으로써 내가 더욱 많아진다. 하늘의 도는 이롭고 해치지 않으며, 성인의 도는 위하고 다투지 않는다.≫

信言不美¹⁾ 美言不信 善者不辯 辯者不善 知者不博 博者不知 聖人不積²⁾ 旣以爲人 己愈有³⁾ 旣以與人 己愈多 天之道 利而不害⁴⁾ 聖人之道 爲而不爭

1) 信言不美(신언불미) : 믿을 만한 참말은 좋게 들리지 않는다.
2) 積(적) : 재물을 축적하는 것.
3) 旣以爲人己愈有(기이위인기유유) : 이미 가지고 있는 것을 남을 위하여 쓰면 자기 것은 더욱 많아진다.
4) 利而不害(이이불해) : 이롭게 해주고 해로움을 주지 않는다.

원문 자구 색인(原文字句索引)

〔가〕

可名於小/135
可名爲大/135
可以爲天下母/110
可以有國/211
可以長久/172,211
可託天下/70
各復歸其根/83
却走馬以糞/176
甘其食/261
强其骨/37
强大處下/248
强梁者/166
强爲之名曰大/110
江海所以能爲百谷
　王者/227
强行者有志/132
開其兌/191
皆知善之爲善/32
居其實/150
居善地/56
去甚去奢去泰/121
建德若偸/160
儉故能廣/230
見小曰明/192
見素抱樸/92
輕敵幾喪吾寶/235
輕則失本/112
鷄犬之聲相聞/261
故强爲之容/79
故去彼取此/68,150,240
故建言有之/160
故堅强者死之徒/248
故貴以身爲天下/70
故貴以賤爲本/155
故幾於道/56
故能成其大/135,220

故能成其私/52
故能爲百谷王/227
故能長久/52
故能蔽復成/79
故大國以下小國/215
故大制不割/119
故德交歸焉/213
故道生之/188
故無棄物/116
故無棄人/116
故無尤/56
故物或損之而益/166
故不可得而親/203
故常無欲/26
故善人者/116
故聖人云/206
故失道而後德/150
故令有所屬/92
故爲天下貴/203,218
故有道者不處/126
故有道者不處也/108
故有無相生/32
故之以爲利/65
故以身觀身/198
故以智治國/225
高以下爲基/155
故立天子/218
高者抑之/252
故終無難矣/221
故從事於道者/105
古之極/232
古之善爲道者/225
古之善爲士者/79
古之所謂曲則全者/102
古之所以貴此道者何/218
故知足不辱/172
故知足之足/176
故天下莫能與之爭/102

故致數譽無譽/155
高下相傾/32
故抗兵相加/235
故或下以取/215
故混而爲一/74
谷得一以盈/155
谷無以盈/155
谷神不死/49
曲則全/102
骨弱筋柔而握固/201
公乃王/83
孔德之容/99
功成不名有/135
功成事遂/86
功成而不居/32
功成而不處/252
功遂身退/58
過客止/137
果而勿强/124
果而勿驕/124
果而勿矜/124
果而勿伐/124
果而不得已/124
跨者不行/108
廣德若不足/160
光而不燿/208
曠兮其若谷/79
咎莫大於欲得/176
久矣其細矣/230
九層之臺/223
國家滋昏/206
國家昏亂有忠臣/89
國之利器/140
國之福/225
國之賊/225
君子居則貴左/126
歸根曰靜/83
貴大患若身/70

勤而行之/160
今舍慈且勇/230
金玉滿堂/58
及其有事/180
及吾無身/70
其可左右/135
其鬼不神/213
其德乃普/198
其德乃餘/198
其德乃長/198
其德乃眞/198
其德乃豊/198
既得其母/191
其名不去/99
其無正/207
奇物滋起/206
其微易散/223
其未兆易謀/223
其民缺缺/207
其民淳淳/207
其不欲見賢/252
其死也堅强/248
其死也枯槁/248
其事好還師之所處/124
其上不皦/74
其神不傷人/213
其安易持/223
起於累土/223
其用不窮/174
其用不弊/174
己愈多/266
己愈有/266
其猶張弓與/252
其猶槖籥乎/45
既以與人/266
其日固久/207
企者不立/108
其在道也/108
其政悶悶/207
其精甚眞/99
其政察察/207
其中有物/99
其中有象/99
其中有信/99
其中有精/99
既知其子/191

其次侮之/86
其次畏之/86
其次親而譽之/86
其出彌遠其知彌少/178
其脆易泮/223
其致之一也/155
其下不昧/74
豈虛言哉/102
吉事尙左/126

〔나〕

樂其俗/261
珞珞如石/155
樂與餌/137
難得之貨/68
難易相成/32
奈何萬乘之主/112
奈何以死懼之/244
恬淡爲上/126
能無離乎/63
能無爲乎/63
能無疵乎/63
能無知乎/63
能嬰兒乎/63
能爲雌乎/63
能長且久者/52
能知古始/74

〔다〕

多言數窮/45
多易必多難/220
多藏必厚亡/172
多則惑/102
澹兮其若海/96
湛兮似或存/40
淡乎其無味/137
當其無/65
大巧若拙/174
大國不過欲兼畜人/215
大國者下流/215
大軍之後/124
大器晩成/160
大道氾兮/135
大道甚夷而民好徑/195

大道廢有仁義/89
大方無隅/160
大白若辱/160
大辯若訥/174
大象無形/160
大成若缺/174
大小多少/220
大盈若沖/174
大曰逝/110
大音希聲/160
帶利劍/195
大者宜爲下/215
大直若屈/174
德亦樂得之/105
德者同於德/105
德之貴/188
德畜之/188
道可道/26
圖難於其易/220
道乃久/83
道法自然/110
道常無名/129
道常無爲/144
道生一/166
道生之/188
道亦樂得之/105
道隱無名/160
道者同於道/105
道者萬物之奧/217
盜賊多有/206
盜賊無有/92
道之爲物/99
道之尊/188
道之出口/137
道之華/150
道沖而用之/40
獨立而不改/110
毒蟲不螫/201
沌沌兮/96
敦兮其若樸/79
同其塵/40,203
動善時/56
同於德者/105
同於道者/105
同於失者/105
同謂之玄/26

원문 자구 색인 269

動而愈出/45
動之死地/186
同出而異名/26
得與亡孰病/172
得之若驚/70

〔마〕

莫能行/237,254
莫不尊道而貴德/188
莫若嗇/211
莫知其極/211
莫之能守/58
莫之能勝/254
萬物歸焉而不爲主/135
萬物得一以生/155
萬物無以生/155
萬物竝作/83
萬物負陰而抱陽/166
萬物恃之而生而不辭/135
萬物作焉而不辭/32
萬物將自賓/129
萬物將自化/144
萬物之母/26
萬物草木之生也柔脆/248
猛獸不據/201
綿綿若存/49
名可名/26
明道若昧/160
明白四達/63
名與身孰親/172
名亦旣有/129
名曰微/74
名曰夷/74
名曰希/74
木强則兵/248
沒身不殆/83,191
無德司徹/257
無名/26
無名之樸/144
無物之象/74
無不克則莫知其極/211
無所乘之/261
無所陳之/261
無狎其所居/240
無厭其所生/240

無爲而無不爲/180
無爲之益/168
無遺身殃/192
無有入於無間/168
無之以爲用/65
無執故無失/223
物壯則老/124,201
物形之/188
物或惡之/108,126
美其服/261
微妙玄通/79
味無味/220
美言可以市尊/217
美言不信/266
未知牝牡之合而朘作/201
民多利器/206
民利百倍/92
民莫之令而自均/129
民復孝慈/92
民不畏死/244
民不畏威/240
民之輕死/247
民之饑/247
民之難治/225,247
民至老死/261
民之從事/223

〔바〕

樸散則爲器/119
樸雖小/129
博者不知/266
搏之不得/74
反者道之動/158
方而不割/208
百姓皆謂我自然/86
法令滋彰/206
辯者不善/266
兵無所用其刃/186
兵者不祥之器/126
報怨以德/220
保此道者/79
復歸於無極/119
復歸於無物/74
復歸於樸/119

復歸於嬰兒/119
復命曰常/83
服文綵/195
復守其母/191
復衆人之所過/223
福兮禍之所伏/207
夫佳兵者/126
夫輕諾必寡信/220
富貴而驕/58
夫代大匠斲者/244
夫代司殺者殺/244
不道早已/124,201
不得其死/166
不得已而用之/126
夫樂殺人者/126
夫兩者各得其所欲/215
夫禮者忠信之薄/150
夫莫之命而常自然/188
夫物芸芸/83
夫我有三寶/230
夫兩不相傷/213
夫亦將無欲/144
夫亦將知止/129
夫唯大故似不肖若肖/230
夫唯不病/160
夫唯無以生爲者/247
夫唯無知/237
夫唯病病/239
夫唯不爭/56,102
夫唯不可識/79
夫唯不居/32
夫唯不厭/240
夫惟不盈/79
夫唯嗇/211
夫慈以戰則勝/230
不爭而善勝/242
不足以取天下/180
不足者補之/252
不知常妄作凶/83
不知知病/239
夫何故以其無死地/186
夫何故以其生生之
　厚蓋聞/186
不可得而貴/203
不可得而利/203
不可得而疏/203

不可得而賤/203
不可得而害/203
不可不畏/96
不可爲也/121
不可以示人/140
不可長保/58
不敢爲也/37
不敢爲天下先故能
　　成器長/230
不敢以取强/124
不敢進寸而退尺/235
不居其華/150
不見可欲/37
不見而名/178
不貴其師/116
不貴難得之貨/37,223
不窺牖見天道/178
不離輜重/112
不相往來/261
不祥之器/126
不尙賢/37
不善人者/116
不善人之師/116
不善人之所保/217
不善者吾亦善之德善/183
不笑不足以爲道/160
不召而自來/242
不信者吾亦信之德信/183
不失其所者久/133
不愛其資/116
不言而善應/242
不言之敎/168
不如其已/58
不如守中/45
不如坐進此道/218
不曰以求得/218
不欲琭琭如玉/155
不欲盈/79
不欲以靜/144
不爲而成/178
不以兵强天下/124
不以智治國/225
不自見故明/102
不自矜故長/102
不自伐故有功/102
不自是故彰/102

不處其薄/150
不出戶知天下/178
非君子之器/126
非其鬼不神/213
非其神不傷人/213
非道也哉/195
譬道之在天下/129
非常道/26
非常名/26
比於赤子/201
非以其無私邪/52
非以明民/225
牝常以靜勝牡/215

〔사〕

舍儉且廣/230
事無事/220
使民不爭/37
使民不爲盜/37
使民心不亂/37
使民重死而不遠徙/261
使夫知者/37
斯不善已/32
事善能/56
使我介然有知/195
斯惡已/32
事有君/237
使有什伯之器而不用/261
死而不亡者壽/133
使人復結繩而用之/261
死之徒/186
舍後且先死矣/230
殺人之衆/126
三生萬物/166
三十輻共一轂/65
三日不敢爲天下先/230
相去幾何/96
相去何若/96
常德乃足/119
上德無爲/150
上德不德/150
常德不離/119
常德不忒/119
上德若谷/160
上禮爲之/150

常無欲/135
上士聞道/160
常使民無/37
常善救物/116
常善救人/116
上善若水/56
常於幾成而敗之/223
常與善人/257
常有司殺者殺/244
常有欲/26
上義爲之/150
常以無事/180
上仁爲之/150
上將軍居右/126
象帝之先/40
常足/176
常知稽式/225
塞其兌/191,203
生於毫末/223
生而不有/32,63,188
生之徒/186
生之畜之/63
逝曰遠/110
昔之得一者/155
善建者不拔/198
善結無繩約而不可解/116
善貸且成/160
善復爲妖/207
善攝生者/186
善數不用籌策/116
善勝敵者不與/232
埏埴以爲器/65
善言無瑕謫/116
善用人者爲之下/232
善爲士者不武/232
善人之寶/217
善人之資/116
善者果而已/124
善者不辯/266
善者吾善之/183
善戰者不怒/232
善之與惡/96
先天地生/110
善閉無關鍵而不可開/116
善抱者不脫/198
善行無徹迹/116

원문 자구 색인 271

聖人皆孩之/183	孰知其故/242	240,252,257
聖人無常心/183	孰知其極/207	是以聖人無爲故無敗/223
聖人不積/266	繩繩不可名/74	是以聖人不行而知/178
聖人不病/239	勝而不美/126	是以聖人云/254
聖人不仁/45	勝人者有力/132	是以聖人猶難之/220,242
聖人亦不傷人/213	是故甚愛必大費/172	是以聖人之治/37
聖人用之/119	是樂殺人/126	是以欲上民/227
聖人在天下/183	兕無所投其角/186	是以有德/150
聖人之道/266	始於足下/223	是以天下樂推而不厭/227
誠全而歸之/102	是謂代大匠斲/244	是以侯王自謂孤寡
成之熟之/188	是謂盜夸/195	不穀/155
勢成之/188	是謂道紀/74	始制有名/129
小國寡民/261	是謂無狀之狀/74	視之不足見/137
小國不過欲入事人/215	是謂微明/140	視之不見/74
小國以下大國/215	是謂配天/232	是賢於貴生/247
少私寡欲/92	是謂不道/124	神得一以靈/155
疏而不失/242	是謂不爭之德/232	神無以靈/155
少則得/102	是謂社稷主/254	信不足焉/86,105
俗人昭昭/96	是謂襲明/116	信言不美/266
俗人察察/96	是謂襲常/192	身與貨孰多/172
損不足以奉有餘/252	是謂深根固柢/211	信者吾信之/183
損有餘而補不足/252	是謂要妙/116	愼終如始/223
損之又損/180	是謂用人之力/232	實其腹/37
受國之垢/254	是謂早服/211	失德而後仁/150
受國之不祥/254	是謂天地根/49	失亦樂得之/105
守其辱/119	是謂天下王/254	失義而後禮/150
守其雌/119	是謂寵辱若驚/70	失仁而後義/150
守其黑/119	是謂行無行/235	失者同於失/105
水善利萬物而不爭/56	是謂玄德/63,225,188	失之若驚/105
雖有甲兵/261	是謂玄同/203	深不可識/79
雖有拱璧以先駟馬/218	是謂玄牝/49	心使氣曰强/201
雖有榮觀/112	是謂惚恍/74	心善淵/56
守柔曰强/192	是以輕死/247	甚易行/237
雖有舟輿/261	是以饑/247	十有三/186
守靜篤/83	是以難治/247	
雖智大迷/116	是以大丈夫/150	〔아〕
隨之不見其後/74	是以萬物/188	
修之於家/198	是以無德/150	我道大似不肖/230
修之於國/198	是以兵强則不勝/248	我獨悶悶/96
修之於身/198	是以不去/32	我獨泊兮其未兆/96
修之於天下/198	是以不病/239	我獨異於人/96
修之於鄕/198	是以不我知/237	我獨昏昏/96
孰能安以動之徐生/79	是以不厭/240	我無事而民自富/206
孰能有餘以奉天下/252	是以聖人/32,52,68,	我無欲而民自樸/206
孰能濁以靜之徐淸/79	102,112,116,121,135,	我無爲而民自化/206
孰爲此者天地/105	208,220,223,227,237,	我亦敎之/166

我愚人之心也哉/96
我好靜而民自正/206
安可以爲善/257
安其居/261
安平太/137
愛民治國/63
愛以身爲天下/70
哀者勝矣/235
若可寄天下/70
弱其志/37
若無所歸/96
若使民常畏死而爲
　　奇者/244
弱者道之用/158
若存若亡/160
弱之勝强/254
若烹小鮮/213
攘無臂/235
養之覆之/188
魚不可脫於淵/140
言善信/56
言有宗/237
言以喪禮處之/126
言者不知/203
儼兮其若客/79
如嬰兒之未孩/96
與物反矣/225
與善仁/56
如春登臺/96
如享太牢/96
亦十有三/186
域中有四大/110
燕處超然/112
淵兮似萬物之宗/40
然後乃至大順/225
厭飮食/195
廉而不劌/208
令人心發狂/68
令人行妨/68
迎之不見其首/74
豫兮若冬涉川/79
吾見其不得已/121
吾得執而殺之孰敢/244
五味令人口爽/68
吾不知其名/110
吾不知誰之子/40

吾不敢爲主而爲客/235
五色令人目盲/68
吾所以有大患者/70
吾是以知無爲之有益/168
吾言甚易知/237
吾有何患/70
五音令人耳聾/68
吾以觀其復/83
吾將以爲敎父/166
吾將鎭之/144
吾何以知其然哉以此/205
吾何以知衆甫之狀
　　哉以此/99
吾何以知天下之然哉
　以此/198
窪則盈/102
曰餘食贅行/108
王乃天/83
王亦大/110
往而不害/137
枉則直/102
王侯若能守之/129
外其身而身存/52
窈兮冥兮/99
飂兮若無所止/96
欲不欲/223
欲先民/227
辱爲下/70
用其光/192
容乃公/83
用兵有言/235
用兵則貴右/126
勇於敢則殺/242
勇於不敢則活/242
用之不可旣/137
用之不勤/49
遠曰反故道大/110
爲大於其細/220
爲道日損/180
爲無爲/220
爲無爲則無不治/37
爲腹不爲目/68
爲吾有身/70
爲而不爭/266
爲而不恃/32,63,188,252
爲者敗之/121,223

謂之不道/201
爲之於未有/223
爲天下谿/119
爲天下谷/119
爲天下式/119
爲學日益/180
唯孤寡不穀/166
有國之母/211
有器之用/65
有德司契/257
唯道是從/99
儽儽兮/96
有名/26
有物混成/110
有不信焉/86,105
有生於無/158
唯施是畏/195
有室之用/65
柔弱勝剛强/140
柔弱者生之徒/248
柔弱處上/248
有餘者損/252
唯有道者/252
有罪以免邪/218
柔之勝剛/254
唯之與阿/96
有車之用/65
猶川谷之於江海/129
悠兮其貴言/86
猶兮若畏四隣/79
唯恍唯惚/99
六親不和有孝慈/89
陸行不遇兕虎/186
戎馬生於郊/176
音聲相和/32
衣養萬物而不爲主/135
以家觀家/198
以降甘露/129
而攻堅强者/254
以觀其徼/26
以觀其妙/26
以國觀國/198
而貴食母/96
以其無以易之/254
以其病病/239
以其不爭故天下莫

能與之爭/227
以其不自生/52
以其上求生之厚/247
以其上食稅之多/247
以其上之有爲/247
以其善下之/227
以奇用兵/205
以其智多/225
而亂之首/150
夷道若纇/160
以道涖天下/213
以道佐人主者/124
而莫之應/150
以萬物爲芻狗/45
以無名之樸/144
以無爲/144
以無事取天下/205
而無以爲/150
而美之者/126
以百姓心爲心/183
以百姓爲芻狗/45
以輔萬物之自然/223
而不敢爲/223
二生三/166
以守則固/230
而我獨若遺/96
而我獨頑似鄙/96
以哀悲泣之/126
以御今之有/74
以閱衆甫/99
二曰儉/230
而王居其一焉/110
而王公以爲稱/166
而愚之始/150
以爲天下母/191
而有以爲/150
利而不害/266
而以身輕天下/11
以慈衛之/230
以靜爲下/215
以正治國/205
以知其子/191
以至於無爲/180
以天下觀天下/198
以鄕觀鄕/198
而況於人乎/105

益生曰祥/201
隣國相望/261
人多伎巧/206
人法地/110
人之道則不然/252
人之迷/207
人之不善/218
人之生/186
人之生也柔弱/248
人之所教/166
人之所惡/166
人之所畏/96
一生二/166
一曰慈/230
入軍不被甲兵/186
扔無敵/235

〔자〕

自見者不明/108
自古及今/99
慈故能勇/230
自矜者不長/108
自伐者無功/108
子孫以祭祀不輟/198
自勝者强/132
自是者不彰/108
自愛不自貴/240
自遺其咎/58
自知不自見/240
字之曰道/110
自知者明/132
將恐竭/155
將恐蹶/155
將恐裂/155
將恐滅/155
將恐發/155
將恐歇/155
長短相較/32
長生久視之道/211
將欲弱之/140
將欲取天下而爲之/121
將欲奪之/140
將欲廢之/140
將欲歙之/140
長而不宰/63,188

將以愚之/225
長之育之/188
載營魄抱一/63
財貨有餘/195
寂兮寥兮/110
專氣致柔/63
戰勝以喪禮處之/126
前識者/150
田甚蕪/195
前後相隨/32
絶巧棄利/92
絶聖棄智/92
絶仁棄義/92
絶學無憂/96
正復爲奇/207
政善治/56
靜勝熱/174
正言若反/254
靜曰復命/83
靜爲躁君/112
精之至也/201
濟其事/191
早服謂之重積德/211
躁勝寒/174
朝甚除/195
躁則失君/112
終不爲大/220
終不自爲大/135
終身不救/191
終身不勤/191
終日行/112
終日號而不嗄/201
挫其銳/40,203
罪莫大於可欲/176
周行而不殆/110
衆妙之門/26
中士聞道/160
重爲輕根/112
衆人皆有餘/96
衆人皆有以/96
衆人熙熙/96
重積德則無不克/211
知其白/119
知其榮/119
知其雄/119
地得一以寧/155

知無欲/37
地無以寧/155
地法天/110
知不知上/239
知常曰明/83,201
知常容/83
知我者希/237
持而保之/230
持而盈之/58
知人者智/132
知者不博/266
知者不言/203
知足者富/132
知止不殆/172
知止所以不殆/129
知此兩者亦稽式/225
智慧出有大僞/89
知和曰常/201
直而不肆/208
進道若退/160
質眞若渝/160
執古之道/74
執大象/137
執無兵/235
執者失之/223
執者失之故物/121
執左契而不責於人/257

〔차〕

此兩者/26
此兩者或利或害/242
此非以賤爲本邪非乎/155
此三者不可致詰/74
此三者以爲文不足/92
鑿戶牖以爲室/65
倉甚虛/195
處其厚/150
處無爲之事/32
處上而民不重/227
處前而民不害/227
處衆人之所惡/56
滌除玄覽/63
天乃道/83
天大地大/110
天道無親/257

天得一以淸/155
千里之行/223
天網恢恢/242
天無以淸/155
天門開闔/63
天法道/110
繟然而善謀/242
天將救之/230
天長地久/52
天之道/58,242,252,266
天地不仁/45
天地尙不能久/105
天地相合/129
天之所惡/242
天地所以/52
天地之間/45
天地之始/26
天下皆謂/230
天下皆知美之爲美/32
天下難事/220
天下多忌諱而民彌貧/205
天下大事/220
天下莫能知/237
天下莫不知/254
天下莫柔弱於水/254
天下萬物生於有/158
天下無道/176
天下不敢臣/129
天下神器/121
天下往/137
天下有道/176
天下有始/191
天下將自定/144
天下之交/215
天下之牝/215
天下之至柔/168
天下希及之/168
淸靜爲天下正/174
聽之不足聞/137
聽之不聞/74
寵辱若驚/70
寵爲上/70
出生入死/186
沖氣以爲和/166
驟雨不終日/105
揣而銳之/58

取天下/180
治大國/213
馳騁畋獵/68
馳騁天下之至堅/168
置三公/218
治人事天/211
治之於未亂/223
致虛極/83
則大威至/240
則無敗事/223
則不可以得志於天
　下矣/126
則我者貴/237
則攘臂而仍之/150
則爲官長/119
則取大國/215
則取小國/215

〔타〕

太上下知有之/86

〔파〕

偏將軍居左/126
閉其門/191,203
弊則新/102
抱一爲天下式/102
飄風不終朝/105
被褐懷玉/237
必固強之/140
必固與之/140
必固張之/140
必固興之/140
必有餘怨/257
必有凶年/124
必以身後之/227
必以言下之/227
必作於細/220
必作於易/220

〔하〕

何棄之有/218
下德不失德/150
下德爲之/150

下士聞道大笑之/160
何謂貴大患若身/70
何謂寵辱若驚/70
下者擧之/252
學不學/223
含德之厚/201
合抱之木/223
解其紛/40,203
行可以加人/217
行不言之教/32
行於大道/195
虛其心/37
虛而不屈/45
玄德深矣遠矣/225
玄牝之門/49
玄之又玄/26

荊棘生焉/124
虎無所措其爪/186
或强或羸/121
或不盈/40
或益之而損/166
或挫或隳/121
或下而取/215
或行或隨/121
或噓或吹/121
渾其心而百姓皆注其耳目/183
渾兮其若濁/79
惚兮恍兮/99
和其光/40,203
和大怨/257
禍莫大於輕敵/235

禍莫大於不知足/176
化而欲作/144
和之至也/201
禍兮福之所倚/207
攫鳥不搏/201
渙兮若氷之將釋/79
荒兮其未央哉/96
恍兮惚兮/99
後其身而身先/52
侯王得一以爲天下正/155
侯王無以貴高/155
侯王若能守之/144
凶事尙右/126
歙歙爲天下/183
希言自然/105
希有不傷其手矣/244

시간과 공간을 초월하여
영원한 고전으로 남아질 수 있는 —

자유문고의 책들

1. 정관정요 최형주 해역 ●576쪽	당나라 이후 중국의 역대왕실이 모든 제왕의 통치철학으로 삼아 오던 이 저서는 일본으로 건너가 「도꾸가와 이에야스(德川家康)」가 일본 통일의 기틀을 마련하는데 큰 힘이 되었다. 〈완역〉
2. 식경 남상해 해역 ●328쪽	어떤 음식을 어떻게 섭취하면 몸에 좋은가? 어떻게 하면 건강하게 무병장수 할 수 있는가 등등. 옛 중국인들의 음식물 조리와 저장방법 등 예방의학적 관점에서 그 해답을 얻을 수 있다. 〈완역〉
3. 십팔사략 증선지 지음 ●254쪽	고대 중국의 3황 5제에서부터 송나라 말기까지 유구한 역사의 노정에서 격랑에 휘말린 인물과 사건을 시대별로 나눈 5천년 중국사를 한눈에 볼 수 있는 역사서. 〈완역〉
4. 소학 조형남 해역 ●338쪽	자녀들의 인격 완성을 위하여 성인이 되기 전 한번쯤 읽어야 하는 고전. 아름다운 말, 착한 행동, 교육의 기초 등, 인간이 지켜야 할 예절과 우리 선조들의 예의범절을 되돌아 볼 수 있다. 〈완역〉
5. 대학 정우영 해역 ●156쪽	사회생활에서 지도자가 되거나 조직의 일원이 될 때 행동과 처세, 자신의 수양, 상하의 관계 등에 도움은 물론, 훌륭한 지도자로 성장할 수 있도록하는 조직관리의 길잡이이다. 〈완역〉
6. 중용 조강환 해역 ●192쪽	인간의 성(性)·도(道)·교(敎)의 구체적인 사항을 제시하였다. 도(道)와 중화(中和)는 항상 성(誠)을 가지고 살아가야 한다는 것과 귀신에 대한 문제 등이 심도있게 논의됐다. 〈완역〉
7. 신음어 여곤 지음 ●256쪽	한 국가를 경영하는 요체로써 인간의 마음, 인간의 도리, 도를 논하는 방법, 국가공복의 의무, 세상의 운세 그리고 성인과 현인, 국가를 경영하는 요체 등을 주제로 한 공직자의 필독서이다.
8. 논어 김상배 해역 ●376쪽	공자와 제자들의 사랑방 대화록. 공자(孔子)의 '배우고 때때로 익히면 즐겁지 아니한가.'로 시작되는 논어를 통해 공문 제자의 교육법을 알 수 있다. 〈완역〉
9. 맹자 전일환 해역 ●464쪽	난세를 다스리는 정치철학. 백성이란 생활을 유지할 생업이 있어야 변함없는 마음을 가질 수 있고, 생업이 없으면 변함없는 마음을 가질 수 없다. 〈완역〉
10. 시경 이상진·황송문 역 ●576쪽	공자는 시(詩) 3백편을 한마디로 대변한다면 '사무사(思無邪)'라고 했다. 옛 성인들은 시경을 인간의 마음을 정화시키는 중요한 교육서로 삼았다. 각 시에 관련된 그림도 수록되어 있다.〈완역-자구색인〉
11. 서경 이상진·강명관 역 ●444쪽	요순(堯舜)시대부터 서주(西周)시대까지의 정사(政事)에 관한 모든 문서(文書)를 공자(孔子)가 수집하여 편찬한 책이다. 유학의 정치에 치중한 경전의 하나. 〈완역〉
12. 주역 양학형·이준영 역 ●496쪽/12,000원	주역은 신성한 경전도 신비한 기서(奇書)도 아니다. 보는 자의 관점에 따라 판단을 내리도록 하는 것이 역의 기본이치이다. 주역은 하나의 암시로 그 암시를 통해 문제를 해결해 나가는 것이다. 〈완역〉
13. 노자도덕경 노재욱 해역 ●280쪽	난세를 쉽게 사는 생존철학으로 인생은 속절없고 천지는 유구하다. 천지가 유구한 것은 무위 자연의 도를 수행하고 있기 때문이다. 제일 귀중한 것은 자기의 생명이다 라고 했다. 〈완역〉
14. 장자 노재욱 편저 ●260쪽	바람따라 구름따라 정처없이 노닐며 온 천하의 그 무엇에도 속박되는 것 없이 절대 자유로운 삶을 영위하는 소요유에서부터 제물론, 응제왕편 등 장주(莊周)의 자유무애한 삶의 이야기이다.

번호	제목	역자/쪽수	설명	비고
15	묵자	박문현·이준영 역 ●552쪽	묵자(墨子)는 '사랑'을 주창한 철학자이며 실천가이다. 묵자의 이론은 단순하지만 그 이론을 지탱하는 무게는 끝임이 크다. 묵자의 '사랑'은 구체적이고 적극적이다.	〈완역〉
16	효경	박명용·황송문 역 ●232쪽	효도의 개념을 정립한 것. 공자의 제자인 증자(曾子)는 효도의 마음가짐이 뛰어났다. 이 점을 간파한 공자가 증자에게 효도에 관한 언행을 전하여 기록하게 한 효의 이론서이다.	〈완역〉
17	한비자 상·하	노재욱·조강환 역 상532쪽·하512쪽	약육강식이 횡행하던 춘추전국시대에 순자의 성악설(性惡說)을 사상적 배경으로 받아들여 법의 절대주의를 역설하였다. 법 위주의 냉엄한 철학으로 이루어졌다.	〈완역〉
18	근사록	정영호 해역 ●424쪽	내 삶의 지팡이. 송(宋)나라의 논어(論語)라 일컬어진『근사록』은 송나라 성리학(性理學)을 집대성한 유학의 진수이다. 높은 차원의 철학적 사상과 학문이 쉽고 짧은 문장으로 다루어졌다.	〈완역〉
19	포박자	갈홍 저/장영창 역 ●280쪽	불로장생(不老長生). 이것은 모든 인간의 소망이며 기원의 대상이다. 인간은 죽음을 초월할 수 있는가? 불로불사(不老不死)의 약은 있는가? 등등. 인간들이 궁금해 하는 사연들이 조명되었다.	
20	여씨춘추 12기 8람 6론	정영호 12기370쪽●8람464쪽●6론240쪽	여불위가 3천여 학자와 이룩한 사론서(史論書)로 유가·도가·묵가·병가·명가 등의 설을 취합. '12기(紀), 8람(覽), 6론(論)'으로 나누어 선진(先秦)시대의 학설과 사상을 총망라해 다룬 백과전서.	〈완역〉
21	고승전	혜교 저/유월탄 역 ●288쪽	중국대륙에 불교가 들어 오면서 불가(佛家)의 오묘 불가사의한 행적들과 중국으로 전파되는 전도과정에서의 수난과 고통, 수도과정에서 보여주는 고승들의 행적 등을 기록한 기록문.	
22	한문입문	최형주 해역 ●232쪽	조선시대의 유치원 교육서라고 하는 천자문, 이천자문, 사자소학, 계몽편, 동몽선습이 수록됨. 또 관혼상제 등과 가족의 호칭법 등이 나열되고 간단한 제상차리는 법 등이 요약되었다.	〈완역〉
23	열녀전	유향 저/박양숙 역 ●416쪽	역사에 큰 발자취를 남긴 89명의 여인들을 다룬 여성의 전기이다. 총 7권으로 구성되었으며 옛여성들이 지킨 도덕관을 한 눈에 볼 수 있는 교양서.	〈완역〉
24	육도삼략	조강환 해역 ●296쪽	병법학의 최고봉인 무경칠서(武經七書) 가운데 두 가지의 책으로 3군을 지휘하고 국가를 방위하는데 필요한 저서이다.『육도』와『삼략』의 두 권이 하나로 합한 것이다.	〈완역〉
25	주역참동계	최형주 해역 ●272쪽	『주역참동계(周易參同契)』란 주나라의 역(易)이 노자의 도(道)와 연단술(練丹術)과 서로 섞여 통하며『주역』과 연단은 음양을 벗어나지 못하며 노자의 도는 음양이 합쳐진다고 하였다.	
26	한서예문지	이세열 해역 ●328쪽	반고(班固)가 찬한『한서(漢書)』제30권에 들어 있는 동양고전의 서지학(書誌學)의 대사전이다. 한(漢)나라 이전의 모든 고전을 일목요연하게 볼 수 있는 서지학의 원조이다.	〈완역〉
27	대대례	박양숙 해역 ●344쪽	『대대례』의 정식 명칭은『대대예기』이며 한(漢)나라 대덕(戴德)이 편찬한 저서로 공자(孔子)와 그의 제자들이 예에 관한 기록의 131편을 수집하여 집대성한 것이다.	〈완역〉
28	열자	유평수 해역 ●304쪽	『열자』의 학문은 황제(黃帝)와 노자(老子)에 근본을 삼았고 열자 자신을 호칭하여 도가(道家)의 중시조라고 했다.『열자』는 내용이 재미가 있고 어렵지 않은 것이 특징이다.	〈완역〉
29	법언	양웅 저/최형주 역 ●312쪽	전한(前漢)시대 사마상여(司馬相如)의 영향을 받아 대문장가가 된 양웅(楊雄)의 문집이다. 양웅은 오로지 저술에 의해 이름을 남기고자 힘써 저술에 전념하였다.	〈완역〉
30	산해경	최형주 해역 ●408쪽	『산해경(山海經)』은 문학·사학·신화학·지리학·민속학·인류학·종교학·생물학·광물학·자원학 등 제반 분야를 총망라한 동양 최고의 기서(奇書)이며 박물지(博物志)이다.	〈완역〉

번호	제목	저자/역자	쪽수	설명
31	고사성어	송기섭 지음	304쪽	일상생활에서 많이 쓰이는 중심되는 125개의 고사성어가 생기게 된 유래를 밝히고 1,000여개 고사성어의 유사어와 반대되는 말, 속어, 준말, 자해(字解) 등을 자세하게 실어 이해를 도왔다.
32	명심보감·격몽요결	박양숙 해역	280쪽	인간 기본 소양의 명심보감과 공부하는 지침서를 가르쳐 주는 격몽요결, 학교의 운영과 학생들의 행동에 대한 모범안을 보여주는 율곡 이이(李珥) 선생의 학교모범으로 이루어졌다. 〈완역〉
33	이향견문록 상·하	이상진 역	상352쪽·하352쪽	일반적으로 많이 알려지지 않은 숨은 이야기 모음이다. 소문으로 알려져 있는 평범한 이야기도 있고, 기이한 이야기도 있고, 유명한 사람의 이야기를 능가하는 이야기도 있다. 〈완역〉
34	성학십도와 동국십팔선정	이상진 외2인 해역	248쪽	'성학십도'는 어린 선조(宣祖)가 성군(聖君)이 되기를 바라는 마음에서 퇴계 이황이 집필한 책. '동국십팔선정'은 우리나라 사람으로서 성균관 문묘(文廟)에 배향된 대유학자 18명의 발자취를 나열한 책. 〈완역〉
35	시자	신용철 해역	240쪽	진(秦)나라 재상 상앙의 스승이었다는 시교의 저서로 인의(仁義)를 바탕에 깔고 유가(儒家)의 덕치(德治)를 바탕으로 '정명(正名)과 명분(名分)'을 내세워 형벌을 주장하였다. 〈완역〉
36	유몽영	장조 저·박양숙 역	240쪽	장조(張潮)가 쓴 중국 청대(淸代)의 수필 소품문학의 백미(白眉)로, 도학자(道學者)다운 자세와 차원높은 은유로 인간의 진솔한 삶의 방법과 존재가치를 탐구하였다. 〈완역〉
37	채근담	박양숙 해역	288쪽	명(明)나라 때 홍자성(洪自誠)이 지은 저서로 하늘의 이치와 인간의 정(情)을 근본으로 삼아 덕행을 숭상하고 명예와 이익을 가볍게 보아 담박한 삶의 참맛을 찾는 길을 모색하였다. 〈완역〉
38	수신기	간보 저/전병구 역	462쪽	동진(東晉)의 간보(干寶)가 지은 것으로 '신괴(神怪)한 것을 찾다'와 같이 '귀신을 수색한다'의 뜻으로 신선, 도사, 기인, 괴물), 귀신 등의 이야기로 이루어져 있다. 〈완역〉
39	당의통략	이덕일·이준영 역	462쪽	조선 말기의 정치가이며 학자인 이건창이 지은 책으로 선조(宣祖) 때부터 영조(英祖) 때까지의 당쟁사이다. 음모와 모략, 드디어 영조가 대탕평을 펼치게 되는 일에서 끝을 맺었다. 〈완역〉
40	거울로 보는 관상	신성은 엮음	400쪽	달마조사와 마의선사의 상법(相法)을 300여 도록을 완비하여 넣고 완전 현대문으로 재해석하여 누구나 쉽게 알 수 있도록 꾸민 관상학의 해설서. 원제는 '마의상법(麻衣相法)'이다. 〈완역〉
41	다경	박양숙 해역	240쪽	당나라 육우(陸羽)의 『다경(茶經)』과 일본의 영서(榮西)선사의 『끽다양생기』를 합 현대문으로 재해석하여 도록으로 차와 건강을 설명하여 전통차의 효용성과 커피의 실용성을 곁들여 다루었다. 〈완역〉
42	음즐록	정우영 해역	176쪽	선행을 많이 쌓으면 타고난 운명을 바꿀 수 있다는 저서. 음즐은 '하늘이 아무도 모르게 사람의 행동을 보고 화복을 내린다.'는 뜻에서 딴 것. 어떤 행동이 얼만큼의 공덕에 해당하는 가에 대한 예시도 해놓았다. 〈완역〉
43	손자병법	조일형 해역	272쪽	혼란했던 춘추시대에 태어나 약육강식의 시대를 살며 터득한 경험을 이론으로 승화시킨 손자의 병법서. 현대인들에게는 처세술의 대표적인 책으로 알려졌다. 〈완역〉
44	사경	김해성 해역	288쪽	'사람을 쏘려거든 먼저 말을 쏘아라'라는 부제가 대변해 주듯, 활쏘기의 방법에 대한 개론서. 활쏘기 자체를 초월한 도(道)의 경지에 오르는 길을 설명하고, 관련 도록을 수록하고, 『예기』에서 관련된 부분을 발췌해 넣었다. 〈완역〉
45	예기 상·중·하	지재희 역	상448쪽·중416쪽·하427쪽	옛날 사람들의 생활과 관련된 모든 것을 총망라하여 49편으로 구성해 놓은 생활지침서로 상·중·하로 나누었다. 옛날 사람들이 어떤 문화를 가지고 살았으며, 어떤 것에 생활의 무게를 두었는가 하는 것들을 살필 수 있다. 〈완역-자구 색인〉
46	이아주소	최형주·이준영 역	424쪽	중국 13경(經)의 하나. 가장 오래된 동양 자전(字典). 이(爾)는 가깝다. 아(雅)는 바르다. 곧 '가까운 곳에서 바른 것을 취한다'는 뜻. 천문·지리·음악·기재(器材)·초목·조수(鳥獸)에 대한 고금의 문자 설명. 〈완역〉

47. 주례 지재희·이준영 역 ●608쪽	중국의 국가 제도를 기록한 최고의 책이며, 삼례(三禮)의 하나. 중국 주(周)나라의 관직을 천관(天官), 지관(地官) 춘관(春官), 하관(夏官), 추관(秋官), 동관(冬官)으로 분류하고 그 예하의 관명과 각 관직에서 행하는 직무의 범위를 설명했다. 〈완역 – 자구 색인〉
48. 춘추좌전 상·중·하 남기현 해역 ●상664쪽·중656쪽·하672쪽	오경(五經)의 하나. 중국 노(魯)나라 은공(隱公) 1년에서 애공(哀公) 14년까지의 12대 242년 간의 일을 노나라 사관이 편년체로 기록한 것을 공자가 윤리적 입장에서 비판 수정하여 정사(正邪)와 선악의 가치판단을 내린 저서. 주(周)나라 경왕(敬王) 39년에 시작하여 경왕 41년에 완성. 좌구명(左丘明)이 전(傳)을 쓰다. 〈완역 – 자구 색인〉
49. 순자 이지한 해역 ●656쪽	예(禮)를 앞세워서 맹자(孟子)의 성선설(性善說)을 부정하고 성악설(性惡說)을 주창한 순자의 모든 사상이 담겨 있는 저서이다. 특히 형명법술(刑名法術)을 대성한 한비(韓非)는 그의 문하생이다. 순자는 총 20권 32편으로 나누어졌다. 모든 국가는 예로써 다스려야 한다는 순자의 이론을 집대성하고 있다. 〈완역 – 자구 색인〉
50. 악기 이영구 편저 ●312쪽	예기 악기편과 여러 경전에 나오는 음악 관련 내용을 발췌하여 엮고, 국악기와 무일도의 도록과 설명도 실었다. 악기는 동양 최초로, 음악이론과 악장을 다룬 예술서이며 6경(六經)의 하나이다.
51. 가범 이영구 해역 ●336쪽	가훈(家訓)과 같은 것으로 중국 가정의 규범이 될만한 내용. 교훈적으로 살아간 가정을 열거하여 살아가는데 도움이 될 것을 모았다.
52. 원본소녀경 최형주 해역 ●322쪽	인간의 성(性)을 연마해서 장생(長生)하고 인간의 질병을 성(性)으로 다스리는 방법과 기(氣)를 보충하며 건강하게 사는 것들을 담고 있다.
53. 상군서 남기현 해역 ●288쪽	국가를 법으로 다스려야 부강하는 나라를 만들고 상앙이 주창한 법치국가로 부국강병을 이루는 방법을 나열한 저서이다.
54. 황제내경소문 최형주해역 ●상472쪽·중448쪽·하416쪽	양생(養生)하고 질병을 제거하여 자연의 도에 순응하며 인간의 타고난 수명을 다하고 또 질병이 있게 되면 그에 대한 치료방법을 제시한 동양최고의 한의학 경전
55. 황제내경영추 최형주해역 ●상496쪽·하496쪽	한방(漢方)의 최고 경전이며 주로 침술을 이용하여 질병을 치료하는 방법을 제시한 동양 최고의 한의학 경전이다.
56. 의례 지재희·이준영 해●671쪽	동양 전통예절의 법전이며 삼례(三禮)의 으뜸이다. 관혼상례를 비롯한 고대사회의 사회의식과 종교학적인 면들을 자세히 엿볼 수 있는 예절의 최고 경전.
57. 춘추곡량전 남기현 해역 ●568쪽	공자(孔子)의 춘추를 명분(名分)과 의리를 내세워 자세히 설명하여 비롯된 고문학(古文學)의 최고의 경전이며 사학자의 필독서. 13경의 하나.
58. 춘추공양전 남기현 해역 ●568쪽	13경의 하나. 공자가 축약한 춘추를 고대 문화의 언어 해설로 풀어 놓아 춘추시대의 문화와 문학을 연구하는데 중요한 저서로 사학자의 필독서.
59. 춘추번로 남기현 해역 ●544쪽	공자(孔子)의 춘추(春秋)를 공양전(公羊傳)에 의거하여 미진한 부분을 자문자답의 형식으로 재해석한 동중서(董仲舒) 평생의 연구서.
60. 청오경·금낭경	근간
61. 심경	근간
101. 한자원리해법 김철영 엮음 ●232쪽	한자가 이루어진 원리를 부수를 기본으로 나열하여 쉽게 풀어놓았다. 한자의 기본인 부수가 생겨나게 된 원리를 보여주어 한자에 쉽게 다가갈 수 있게 하였다.
102. 상례와 재례 김창선 지음 ●248쪽	상례와 제례를 알기 쉽게 풀어 써서 그 의식에 스며있는 의의를 고찰하고 오늘날의 가정의례 준칙상의 상례와 제례와도 비교하였다.

■ 동양학 100권 발간 후원인 (가나다 순)
　후원회장 : 유태전
　　　김경범, 김관해, 김기홍, 김소형, 김재성, 김종원, 김주혁, 김창선, 김태수, 김태식,
　　　김해성, 김향기, 남기현, 박남수, 박문현, 박양숙, 박종거, 박종성, 백상태, 송기섭,
　　　신성은, 신순원, 신용민, 양태조, 양태하, 오두환, 유재귀, 유평수, 이규환, 이덕일,
　　　이상진, 이석표, 이세열, 이승균, 이승철, 이영구, 이용원, 이원표, 임종문, 임헌영,
　　　전병구, 전일환, 정갑용, 정인숙, 정찬옥, 정철규, 정통규, 조강환, 조응태, 조일형,
　　　조혜자, 지재희, 최계림, 최영전, 최형주, 한정곤, 한정주, 황송문

|인 지|
|생 략|

동양학총서〔13〕
노자도덕경(老子道德經)

초　판 5쇄 발행　1989년 10월 10일
개정판 2쇄 발행　2005년　5월 31일

해역자 : 노재욱
펴낸이 : 이준영

회장・유태전
주간・이덕일 / 기획・영업・한정주 / 편집・김경숙 / 교정・박은정
조판・태광문화 / 인쇄・천광인쇄 / 제본・기성제책 / 유통・문화유통북스

펴낸곳 : 자유문고
서울 영등포구 문래동6가 56-1 미주프라자 B-102호
전화・2637-8988・2676-9759 / FAX・2676-9759
홈페이지・http://www.jayumungo.com
e-mail : jayumg@hanmail.net
등록・제2-93호(1979. 12. 31)

정가 10,000원
　※ 잘못 만들어진 책은 구입하신 서점에서 바꿔드립니다.

ISBN 89-7030-013-9　04150
ISBN 89-7030-000-7　(세트)